지식은

아름답다

지식은 아름답다

데이비드 맥캔들리스 지음 | 방영호 옮김

생각과느낌

지은이 데이비드 맥캔들리스

데이비드 맥캔들리스는 작가이자 저널리스트, 인포메이션 디자이너로 활동하고 있으며 현재 런던에 거주하고 있다. 2009년 유래가 없었던 인포그래픽 북 『정보는 아름답다』를 출간하고 전 세계에서 가장 핫한 인포메이션 디자이너로 떠올랐다.

그의 인포메이션 디자인 작업물들은 『가디언』, 『와이어드』, 『디 자이트』 등을 포함해 전 세계 40여 개의 인쇄 매체에 실렸으며 그의 작품들은 뉴욕 현대 미술관, 대영 박물관[웰컴 트러스트 갤러리], 테이트 브리튼에 전시되었다.

그는 사실, 데이터, 아이디어, 과제, 문제, 통계, 이슈 등을 최소한의 언어를 사용해 시각화된 정보로 제작하고 있다. 그의 관심은 디자인된 정보가 어떻게 사람들이 세상을 이해하는 데 도움을 줄 것인지에 있다. 무의미한 언어들을 지우고 그 뒤에 숨겨진 연관, 패턴, 스토리 들을 드러내면서 말이다.

데이비드 맥캔들리스가 가장 싫어하는 것은 파이 차트이다. 파이는 사랑한다. 하지만 파이 차트는 싫어한다.

http://www.davidmccandless.com

옮긴이 방영호

경제경영 및 인문교양 분야 전문번역가. 아주대학교에서 영문학과 불문학을, 같은 대학 국제학부에서 유럽지역학을 전공했다. 학업을 마친 후 KT&G 휴럼, 한미약품 한미FT, 벤트리 등 국내 여러 기업에서 마케팅 기획 및 상품개발 관련 업무를 했다. 독자들에게 세상을 보는 지혜를 전달하고자 지금 이 순간도 번역에 몰두하고 있다.

역서로는 『필립 코틀러의 '마케팅' 모험』, 『엔론 스캔들』, 『절망 너머 희망으로』, 『관계의 본심』, 『보스의 탄생』 등이 있다.

Originally published in the English by HarperCollinsPublishers Ltd under the title :
KNOWLEDGE IS BEAUTIFUL
Text & Design © David McCandless, 2013
Translation © Thinking & Feeling Publishing Co., 2014,
translated under licence from HarperCollinsPublishers Ltd
David McCandless asserts the moral right to be identified as the author of this work
All rights reserved

Korean translation rights arrnaged with HarperCollinsPublishers UK
through EYA(Eric Yang Agency)

이 책의 한국어판 저작권은 EYA(Eric Yang Agency)를 통한 HarperCollinsPublishers UK 사와의 독점 계약으로 한국어 판권은 (주)생각과느낌이 소유합니다.
저작권법에 의하여 한국 내에서 보호를 받는 저작물이므로 무단 전재와 복제를 금합니다.

＊ 일러두기
1. 본문에서 ( )는 지은이의 글이고, [ ]는 옮긴이의 글입니다.
2. '※~'는 옮긴이의 주석입니다.
3. 독자들의 이해를 돕기 위해 필요하다고 생각하는 경우에 원문이나 한자어를 병기하였습니다.
4. 데이터 검색을 위해 타이핑할 때는 대소문자 구분을 해야 합니다.

나의 두 여인 홀리와 캐서린에게
이 책을 바칩니다

여는글

신기한 일이지요. 데이터를 시각화하면 할수록, 정보와 지식을 그림으로 그려볼수록 이들 사이의 차이가 더 잘 느껴지고 이해되기 시작합니다.

이해. 이것이 바로 핵심입니다. 여러분이 무언가를 이해할 때, 그 구조를 파악할 수 있지요. 다른 모든 것들과 연관성, 관계, 의미가 어떻게 조화를 이루고 있는지 말이에요. 여러분은 그 어울림을 보고, 느끼고, 직감합니다. 여러분이 알다시피요.

나는 콘텍스트context가 바로 이와 같은 연관성의 영역이며, 새로운 정보를 연결하는 관계망이라는 것을 깨닫고 있습니다. 콘텍스트는 어떤 것이 맥락화될 때 우리가 그것을 순식간에 인지하게 되는 이유를 설명해 줍니다. 우리는 그 어떤 것을 '의미 있다'라고 느끼는데, 왜냐하면 기존에 우리가 알고 이해하고 있던 것과 연결될 수 있는 관계망에 들어맞기 때문입니다. 이런 게 지식이지요.

이런 식으로 정보를 이해하면 할수록 정보는 더더욱 연결되고 맥락화되어, 지식이라는 형태로 변하고 발전합니다.

나는 지식의 뿌리와 가지가 마치 유기체처럼 관계를 맺고 있다는 것을 발견합니다. 그리고 정보는 자기 조직화되고 세포처럼 증식하며, 경계와 한계를 가지고 '지식체'로 형성됩니다. 지식의 가지는 수평적으로 연결되고, 다양한 주제를 뛰어넘으며, '지식의 영역'을 가로질러 광범위하게 펼쳐집니다. 또한 때로는 더 깊고도 더 높은 지식의 영역들 사이에서 수직적으로 지식의 뿌리를 내립니다. 그러면 우리는 이를 두고 '깊은 이해'와 '지식의 깊이'라는 표현을 씁니다.

정보란 '현재'와 '무엇'에 초점이 맞춰지는 것이지요. 뉴스가 아주 좋은 예입니다. 반면에 지식은 원인과 결과, 과거의 영향 및 미래의 전망과 더 관련이 있는 것 같습니다. 지식은 '어떻게', '왜'에 관한 것입니다.

이 책에 나오는 그래픽 중 어떤 것들은 복잡하고, 어떤 것들은 너무 깊이가 있습니다. 내 의도와 다르게 '어떻게' 와 '왜'에 대한 답을 구하는 과정은 어느 정도 포괄적인 면이 필요했기 때문입니다. 주요한 물음들에 다다를 때 비로소 지식이라고 느껴집니다.

종종 '끝없는 그래픽'과 맞닥뜨리는 경우가 그런 때입니다. 저는 한 가지 물음을 가지고 시작하여 세 가지 이상의 영역을 파헤쳤습니다. 물음의 답을 찾기 위해 다른 영역에서 정보를 끌어와야 했습니다. 그러면 또 두세 가지 물음이 생겨났습니다. 하나의 그래픽이 갑자기 열 개의 그래픽으로 펼쳐졌지요! 그것이 소위 말하는 '지식 추구'가 아닐까요. 지독히도 끝이 나지 않는 일이지요!

그래서 궁극적으로 이 책에 나오는 그래픽 하나하나는 각 페이지 아랫부분에 표시된 온라인 데이터와 쌍을 이룹니다. 그곳에 접속하면 이 책의 시각화된 지식보다 더 많은 연구 자료와 데이터를 접할 수 있습니다. 미안한 마음인데, 멈추기 어려울 때가 많았습니다! 그래서 수많은 그래픽이 온라인 자료와 상호보완을 이루거나 이루게 되겠지요. 앞으로도 그럴 겁니다. 여러분이 직접 풍부한 지식을 가려내고 걸러서 탐구해보길 바랍니다. 여러분의 생각을 들여다보세요. 그 속에 빠져들어 보세요. 그러면서 '지식에 대한 갈증'을 해소하길 바랍니다. 제가 그랬던 것처럼요.

David McCandless

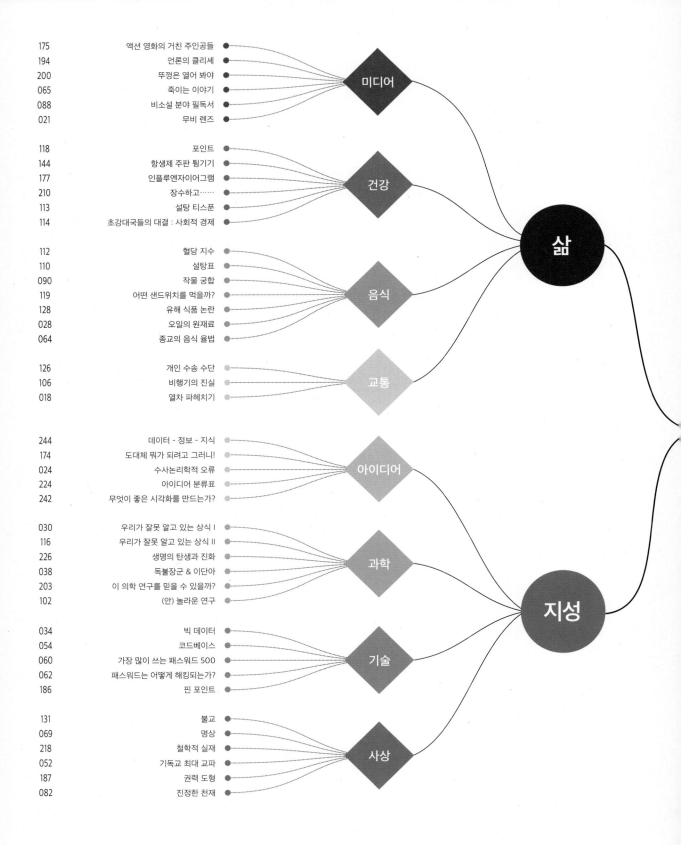

삶

지성

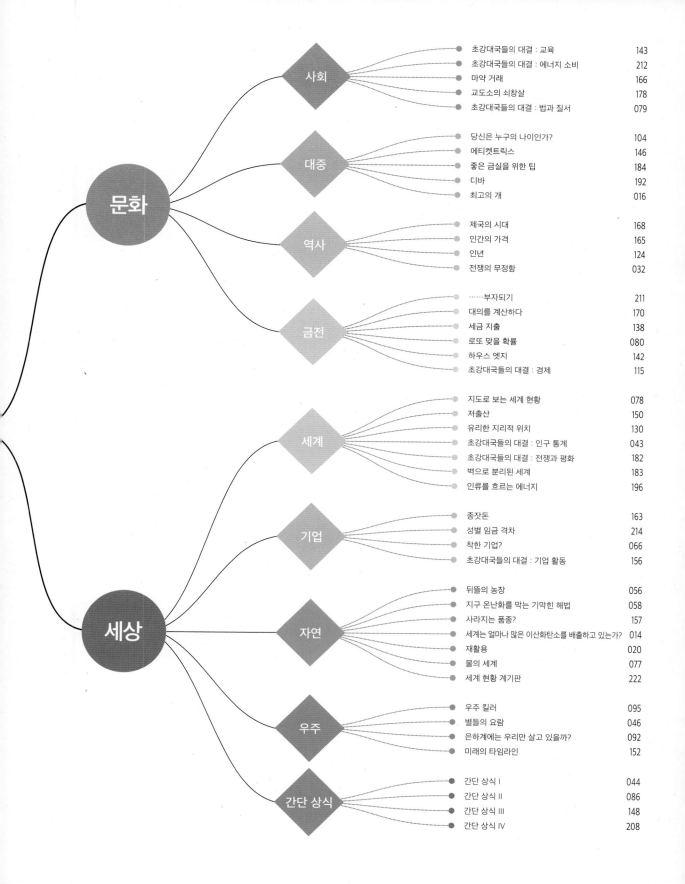

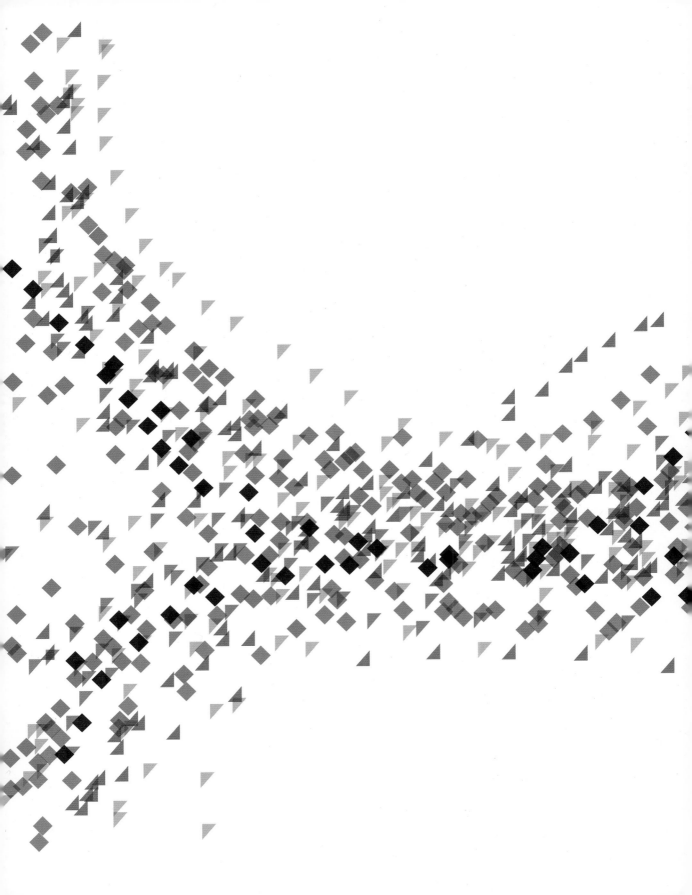

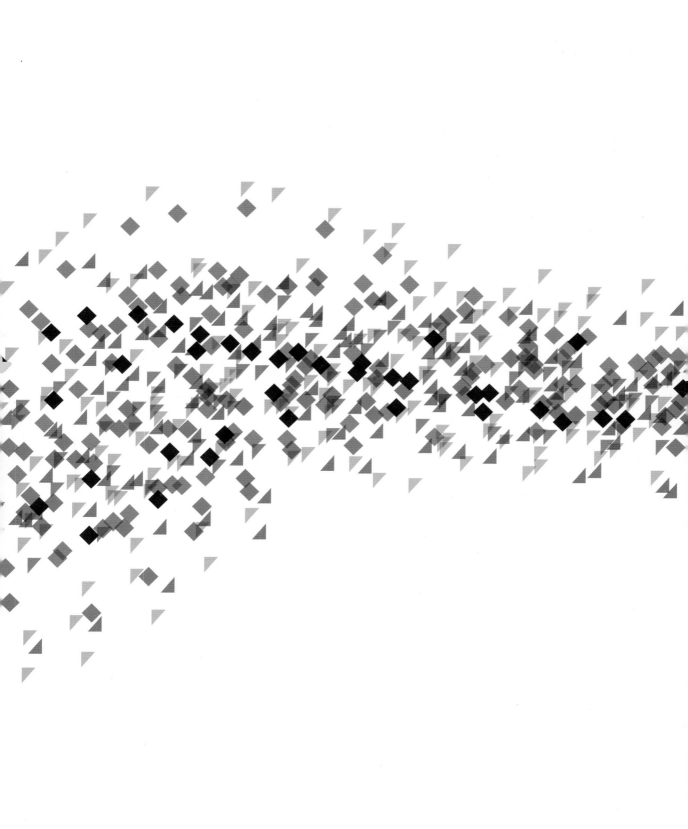

유형	**데이터**	**구조화된 데이터**	**정보**
기술	시각화		설계

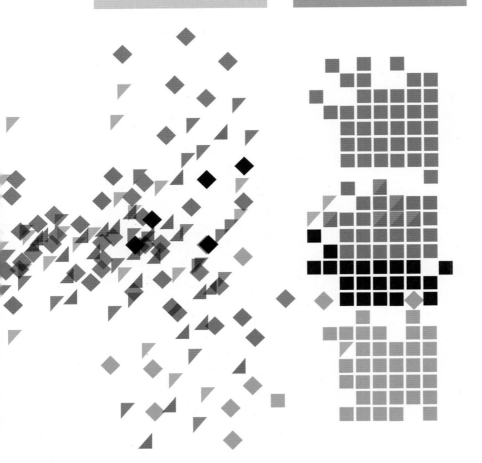

프로세스	발굴하기 모으기 평가하기	검토하기 이해하기 분류하기	걸러내기 해석하기 배치하기

메타포	원자	분자	DNA

연계된
정보

지식
매핑

상호 연결된
지식

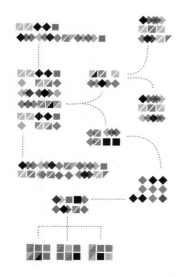

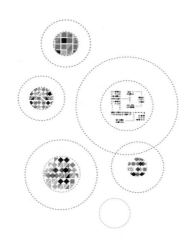

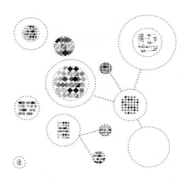

연결하기
배열하기
압축하기

평가하기
이해하기
설명하기

통합하기
추정하기
생성하기

염색체

세포

유기체

세계는 얼마나 많은 이산화탄소를 배출하고 있는가?

지금까지 배출한 양은?

1,565 GtCO₂ [Gt, gigatone : 10억톤]
1850년 ~ 2000년까지

405
2000년부터

얼마나 더 안전하게 배출할 수 있을까?

850
우리의 '탄소 예산'

배출할 양이 얼마나 넘었나?

760
주요 석탄·석유 기업들의 화석연료 비축량

780
발굴 가능한 매장량

+

1,320
국유 비축량을 포함한 기타 화석연료 비축량

2,860

*2050년까지 지구의 기온 상승이 2°C 이래로 유지될 확률이 80%인 정도

39 기가톤
현재 인류의 연간 이산화탄소 배출량

17년
평균 연간 배출 상승률 : 3%
탄소 배출량이 계속 상승하는 경우 '탄소 예산'이 깨지는 시간

이산화탄소 배출로 인한 지구온난화

시나리오
발생 / 불가피 / '안전' 한도 / 티핑 포인트 / 최악의 상황

+0.8°C / +1.5°C / +2°C / +3~4°C / +5~6°C

2100년까지의 해수면 상승
1990년 해수면과의 비교

0.85m / 1.04m / 1.24m / 1.43m

물에 잠기는 도시

암스테르담   뉴욕   방콕

거대 범람으로
무릎까지 침수할 도시

해양 산성화

30% 이상 산성화

150% 이상 산성화

이산화탄소를 흡수할수록
해양 산성화가 빨리짐

폭염

폭염강도 증가   번식 정지   표백 현상   생물이 살지 않음

옥수수 & 밀 산출량

-10%   -20%   -30~-40%   일 수 없음

유럽 전체
여름 폭염

이탈리아, 스페인,
그리스 사막화

미국과 아프리카의 옥수수,
인도의 밀

폭우 증가량

7%   13%   20~26%   35~42%   일 수 없음

현재와 비교

허리케인 파괴력 증가

+7.5%   +15%   +22.5~30%   +37.5~45%

멸종 위기 종

전체의 30%까지   전체 40%까지

실제 무서운 결과

그린란드 얼음층이 붕괴가
시작된다. 지구 온도가
섭씨 2도 상승하면
5만년 후에 모든 빙하가
소멸되고 해수면이
6m 상승한다.

시베리아와 북극의
영구 동토층이 녹으면서
엄청난 양의
이산화탄소와 메탄이
배출될 위험이 있다.

급작한 기후 변화로
해저에서 메탄이 배출될
위험이 있다.
대멸종이 일어날
가능성이 있다.

최근 이산화탄소 농도가
이만큼 높아졌다(398ppm)

1,500,000
년 전 이래

대기에서 이 모든 이산화탄소를
재흡수하는 데 걸리는 시간

300,000
년

출처: Carbon Tracker Initiative[탄소배출 문제를 다루는 비영리 기구], IPCC[기후변화에 관한 정부 간 패널], National Research Council[미국국립연구회의], International Energy Agency[IEA, 국제에너지기구], National Oceanic & Atmospheric Administration[NOAA, 미국해양대기관리처]
데이터 : bit.ly/KIB_Gigatons

최고의 개
궁극의 데이터도그datadog

대중적 인기

이해 못할 과대평가

불도그

그레이트데인

복서

저먼셰퍼드

프렌치불도그

로트와일러

마스티프

불마스티프

버니즈마운틴도그

뉴펀들랜드

로디지아리지백

불테리어

스코티시테리어

세인트버나드

블러드하운드

아키타

아프간하운드

알래스칸맬러뮤트

페키니즈

차우차우

아이리시울프하운드

올드잉글리시시프도그

보르조이

자이언트슈나우

케리블루테리어

그레이하운드

데이터 점수

지능 + 수명 + 질환 + 가격 - 그루밍 [모든 미용 행위] - 식욕 = 데이터 점수

당연히 외면

지능 아둔 영리

크기 소 중 대

목양견　수렵견　비조렵견*　조렵견　테리어견*　애완견　사역견

※ 가정견 무리. 성격이 느긋하고 놀이를 좋아하는 성향을 지님
※ 작은 해로운 짐승이나 수달 사냥에 이용되는 영국의 작은 개

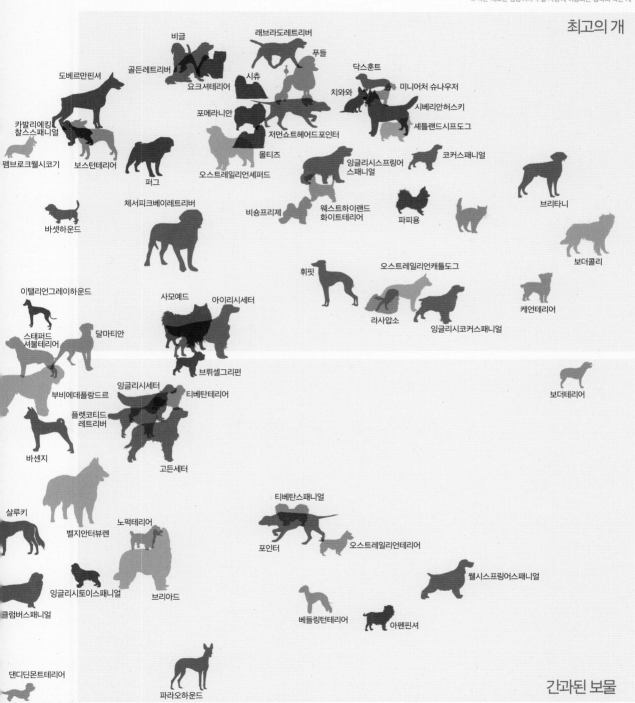

최고의 개

도베르만핀셔
비글
골든레트리버
요크셔테리어
래브라도레트리버
푸들
시츄
닥스훈트
치와와
미니어처 슈나우저
포메라니안
시베리안허스키
저먼쇼트헤어드포인터
몰티즈
셰틀랜드시프도그
카발리에킹
찰스스패니얼
펨브로크웰시코기
보스턴테리어
퍼그
오스트레일리언셰퍼드
잉글리시스프링어
스패니얼
코커스패니얼
브리타니
체서피크베이레트리버
비숑프리제
웨스트하이랜드
화이트테리어
파피용
바셋하운드
휘핏
오스트레일리언캐틀도그
보더콜리
이탈리언그레이하운드
사모예드
아이리시세터
라사압소
잉글리시코커스패니얼
케언테리어
스태퍼드
셔불테리어
달마티안
브뤼셀그리펀
보더테리어
부비에데플랑드르
잉글리시세터
티베탄테리어
플렛코티드
레트리버
바센지
고든세터
살루키
벨지안터뷰렌
노퍽테리어
티베탄스패니얼
포인터
오스트레일리언테리어
잉글리시토이스패니얼
브리아드
웰시스프링어스패니얼
클럼버스패니얼
베들링턴테리어
아펜핀셔
댄디딘몬트테리어
파라오하운드

간과된 보물

데이터 점수 ▶

출처 : American Kennel Club, Cassidy(2007), Canine Inherited Disorders Database, 『The Intelligence of Dogs』 Stanley Coren
데이터 : bit.ly/KIB_BestDogs

열차 파헤치기
최고의 철도 & 최악의 철도

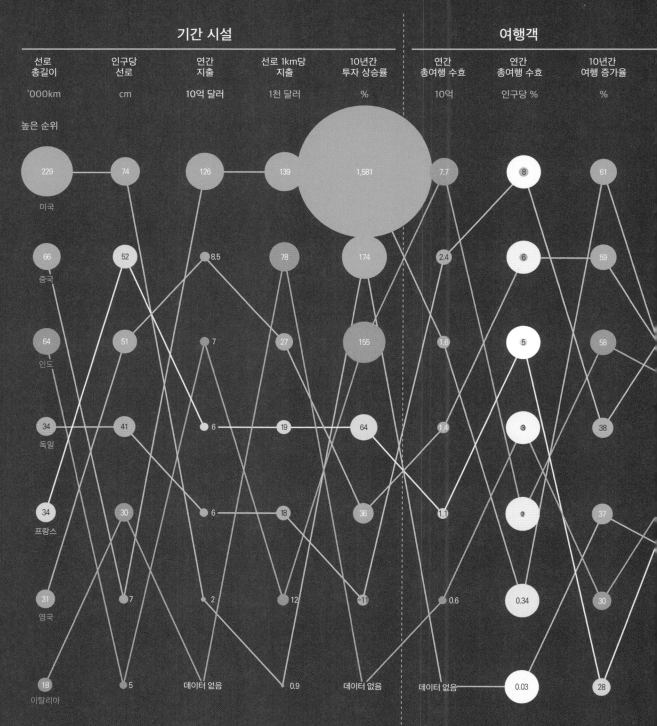

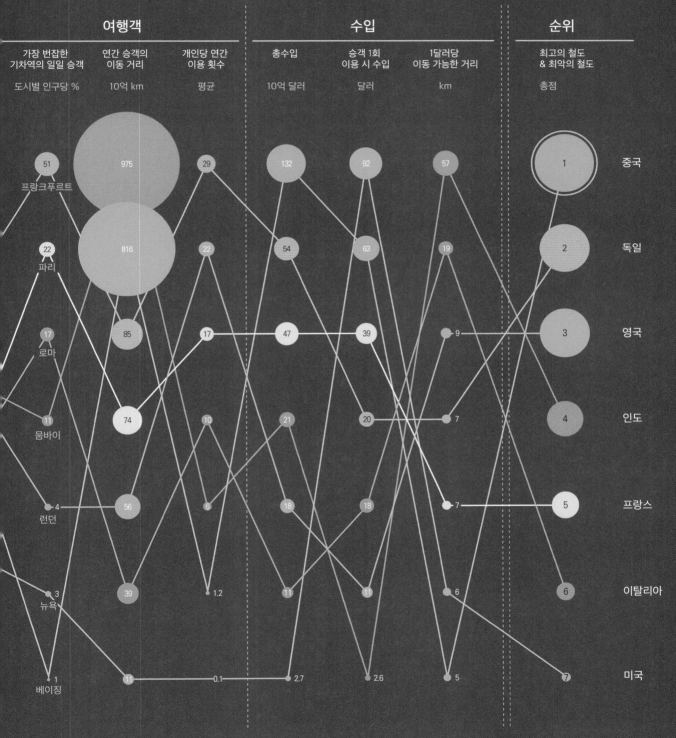

중국 ● **프랑스** ● **독일** ● **인도** ● **이탈리아** ● **영국** ● **미국**

여행객			수입			순위
가장 번잡한 기차역의 일일 승객	연간 승객의 이동 거리	개인당 연간 이용 횟수	총수입	승객 1회 이용 시 수입	1달러당 이동 가능한 거리	최고의 철도 & 최악의 철도
도시별 인구당 %	10억 km	평균	10억 달러	달러	km	총점

51 프랑크푸르트 · 975 · 29 · 132 · 92 · 57 · 1 중국

22 파리 · 816 · 22 · 54 · 63 · 19 · 2 독일

17 로마 · 85 · 17 · 47 · 39 · 9 · 3 영국

11 뭄바이 · 74 · 10 · 21 · 20 · 7 · 4 인도

4 런던 · 56 · 6 · 18 · 18 · 7 · 5 프랑스

3 뉴욕 · 39 · 1.2 · 11 · 11 · 6 · 6 이탈리아

1 베이징 · 11 · 0.1 · 2.7 · 2.6 · 5 · 7 미국

출처 : CIA World Factbook, World Bank, Eurostat[유럽연합통계청], United Nations Economic Commission for Europe[UNEP, 유럽경제위원회], IndianRailways.gov
데이터 : bit.ly/KIB_TrainWrecks

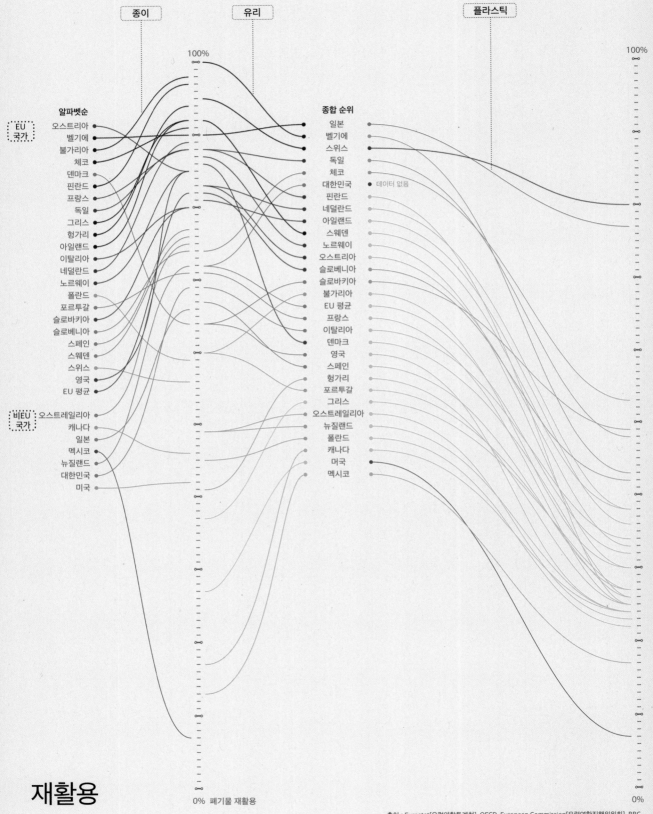

재활용

출처 : Eurostat[유럽연합통계청], OECD, European Commission[유럽연합집행위원회], BBC
데이터 : bit.ly/Recycling

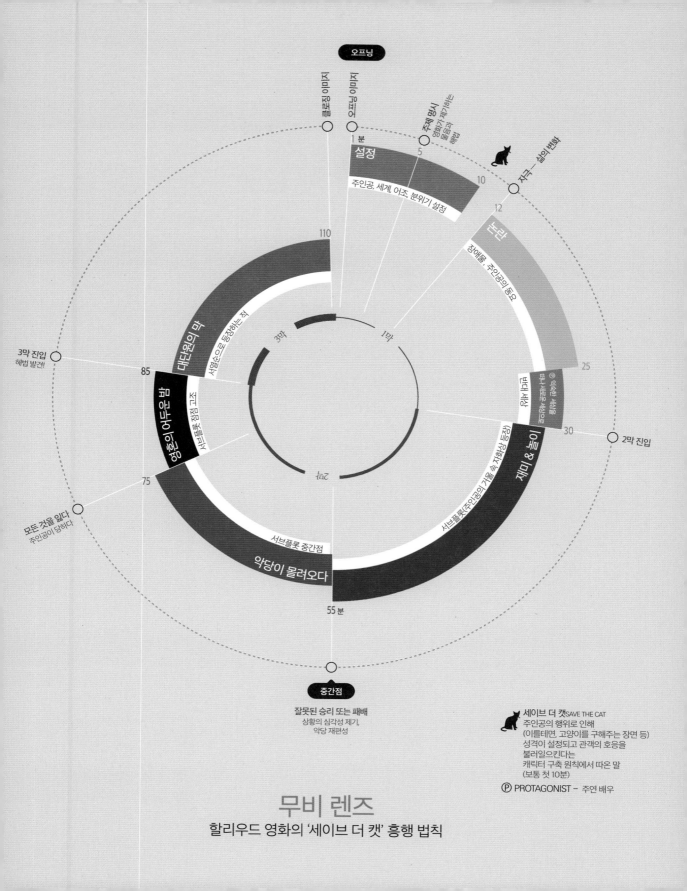

오프닝

클로징 이미지
오프닝 이미지

주제 명시
영화가 제기하는 질문 암시

1 분

설정

5

주인공, 세계, 어조, 분위기 설정

10

자극 ― 삶의 변화

12

110

토론

장애물, 주인공의 동요

1막

3막

2막

25

계기가 될까 말까

주인공의 망설임 ②
주인공의 망설임 ①

85

3막 진입
해법 발견!

대단원의 막

서열순으로 등장하는 적

행운이 어두운 밤

서브플롯 정점 교조

30

2막 진입

재미 & 놀이

서브플롯(주인공의 기울 속 자화상 등장)

75

모든 것을 잃다
주인공이 당하다

서브플롯 중간점

악당이 몰려오다

55 분

중간점

잘못된 승리 또는 패배
상황의 심각성 제기,
악당 재편성

세이브 더 캣 SAVE THE CAT
주인공의 행위로 인해
(이를테면, 고양이를 구해주는 장면 등)
성격이 설정되고 관객의 호응을
불러일으킨다는
캐릭터 구축 원칙에서 따온 말
(보통 첫 10분)

Ⓟ PROTAGONIST ― 주연 배우

무비 렌즈
할리우드 영화의 '세이브 더 캣' 흥행 법칙

'세이브 더 캣!'의 실제 사례

1 분	5	10 12	25	30

설정

논란

ⓟ 익숙한 세상을 떠나 새로운 세상으로 **재미 & 놀이**

주인공, 세계, 어조, 분위기 설정

장애물, 주인공의 동요

반대 세상   서브플롯(주인공의 거울 속 자화상 등장)

오프닝 이미지

촉매제(인생을 변화시키는 사건)

2막 진입

주제 명시

잘못
상황의 심

매트릭스 MATRIX

ⓟ는 이중 삶을 사는 해커이다

ⓟ는 매트릭스의 정체를 알아낼까?

매트릭스 안으로 들어가다

2막 ⓟ는 훈련을 시작한다

어둡고 베일에 싸인 디스토피아적인 세계

ⓟ는 포로로 잡혀 끔찍한 경험을 한다

'가짜' 세계   ⓟ와 트리니티의 로맨스 / 사이퍼가 두 사람을 배신한다

컴퓨터 화면의 녹색 글자들

ⓟ는 트리니티를 만난다

ⓟ는 빨간약을 먹는다

주제 명시

"꿈인지 생시인지 분간이 안 갈 때 있어?"

헝거게임 The Hunger Games

ⓟ와 그녀의 가족은 궁핍하고 가난에 찌들어 겨우겨우 살아가고 있다

ⓟ는 게임을 하는 데 필요한 것을 얻었는가?

개회식

2막 ⓟ는 훈련을 시작한다

암울하고 억압된 디스토피아적 세계

ⓟ는 게임에서 살아남을까?

'캐피톨' 세상   ⓟ는 피타와 사랑에 빠진 '연인 행세'를 한다

헝거게임에 당첨되는 악몽을 꾸는 여동생에게 그 꿈은 악몽이라며 위로해 준다

참가자 추첨
ⓟ는 동생을 대신해 헝거게임에 참여한다

ⓟ는 군중의 사랑을 받는다

주제 명시

"도망가서 숲 속에 사는 거지. 너하고 나, 우린 할 수 있어."
"어떻게 대답해야 할지 모르겠다."

아바타 AVATAR

ⓟ는 하반신이 마비된 전직 해병대원, 그에게 다른 선택의 여지는 없다

ⓟ는 나비족 무리에 침투할까?

ⓟ는 정글을 탐사하다가 일행들과 헤어지고 만다

2막 ⓟ는 부족의 신뢰를 얻고 그들의 방식을 배울 것이

외계 종족, 판도라의 아름다움, 절박한 위험

위험한 외계 세계

ⓟ는 네이티리와 사랑에 빠진다. ⓟ는 진정한 전사로 다시 태어나

ⓟ는 깨달음에 직면한다

쿼리치 대령을 만나 다리를 고칠 수 있다는 제안을 받는다

괴물들을 피해 절벽에서 뛰어내린다

주제 명시

"당신은 곧 깨달음을 얻는다."

킹스 스피치 THE KING'S SPEECH

말더듬이 ⓟ는 통솔력의 부재를 느낀다

ⓟ는 그의 구세주를 선택할까?

2막 리오넬을 받아들인다   ⓟ는 자신만의 독창적인 훈련을 시작하고, 개선된 모습을 보인다

황태자로서 느끼는 삶의 압박
군중 앞에서의 굴욕감

ⓟ는 리오넬을 믿지 못한다
언어치료사인 리오넬을 만난다

리오넬의 세상   병든 아버지와 ⓟ의 관계, 왕좌와 그의 건방진 형
책을 읽을 때 녹음한 목소리를 들어 본다

사랑도 통역이 되나요? Lost in Translation

두 주인공은 시간과 공간을 함께한다

두 사람은 서로를 발견할까?

서로를 받아들인다   **2막** 남자는 여자와 사귄다

낯선 문화에서 느끼는 외로움과 무료함, 생경함

늘 바쁜 남자, 공허함을 느끼는 여자

여자의 세계   우정도 아니고 사랑도 아닌 애매한 두 사람의 관계, 존재의

택시에서 잠이 들어 버린 남자

엘리베이터에서 서로를 본다

여자가 남자에게 데이트를 신청한다

각 영화에 직접 '세이브 더 캣' 순간을 표시해 보라

각 영화를 110분으로 재설정했다

	75	85	110
몰려오다	영혼의 어두운 밤	대단원의 막	
중간점	서브플롯 점점 고조	서열순으로 등장하는 적	서브플롯 메인플롯과 통합
배 재편성	모든 것을 잃다 – 주인공이 당하다	3막 진입 – 해법 발견!	클로징 이미지 (오프닝 이미지의 전도)

유사도
98%

모피어스 일행을 격퇴한다	모피어스가 포로로 사로잡혀 고문을 당한다	**3막** Ⓟ는 모피어스를 구하고 '더 원'이 된다	
들이 죽는다		서브플롯 : 트리니티의 예언이 적중한다	서브플롯 : 트리니티는 Ⓟ를 도와 모피어스를 구한다
죽는다	서브플롯 : 트리니티의 예언이 적중한다	Ⓟ는 모피어스를 구한다	
원THE ONE'이 아니다	네오와 트리니티는 시온을 지키기 위해 모피어스를 죽여야 한다	트리니티는 네오가 '더 원'이라고 믿는다	검은색 화면, 하지만 녹색 글자
어스와 자신 사이에서 려야 한다			

86%

를 벌인다	루가 죽는다	**3막** Ⓟ는 자신의 방식으로 전투를 치러 아레나에서 살아남는다	
		Ⓟ 일행은 캐피톨의 지배를 받지 않는다	
		Ⓟ는 피타와 한팀이 된다	행복해하는 여동생을 보며 미소를 짓는다

80%

중간점	나무가 쓰러지고, 나비족은 뿔뿔이 흩어진다	**3막** Ⓟ는 나비족을 모아서 인간들과 전투를 벌인다	
인간들이 거대한 불도저로 숲에 쳐들어온다			
Ⓟ는 그들을 저지한다	Ⓟ는 네이티리를 배신했다	Ⓟ는 진정한 전사로 거듭난다	
그는 나비족과 하나가 된다, 쿼리치 대령이 이에 대응한다	Ⓟ는 나비족에게 포로로 잡힌다	Ⓟ는 나비족을 위해 싸우기로 하고, 나비족의 신뢰를 얻는다	외계 행성인으로서
Ⓟ는 부족을 지킬 것인가?			깨달음을 얻는다
Ⓟ는 부족의 일원이 되고, 네이티리와 결속을 다진다			

71%

간점	Ⓟ가 겪는 최악의 악몽 : 그는 국가를 이끌어 가야 한다	**3막** Ⓟ는 일생일대의 스피치를 준비하고 실행한다	
Ⓟ는 스스로를 의심하고, 리오넬과의 사이가 나빠진다			
Ⓟ의 형이 왕위에 오른다		Ⓟ는 리오넬에게 모든 것을 맡기고, 자신의 목소리를 찾는다	군중 앞에서 연설을 성공적으로 마친다
Ⓟ는 형과 사이가 틀어진다	Ⓟ는 형 때문에 어쩔 수 없이 왕위에 오른다		
그의 형은 왕위를 포기할 수도 있다	• 주제 명시		
그의 의심이(그리고 말 더듬는 버릇이) 되살아난다	"어린 시절 두려워했던 것을 두려워할 필요는 '없다'."		

25%

	중간점	남자가 가수와 잠을 잔다	**3막** 자기 본연의 모습 발견 – 두 사람은 서로의 사랑을 인정한다
	두 사람은 사랑에 빠진다		서로의 마음을 확인하고 각자의 삶으로 돌아온다
	두 사람은 아주 가까워진다		
	두 사람은 밤을 함께 보낸다	남자가 사과한다	택시에서 깨어 있는 남자

출처 : 『Save The Cat! 흥행하는 영화 시나리오의 8가지 법칙』, Blake Snyder (2005)
데이터 : bit.ly/KIB_SaveTheCat

감정에 호소하는 오류

믿음의 결과에 호소하는 오류
믿기 싫은 부분이 함축되어 있기에 믿음이
잘못되었다고 주장한다.

"그가 섹스 테이프 속의 상원의원일 리는 없어요.
만약 그렇다면, 그는 그녀를 모른다고 거짓말을 하고 있는
것이겠죠. 그런데 그는 거짓말을 할 사람이 아닙니다."

두려움에 호소하는 오류
반대편에 대한 두려움과 편견에 빠져
자신의 주장을 내세운다.

"당신이 그 진실을 알기 전에 회교 사원이
교회보다 더 들어찰 거예요."

아부에 호소하는 오류
진정한 칭찬이 아닌 아부를 통해 은근슬쩍
근거 없는 주장을 펼친다.

"똑똑하고 수준 높은 독자들은 한 장만 읽어도
이런 식의 오류를 잡아낼 겁니다. 그럼요."

자연에 호소하는 오류
'선한' 자연계와 비교함으로써
자신의 주장이 더 진실되게 보이게 한다.

"동성애는 자연의 섭리를 거스르는 짓입니다.
동성끼리 짝짓기를 하는 동물은 없었습니다."

동정에 호소하는 오류
동정심을 유발하여 상대편을 동요시킨다.

"전 독재자는 늙고 쇠약해 살아갈 날이 얼마 남지
않았습니다. 이런 의심스러운 주장으로
그를 법정에 세우는 것은 부당합니다."

조롱에 호소하는 오류
아무런 근거 없이 주장을 웃음거리로 치부한다.

"신을 믿는 것은 산타클로스를 믿는 것과
다를 바 없지요."

악의에 호소하는 오류
개인적 편견을 가지고 상대방의 주장을 묵살한다.

"할리우드의 부유하고 자유분방한 배우들이 TV에 나와
의제를 선전하는 게 싫은 거 아닙니까?"

희망에 호소하는 오류
매우 바라는 사항이기 때문에
주장의 진위를 판단할 수 없다.

"대통령은 거짓말을 하지 않아요.
그는 우리의 리더이자 선량한 미국인이에요."

왜곡된 원인과 결과

결과를 단언하는 오류
자신의 의견이 유일무이한 해석인 양 생각한다.

"결혼을 하면 대부분 아이를 낳습니다.
결혼이 존재하는 것은 바로 그 때문이지요."

순환 논리의 오류
결론이 바로 그 결론에 의거한 전제에 의해 제시된다.

"사생활 권리 침해는 숨길 것이 있는 사람들에게만
중요한 문제입니다. 사생활 보호에 찬성한다면,
숨길 것이 있어야 합니다."

상관관계를 인과관계로 혼동하는 오류
(Cum Hoc Ergo Propter Hoc)

동시에 일어난 두 사건에는 분명히 인과관계가 있다.
(상관관계는 바로 인과관계이다.)

"갱단에 소속된 청소년들은 폭력성 짙은 랩을 부릅니다.
랩은 청소년들 사이에서 폭력성을 조장합니다."

전건부정의 오류
결과에 대한 단 하나의 해석은 존재하지 않는다.
그래서 결과를 바탕으로 원인을 추론하는 것은 부당하다.

"학위를 받으면, 좋은 직장이 생길 겁니다.
학위를 받지 않으면, 좋은 직장이 생기지 않을 겁니다."

공통 원인을 무시하는 오류
제3의(예상 밖의) 사건이 원인일 가능성이 있는데,
한 사건을 다른 사건의 유일한 원인으로 지목한다.

"우리는 60년대 성 혁명을 겪었습니다.
그리고 오늘날 사람들이 에이즈로 죽어 가고 있습니다."

선후인과의 오류
(Post Hoc Ergo Propter Hoc)

이전에 일어난 일이 사건의 원인이라고 주장한다.

"대통령 선거 이후로 평소보다 실직자가 늘었습니다.
그러므로 대통령은 경제에 해를 끼치고 있습니다."

두 개의 과오로 정당화시키는 오류
하나의 잘못이 있다면, 다른 잘못으로 그것을
상쇄할 수 있다고 추론한다.

"맞아요. 이 교도소는 잔인하고 비인간적인 분위기입니다.
그렇지만 이 죄수들은 범죄자들인걸요!"

수사논리학적 오류
수사학적 논리적 사고의 오류와 조작

잘못된 추론

일화적 증거
직접 들은 이야기나 경험에 기대어 체계적인 연구나 분석에 의한 증거를 무시한다.

"저는 담배를 계속 피울 겁니다. 제 할아버지는 하루에 담배 두 갑을 피우셨지만, 90세까지 사셨어요."

합성의 오류
일부 집단의 속성이나 믿음이 전체 집단에 적용된다고 추론한다.

"최근 벌어진 테러는 대부분 급진 이슬람 세력이 일으킨 것입니다. 따라서 모든 무슬림은 테러리스트입니다."

분해의 오류
한 집단의 속성이나 믿음이 자동적으로 구성원 개인에게 적용된다고 추론한다.

"보수주의자들은 대개 동성애자들의 결혼을 금지하고 싶어 하는 것은 물론, 기후 변화 같은 것은 없다고 생각하고, 인간이 진화의 산물이라는 것을 부정합니다. 그러므로 보수주의자들은 모두 동성애 혐오자이자 환경 운동에 반대하는 창조론자들입니다."

설계의 오류
근사하게 만들어졌거나 보기 좋은 것이 더 사실에 가깝다고 추론한다.

"더 좋은 게 있을까요?"

도박사의 오류
앞에 일어난 결과가 뒤에 일어날 결과에 영향을 미친다고 착각한다.

"동전을 연속으로 열 번 던졌더니 매번 앞면이 나왔어요. 그러니 다음번에는 뒷면이 나올 확률이 높지요."

성급한 일반화의 오류
아주 적은 사례에 기대어 일반적인 결론을 내 버린다.

"앞서 가던 여자 운전자가 갑자기 끼어들었지요. 여자들은 운전을 참 못해요."

성급한 결론의 오류
관련(쉽게 얻을 수 있는) 증거를 면밀히 살피지 않고 성급히 결론을 내려 버린다.

"그녀가 의료보험으로 낙태도 하고 싶어 한다고요? 참 싸구려구먼!"

중도의 오류
상반되는 두 의견 사이에서 중간 견해가 최선이거나 옳다고 가정한다.

"제가 추돌 사고를 냈지만 손해를 전부 배상해야 한다고는 생각하지 않습니다. 제가 배상액 전부를 지불해야 한다고 생각하시겠지요. 적절한 타협점은 배상액을 반반씩 지불하는 것입니다."

완벽주의자의 오류
유일한 선택은 완벽한 성공이어서 완벽하지 않은 것은 거부해야 한다고 가정한다.

"음주 운전 예방 캠페인을 벌여 봤자 무슨 소용입니까? 사람들은 어떻게 해서라도 술을 마시고 운전을 할 텐데요."

상대론자의 오류
사실이 한 개인이나 집단과 관련이 있다고 믿는 탓에 어느 주장을 거부한다.

"이것이 당신에게는 진실일지 모르지만, 제게는 아닙니다."

포괄적 일반화의 오류
일반적인 규칙을 너무 광범위하게 적용한다.

"이 젊은이들이 폭동을 일으킨 이유는 도의적 책임을 지는 부모가 없기 때문입니다."

중개념[중간어] 부주연의 오류
중개념이 공통으로 나타난다고 해서 그것을 모든 개념에 적용한다.

"어떤 이론은 증명되지 않은 가설을 의미할 수도 있습니다. 과학자들은 '진화론'이라는 용어를 사용합니다. 따라서 진화는 증명되지 않은 가설입니다."

집중 조명의 오류
소수 사례에서 관찰한 것을 전체 집단에 적용해도 된다고 생각한다.

"이 대형 신발 제조사는 노동 착취 공장에서 아이들을 부려 먹습니다. 그러므로 모든 신발 회사 소유주들은 아이들을 노예처럼 부리는 사악한 사람들입니다."

출처 : Fallacy Files[오류 모음집], Internet Encyclopedia of Philosophy[인터넷 철학 백과사전], Wikipedia, Skeptic Dictionary[회의주의자 사전]
데이터 : bit.ly/KIB_Rhetological

내용 조작

임시 해법의 오류
주장을 반복해서 수정하여 문제를 해명함으로써
굳은 신념을 지키려고 한다.

"……하지만 위생 설비, 관개 시설, 도로 체계, 담수 설비,
의약, 교육, 공중 보건, 공공질서 등을 제외하고……
로마 사람들이 우리를 위해 무엇을 했지요?"

선결문제 요구의 오류
어떤 결론이 결론에 입각한 진술에서 파생된다.
단 한 단계만 거친다는 점만 빼고 순환논리와 유사하다.

"평행한 선들은 절대로 만나지 않지요.
그들이 평행하기 때문입니다."

편향된 일반화의 오류
논증의 논리를 강화하기 위해 비전형적인 사례로
일반화를 한다.

"우리 사이트에서 실시한 여론 조사에 따르면,
인터넷 사용자의 90퍼센트가 온라인개인정보보호법에
반대한다고 합니다."

인신공격의 오류
어떤 주장을 공격하지 않고 그 주장의 장본인을
부당하게 공격함으로써 논쟁을 피해 간다.

"그라운드 제로[세계무역센터 붕괴 현장] 인근에
이슬람 사원을 세워야 한다고 말하는 사람은 미국을
혐오하는 자유주의자입니다."

확증편향의 오류
모순된 근거를 무시하면서 자신의 생각을
뒷받침할 수 있는 근거를 찾는다.

"9·11테러는 이라크 및 아프가니스탄 전쟁을 정당화하기 위한
미국 정부의 음모가 분명합니다. 미 국방성에 충돌한 비행기는
없어요. 쌍둥이 빌딩 붕괴도 치밀한 계산에 따른 것이죠."

증명 부담의 오류
자신의 주장을 증명하지 않고 상대에게
증명의 부담을 전가한다.

"태양 주기가 지구 온난화의 원인이라고 저는 주장합니다.
제가 틀렸다는 것을 직접 보여 주세요."

거짓 딜레마의 오류
다른 대안들이 있는데도 양자택일식의 전제를 제시한다.

"교육 예산을 줄여야 할 겁니다. 아니면 부채의 늪에
빠져들 수밖에 없어요. 우리는 더 이상 부채를 늘릴 여력이
없어요. 그러니 교육 예산을 줄여야 할 것입니다."

정황적 오류
어떤 주장과 관련이 있다는 이유만으로
그 주장을 받아들일 수 없다고 말한다.

"휴대전화의 위해성에 관한 연구에 휴대전화 회사가
관여하지요. 때문에 이 연구를 신뢰할 수 없어요."

거짓말의 오류
노골적인 거짓말을 일부러 사실처럼 반복한다.

"저 여자와 성관계를 가지지 않았어요, 절대."

미끄러운 경사면의 오류
처음에 비교적 작은 단계로 시작되어 관련 사건이
연쇄적으로 일어난다고 가정한다.

"대마초를 합법화하면, 크랙[crack, 코카인의 일종]과
헤로인을 흡입하는 사람이 늘어나겠지요. 그러면 이것들도
합법화해야 합니다."

오도된 생생함의 오류
일반적이지 않은 사건을 아주 상세히 설명하면서
그것이 문제라는 것을 납득시키려고 한다.

"동성애자끼리의 결혼을 합법화한다는 법원의 판결이 내려진
이후, 학교 도서관에 동성애 관련 문헌을 비치하게 되었습니다.
이에 초등학교 아이들이 동성애 관련 동화는 말할 것도 없고
심지어 노골적으로 동성애를 옹호하는 책자까지 보게 되었습니다."

은폐된 증거의 오류
자신의 판단을 약화시키는 증거를 일부러 은폐한다.

"이라크 정권은 생화학 무기를 소유하고 생산하고 있어요.
그리고 핵무기를 구하고 있어요."

'붉은 청어*'의 오류
논쟁의 주제와 상관없는 소재를 꺼내어 논점을 분산시킨다.

"저 국회의원은 의정비 편법 사용 건에 대해 해명할 필요가
없어요. 어쨌든 더 나쁜 행위를 한 의원들이 있으니까요."

※ 사냥개를 훈련시킬 때 말린 훈제 청어의 냄새를 이용하는 데서 나온 표현

비반증가능성의 오류
거짓 유무를 확인할 수 없기에, 거짓을 증명할 수 없는
주장을 펼친다.

"그는 귀신에 씌어서 거짓말을 했어요."

마음에 호소하는 오류

익명의 권위에 호소하는 오류
익명의 '전문가'나 '연구', 보편적인 집단(이를테면, 과학자들)에서 얻은 근거를 이용하여 사실임을 주장한다.

"껌이 소화되는 데 7년이 걸린다고 하더군요."

권위에 호소하는 오류
자격이 없는 '전문가' 또는 신뢰할 수 없는 '전문가'의 의견에 기대어 논증을 한다.

"400명이 넘는 훌륭한 과학자와 공학자 들이 지구 온난화 문제를 다루고 있습니다."

관행에 호소하는 오류
오래전부터 해 오던 것이라는 점을 주장의 근거로 삼는다.

"이 은행의 비리는 여러 문제로 인한 것이죠. 그런데 다른 은행들도 이 은행과 다를 바가 없습니다."

발생의 오류
주장의 핵심이 아닌 그 원인이나 기원을 문제로 삼아 공격한다.

"물론, 주류 진보 언론은 버락 오바마가 무슬림이라고 말하지 않겠죠."

무지에 호소하는 오류
상대가 자신의 주장의 잘못을 입증하지 못했다고 하여 자신의 주장이 옳다고 우긴다.

"신이 존재한다는 것을 입증한 사람은 하나도 없어요. 그러니 신은 존재하지 않습니다."

'연관된 게 죄'의 오류
바람직하지 못한 사람이나 집단과 관련지어 개념이나 주장의 신빙성을 떨어뜨린다.

"대테러 법률을 완화하길 원하시는군요, 테러리스트들을 지지한다는 말이죠?"

불신에 호소하는 오류
믿기 어렵다는 이유로 상대의 주장이 틀렸다고 말한다.

"우리의 눈은 수많은 부위가 연동되어 작동하는, 믿기 어려울 정도로 복잡한 생체역학적인 기계입니다. 지적인 설계자가 없었다면, 눈이 탄생할 수 있었을까요?"

허수아비의 오류
상대의 주장을 엉뚱하게 해석하거나 왜곡하여 희화화시킨 후 공격한다.

"이스라엘의 서안지구 유대인 정착촌 건설이 국제법을 위반하는 것이라고 말하는 거죠? 그렇다면 이스라엘은 국가가 될 권리가 없다는 말이군요?"

돈에 호소하는 오류
상대가 부유하거나 어떤 대상이 고가의 것인 경우, 관련된 주장이 믿을 만하다고 가정한다.

"비쌀수록 더 좋을 수밖에 없어."

대중의 믿음에 호소하는 오류
대중이 대부분 믿으면 진짜라고 주장한다.

"우유는 뼈에 좋아요."

새로움에 호소하는 오류
새로 생겼거나 더 새로워졌기 때문에 더 향상되었다고 추론한다.

"대단하네요! 이 운영체제의 최신 버전 덕분에 제 컴퓨터의 속도가 훨씬 더 빨라졌어요. 성능도 훨씬 더 좋아졌어요."

개연성에 호소하는 오류

$$P(A \text{ or } B)$$
$$= P(A \cup B)$$
$$= P(A) + P(B)$$

일어날 가능성이 있는 일은 필연적으로 일어난다고 가정한다.

"우주에는 수십억 개의 별을 가진 은하가 수십억 개에 이릅니다. 때문에 지능을 가진 생명체가 존재하는 행성이 존재할 수밖에 없지요."

전통에 호소하는 오류
(보아 하니) 늘 그래 왔던 방식이어서 옳은 것이라고 주장한다.

"결혼은 남자와 여자가 하나가 되는 의식입니다. 때문에 동성애자끼리의 결혼은 잘못된 것이죠."

출처 : Fallacy Files[오류 모음집], Internet Encyclopedia of Philosophy[인터넷 철학 백과사전], Wikipedia, Skeptic Dictionary[회의주의자 사전]
데이터 : bit.ly/KIB_Rhetological

오일의 원재료

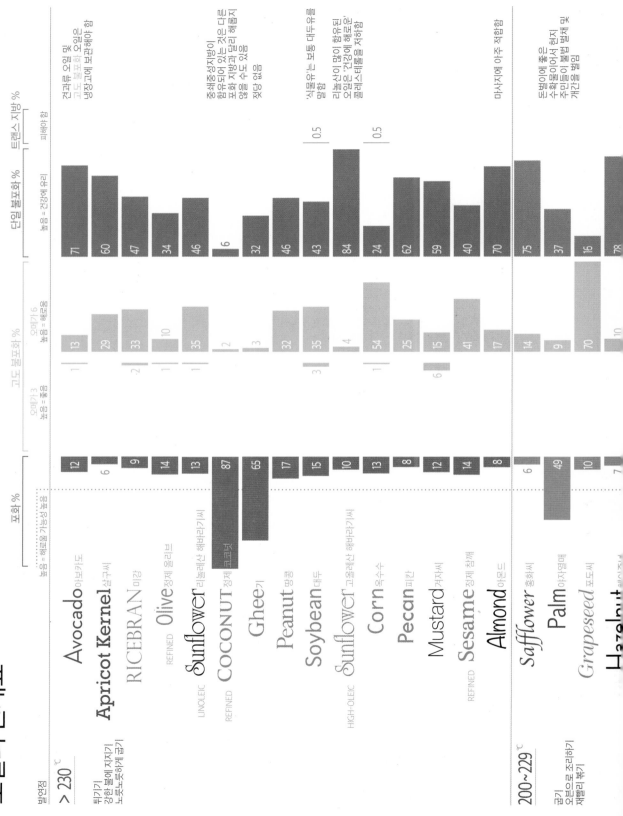

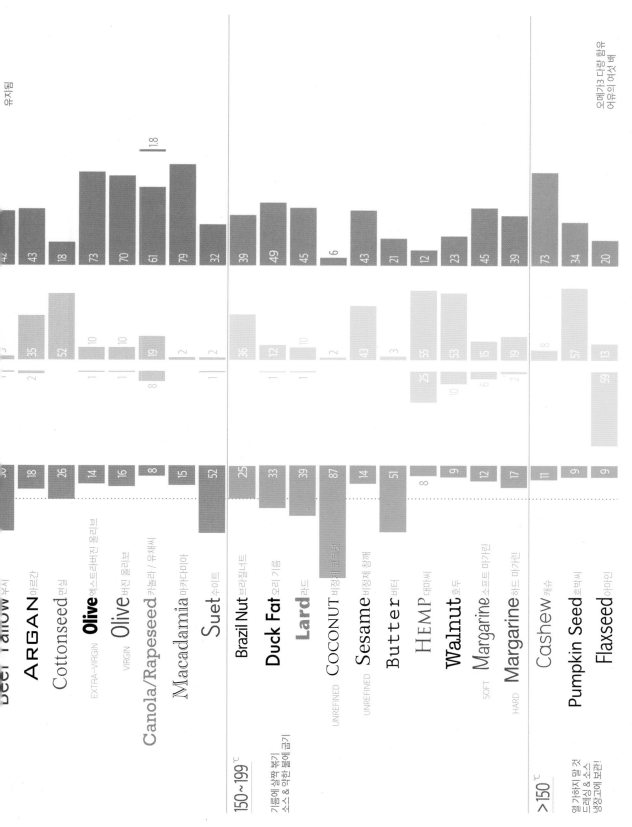

출처 : Nutritiondata.self.com, Culinate.com, DiabetesinControl.com
데이터 : bit.ly/KIB_OilWell

우리가 잘못 알고 있는 상식 I

쉽게 전염되는 거짓말

원의 크기 =
생각의 전염 수준

보미토리움
로마인들이 흥청망청
축제를 즐기며 구토를 했던
방이 아니다.
고대 로마의 원형 경기장
출입구 이름이다.

**혀의 부위에 따라 느끼는
맛이 다르다**
쓴맛, 신맛, 짠맛, 단맛,
감칠맛(좋은 향 / 고기
맛 등) 등 각각의 맛을
느끼는 혀 부위가 따로
있는 것은 아니다.

최초의 추수감사절
추수감사절 축하 행사는
플리머스 식민지에서 첫
추수감사절을 치르기
50년 전에 이미 열린
것으로 기록되어 있다.

나폴레옹은 키가 작았다
말도 안 되는 이야기.
나폴레옹의 실제 키는
5피트 7인치[170.18cm]로
당시 프랑스 사람들의 평균
키보다 컸다.

바나나는 나무에서 자란다
바나나는 나무처럼
키가 큰 풀에서 자란다.
당신은 이 사실을
분명히 몰랐을 것이다.

워싱턴의 나무 치아
조지 워싱턴은 나무 치아가
없었다. 워싱턴은 말과
당나귀의 치아는 물론 금과
상아, 납 등 훨씬 더
위생적인 재료로 만든
치아를 하고 있었다.

중국 만리장성
우주에서 보이지 않는다.
우주에서 볼 수 있다는
것은 말도 안 되는
이야기.
거짓말은 이제 그만!

암흑시대
역사학의 클리셰. 고대
로마가 몰락한 후부터
르네상스 시대 전까지의
시기를 말하는 것이지
퇴보를 의미하지는
않는다.

미국의 대마초 헌법
마약 중독자들을
대변하는 수정주의
역사학자들은 달리
주장하지만, 미국
헌법은 대마초로 만든
종이가 아니라,
양피지에 적혀 있었다.

박쥐는 눈이 멀었다
사실을 똑바로 봐야 한다!
박쥐는 보지 못할 뿐이다.
박쥐는 반향 위치 측정
능력을 가지고 있다.
엄청나지 않은가?

바이킹 뿔 투구
바이킹 족은 뿔 달린
투구를 쓰지 않았다.
실제로는 19세기에
의상 디자이너가 만든
것으로 바그너의
오페라에 등장했다.

**살리에리는 모차르트를
싫어했다**
영화 같은 일은 전혀 없었다.
두 사람은 서로 약간의
라이벌 의식을 가진 작곡가
친구 사이였다. 그 이상 그
이하도 아니었다.

아인슈타인은 수학을 못했다
말도 안 되는 소리.
아인슈타인은
입학시험에 떨어졌을 뿐
수학을 굉장히 잘했다.

아이언 메이든
중세 시대의 고문
도구가 아니었다.
다만, 18세기 선풍적인
인기를 끌었던 서커스에
등장한 가짜 고문
장치였다.

"예, 경찰입니다Yes, I'm a cap"
할리우드 영화가
만들어 낸 근거 없는
사실. 미국의 사복
경찰들은 신분을
밝히지 않아도 된다.

진화는 '학설'이다
과학에서 '학설'이라는
말에는 추측이나 제안
이상의 의미가 있다.

중세 정조대
간음을 막기 위한 도구라는
것은 거짓이다. 19세기
고상한 척하는 사람들이
'위험스러운' 자위행위를
막기 위해 만든 것이다.

링컨은 모든 노예를 해방시켰다
링컨이 노예 해방을
선언했지만, 노예제는
그로부터 3년 후에
완전히 폐지되었다.

인간은 침팬지에서 진화했다
아니다. 인간과
침팬지는 유전적으로
가장 가깝지만
500 ~ 800만 년 전
공통 조상에서
분화되었다.

**청교도들은 머리에서
발끝까지 검은 옷을 입었다**
아니다. 그들은 엘리자베스
시대의 색깔(빨강, 노랑,
보라, 초록) 있는 옷을
입었다. 그리고 버클 모자는
없었다.

**무솔리니가 집권하니
열차 지연이 사라졌다**
파시스트 당원들이 선전한
거짓말이다. 무솔리니가
집권하기 전에도 정비된
열차는 정시에 운행되었다.

상어는 암에 걸리지 않는다
아니다. 상어는 암에
걸린다. 특히 피부암에
잘 걸린다.

블랙홀
진짜 '구멍'이 아니다.
밀도가 굉장히 높고
중력이 강력한 천체를
말한다.

몽유병자를 절대로 깨우지 마라
몽유병자를 깨우면 매우
혼란스러워할 것이다.
그렇다고 문제될 건 없다.
깨우지 않으면 오히려 더
다칠 수 있다.

실종자 신고
경찰은 실종자 신고를
접수한다고 24시간을
기다리라고 요구하지
않는다.

황소는 빨간색을 싫어한다
황소는 빨간색을 보지
못한다. 사실 투우사의
손에 들린 빨간 천의
움직임을 위협으로
감지하여 반응한다.

선풍기를 틀고 자면 죽는다
선풍기를 틀고 자면 죽을
수 있다는 말이 한국에서
떠도는데, 근거 없는
얘기이다. 선풍기 때문에
죽을 일은 거의 없다.
침대 속에 선풍기를 넣지
않는 한.

오일은 파스타가 들러붙는 현상을 방지한다
그렇지 않다. 그래도
물이 끓어 넘치거나
거품이 일어나는 현상을
막을 수는 있다.

개는 침을 흘리면서 땀을 배출한다
아니다. 개는 호흡을
헐떡거리면서 체온을
조절한다. 개는 실제로
발바닥으로 땀을
배출한다.

체열과 머리
유아의 경우에만
대부분의 열이 머리에서
빠져나간다. 신체 부위
중 머리만 유일하게
노출된 경우에도
그러하다.

알코올은 요리 중에 증발한다
어느 정도는 사실이다.
하지만 여러 연구에
따르면, 요리 중에
알코올이 완전히
증발하지는 않는다고 한다.

새끼 새는 만지면 안 된다!
새의 후각은 제한되어
있다. 그렇기 때문에
인간의 '냄새'가 난다고
해도 새끼를 버리지
않는다.

수영하기 전에 음식을 먹으면 안 된다!
그렇게 한다고 실제로
나쁘지는 않다. 수영하기
전에 먹어도 쥐가 날
위험성은 높아지지 않는다.
그보다는 술을 먹고
수영하면 더 위험하다.

MSG는 두통을 일으킨다
근거 없는 말이다.
단, L-글루타민산나트륨
[MSG]이 음식의 맛을
'향상시킨다'는 일화적
증거는 있다.

금붕어의 기억력은 3초이다
지능이 뛰어나지는
않지만, 금붕어의
기억력은 세 달이다.
대다수의 정치인들보다
좋은 기억력을 가지고
있다.

사람은 오감을 가지고 있다
인간은 사실 균형, 통증,
이동, 배고픔, 갈증을
느끼는 감각을 포함해
거의 20개의 감각을
가지고 있다.

스시는 회이다
잘못된 번역이다.
스시는 식초를 넣은
밥에 생선 등을 얹어
먹는 '초밥'을 의미한다.
사시미가 '날' 생선을
의미한다.

인간과 공룡
미국 성인의 59%가
인간과 공룡이
공존했다고 생각하지만,
실제로 6,300만 년이
지날 때까지 서로 만나지
못했다.

면도를 하면 털이 굵어진다
면도 후 다시 자라는
털은 굵어지지 않는다.
위쪽의 가는 털이
잘려나가기 때문에 굵은
것처럼 보일 뿐이다.

엄지의 법칙
과거 영국에서 남편이
엄지손가락보다 가는
막대기로 아내를 때리는
것이 용인된 법에서
유래했다고 하는데,
근거 없는 이야기이다.

유리는 액체다
'성당의 유리(스테인드
글라스)를 보면 아래쪽이 더
두껍다'는 이유로 유리를
액체라고 생각한다.
하지만 그런 유리는 단지
불량품일 뿐이다.

죽어도 손톱은 자란다
사람이 죽으면 피부가
마르고 오므라들어서
손톱이 자라는 것처럼
보인다.

우리가 잘못 알고 있는 상식 II, p.116~117

출처 : NASA, NYTimes.com, Snopes.com[인터넷 풍문 검증 사이트], Wikipedia
데이터 : bit.ly/KIB_Mythconception

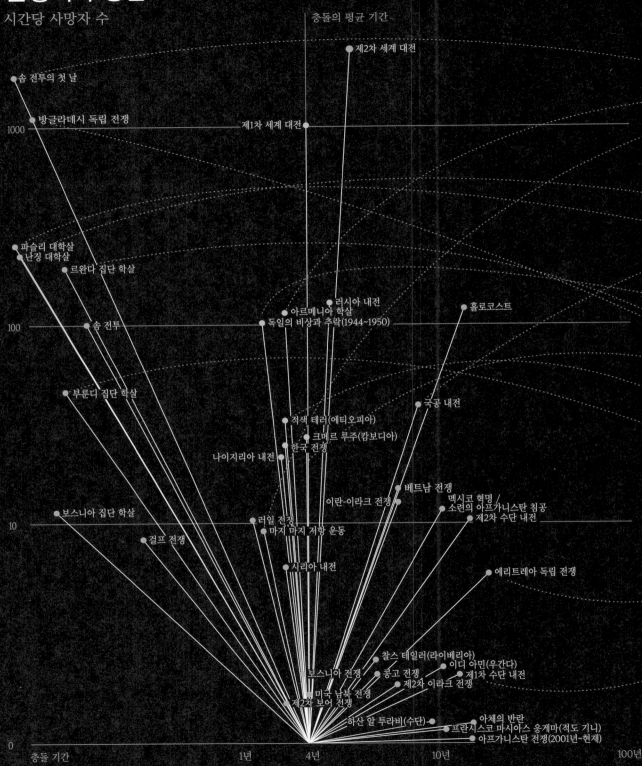

전쟁의 무정함

시간당 사망자 수

충돌의 평균 기간

- 솜 전투의 첫 날
- 방글라데시 독립 전쟁
- 제2차 세계 대전
- 제1차 세계 대전

1000

- 파슬리 대학살
- 난징 대학살
- 르완다 집단 학살
- 솜 전투

100

- 러시아 내전
- 아르메니아 학살
- 독일의 비상과 추락(1944~1950)
- 홀로코스트
- 부룬디 집단 학살
- 적색 테러(에티오피아)
- 크메르 루주(캄보디아)
- 나이지리아 내전
- 한국 전쟁
- 국공 내전
- 베트남 전쟁
- 이란-이라크 전쟁
- 멕시코 혁명 /
- 소련의 아프가니스탄 침공
- 제2차 수단 내전
- 보스니아 집단 학살
- 러일 전쟁
- 마지 마지 저항 운동

10

- 걸프 전쟁
- 시리아 내전
- 에리트레아 독립 전쟁
- 찰스 테일러(라이베리아)
- 이디 아민(우간다)
- 콩고 전쟁
- 제1차 수단 내전
- 보스니아 전쟁
- 제2차 이라크 전쟁
- 미국 남북 전쟁
- 제2차 보어 전쟁
- 하산 알 투라비(수단)
- 아체의 반란
- 프란시스코 마시아스 응게마(적도 기니)
- 아프가니스탄 전쟁(2001년~현재)

0

충돌 기간   1년   4년   10년   100년

세부 사항

1905년 독일의 동아프리카 식민 지배에 대한 폭력
봉기이자 저항.

1915년 오스만 제국(터키)이 강제노동과 죽음의 행진
등을 통해 자행한 체계적인 아르메니아 인 대량 학살.

1916년 7월 1일 전투 첫날에 38,000명이 넘는
사람들이 죽었다. 영국은 16시간 만에 19,240명에
이르는 인명 피해를 보았다.

1937년 중국 국민당과 중국 공산당 사이에 일어난
두 차례의 내전. 양쪽은 1945년 공동으로 일본의
침략에 대항했다. 그러다 제2차 세계 대전 이후
다시 1년 동안 내전을 치렀다.

1937년 일본 침략군이 당시 중국의 수도인 남징의
시민들에게 자행한 대량 학살.

1937년 도미니카에 거주한 아이티 주민들에
대한 '인종 청소'. 프랑스어를 쓰는 아이티 인들에게
페레힐[perejil, 파슬리라는 뜻의 스페인 어]를 발음하게
한 뒤, 어눌한 발음의 아이티 인을 가려내 죽였다.

1944년 제2차 세계 대전 이후 [연합국에 의해
자행된] 무수한 독일인들의 강제 이주.

1955년 영국이 독단적으로 남수단과 북수단을 합친
이래 긴장이 고조되고 폭동이 발생했다.

1961년 에티오피아 정부와 에리트레아 분리주의자들
사이에 벌어진 충돌. 악랄한 독재와 기근으로 인해
촉발되었다.

1967년 나이지리아 동부 주가 비아프라 공화국을
세우고 나이지리아로부터 분리 독립을 시도하려다
실패한 전쟁.

1971년 방글라데시의 독립 문제를 두고 방글라데시
독립군 묵티 바히니와 인도, 파키스탄군 사이에
벌어진 전쟁. 힌두교와 이슬람교 간의 갈등이 결정적
원인이 되었다.

1972년 투치족 정부가 후투족을 대상으로 자행한
조직적인 학살.

1977년 에티오피아의 황제 하일레 셀라시에가
쿠데타로 하야한 후 벌어진 무자비한 권력 싸움.

1994년 남동부 아프리카에서 후투족이 투치족을
대상으로 벌인 인종 대학살.

출처 : Wikipedia, Twentieth Century Atlas, University of Hawaii, Scaruffi.com
데이터 : bit.ly/KIB_WarDeaths

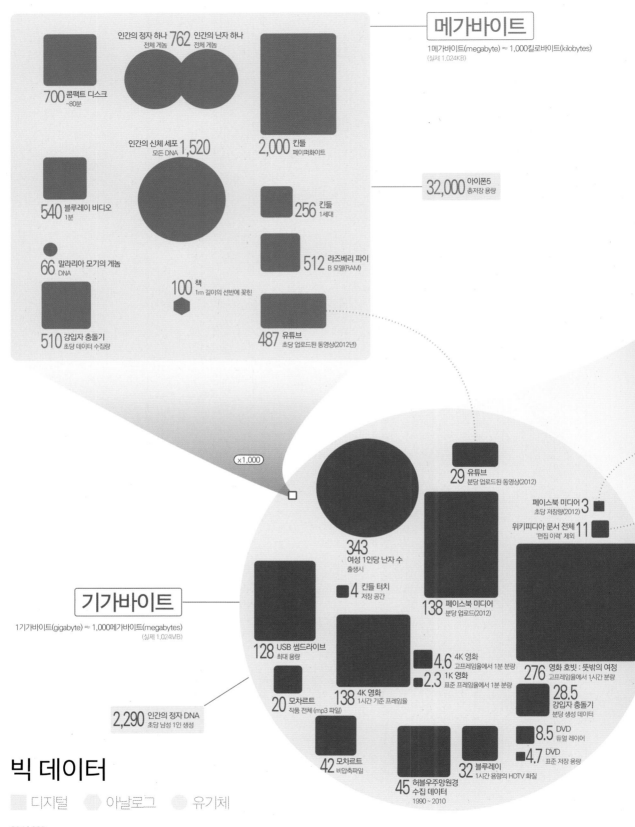

메가바이트

1메가바이트(megabyte) ≈ 1,000킬로바이트(kilobytes)
(실제 1,024KB)

700 **콤팩트 디스크** ~80분

인간의 정자 하나 762 인간의 난자 하나
전체 게놈   전체 게놈

2,000 **킨들** 페이퍼화이트

인간의 신체 세포 1,520 모든 DNA

540 **블루레이 비디오** 1분

256 **킨들** 1세대

32,000 **아이폰5** 총저장 용량

66 **말라리아 모기의 게놈** DNA

512 **라즈베리 파이** B 모델(RAM)

100 **책** 1m 길이의 선반에 꽂힌

510 **강입자 충돌기** 초당 데이터 수집량

487 **유튜브** 초당 업로드된 동영상(2012년)

(x1,000)

29 **유튜브** 분당 업로드된 동영상(2012)

페이스북 미디어 3 초당 저장량(2012)

위키피디아 문서 전체 11 '편집 이력' 제외

343 **여성 1인당 난자 수** 출생시

4 **킨들 터치** 저장 공간

138 **페이스북 미디어** 분당 업로드(2012)

기가바이트

1기가바이트(gigabyte) ≈ 1,000메가바이트(megabytes)
(실제 1,024MB)

128 **USB 썸드라이브** 최대 용량

4.6 **4K 영화** 고프레임율에서 1분 분량

2.3 **1K 영화** 표준 프레임율에서 1분 분량

276 **영화 호빗 : 뜻밖의 여정** 고프레임율에서 1시간 분량

28.5 **강입자 충돌기** 분당 생성 데이터

20 **모차르트** 작품 전체 (mp3 파일)

138 **4K 영화** 1시간 기준 프레임율

8.5 **DVD** 듀얼 레이어

4.7 **DVD** 표준 저장 용량

2,290 **인간의 정자 DNA** 초당 남성 1인 생성

42 **모차르트** 비압축파일

45 **허블우주망원경 수집 데이터** 1990 ~ 2010

32 **블루레이** 1시간 용량의 HDTV 화질

빅 데이터

■ 디지털   ● 아날로그   ● 유기체

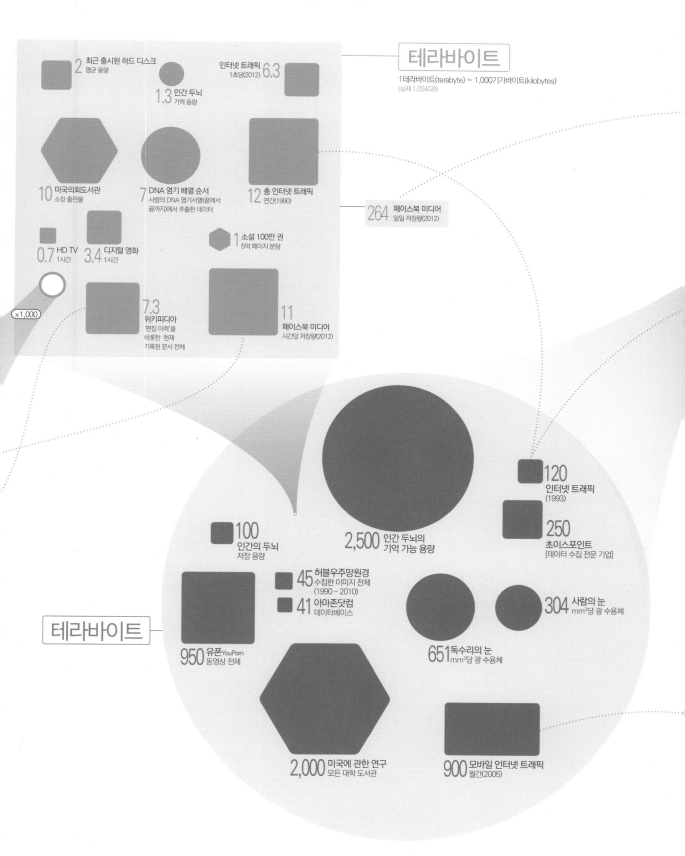

테라바이트

1테라바이트(terabyte) ≈ 1,000기가바이트(kilobytes)
(실제 1,024GB)

2 최근 출시된 하드 디스크
평균 용량

6.3 인터넷 트래픽
1초당(2012)

1.3 인간 두뇌
기억 용량

10 미국의회도서관
소장 출판물

7 DNA 염기 배열 순서
사람의 DNA 염기서열(끝에서
끝까지)에서 추출한 데이터

12 총 인터넷 트래픽
연간(1990)

264 페이스북 미디어
일일 저장량(2012)

0.7 HD TV
1시간

3.4 디지털 영화
1시간

1 소설 100만 권
5억 페이지 분량

×1,000

7.3 위키피디아
'편집 이력'을
비롯한 현재
기록된 문서 전체

11 페이스북 미디어
시간당 저장량(2012)

테라바이트

100 인간의 두뇌
저장 용량

2,500 인간 두뇌의
기억 가능 용량

120 인터넷 트래픽
(1993)

250 초이스포인트
[데이터 수집 전문 기업]

45 허블우주망원경
수집한 이미지 전체
(1990 ~ 2010)

41 아마존닷컴
데이터베이스

304 사람의 눈
mm²당 광 수용체

950 유폰YouPorn
동영상 전체

651 독수리의 눈
mm²당 광 수용체

2,000 미국에 관한 연구
모든 대학 도서관

900 모바일 인터넷 트래픽
월간(2005)

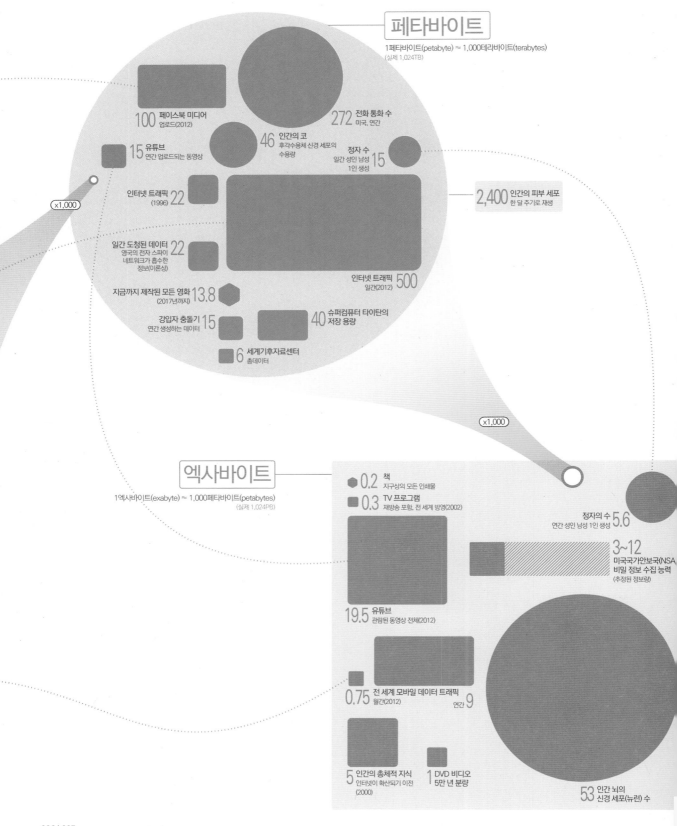

페타바이트

1페타바이트(petabyte) ≈ 1,000테라바이트(terabytes)
(실제 1,024TB)

100 페이스북 미디어
업로드(2012)

272 전화 통화 수
미국, 연간

46 인간의 코
후각수용체 신경 세포의
수용량

정자 수
일간 성인 남성 15
1인 생성

15 유튜브
연간 업로드되는 동영상

인터넷 트래픽 22
(1996)

2,400 인간의 피부 세포
한 달 주기로 재생

일간 도청된 데이터 22
영국의 전자 스파이
네트워크가 흡수한
정보(이론상)

인터넷 트래픽 500
일간(2012)

지금까지 제작된 모든 영화 13.8
(2017년까지)

강입자 충돌기 15
연간 생성하는 데이터

40 슈퍼컴퓨터 타이탄의
저장 용량

6 세계기후자료센터
총데이터

×1,000

×1,000

엑사바이트

1엑사바이트(exabyte) ≈ 1,000페타바이트(petabytes)
(실제 1,024PB)

0.2 책
지구상의 모든 인쇄물

0.3 TV 프로그램
재방송 포함, 전 세계 방영(2002)

정자의 수 5.6
연간 성인 남성 1인 생성

3~12
미국국가안보국(NSA)
비밀 정보 수집 능력
(추정된 정보량)

19.5 유튜브
관람된 동영상 전체(2012)

0.75 전 세계 모바일 데이터 트래픽
월간(2012)

전 세계 모바일 데이터 트래픽
연간 9

5 인간의 총체적 지식
인터넷이 확산되기 이전
(2000)

1 DVD 비디오
5만 년 분량

53 인간 뇌의
신경 세포(뉴런) 수

요타바이트

1요타바이트(yottabyte) ≈ 1,000제타바이트(zettabytes)
(실제 1,024ZB)

10,000
지구상 모든 미생물에 들어 있는
유전 정보

×1,000

제타바이트

1제타바이트(zettabyte) ≈ 1,000엑사바이트(exabytes)
(실제 1,024EB)

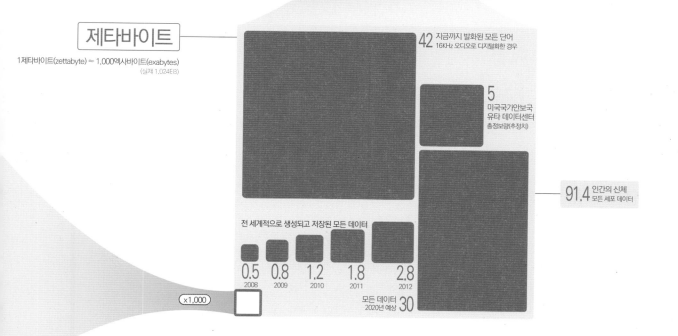

42 지금까지 발화된 모든 단어
16KHz 오디오로 디지털화한 경우

5
미국국가안보국
유타 데이터센터
총정보량(추정치)

91.4 인간의 신체
모든 세포 데이터

전 세계적으로 생성되고 저장된 모든 데이터

0.5 2008   **0.8** 2009   **1.2** 2010   **1.8** 2011   **2.8** 2012

모든 데이터
2020년 예상 **30**

×1,000

330 인터넷 트래픽
(2011)

■ 디지털   ● 아날로그   ● 유기체

출처 : UC Berkeley, ExtremeTech.com, Wikipedia, Morton(1991)[게놈의 크기에 관한 모턴의 연구], MaximumPC.com, Cnet.com, Britannica, NASA, IDC[인터넷데이터센터]
데이터 : bit.ly/KIB_BigData

독불장군 & 이단아

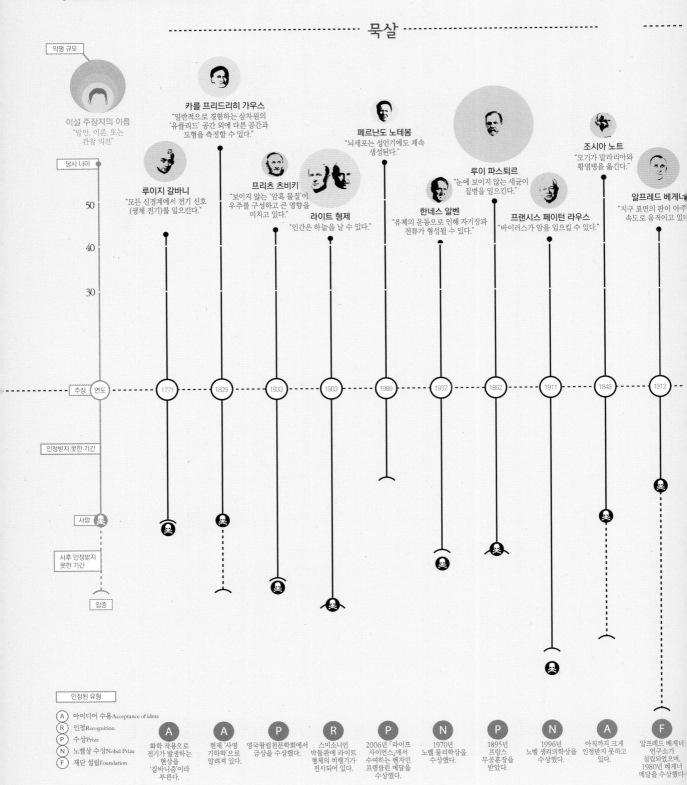

묵살

악평 규모

이설 주장자의 이름
"발언, 이론, 또는 관찰 의견"

당시 나이

50
40
30

주장 연도

인정받지 못한 기간

사망

사후 인정받지 못한 기간

입증

카를 프리드리히 가우스
"일반적으로 경험하는 삼차원의 '유클리드' 공간 외에 다른 공간과 도형을 측정할 수 있다."

페르난도 노테봄
"뇌세포는 성인기에도 계속 생성된다."

조시아 노트
"모기가 말라리아와 황열병을 옮긴다."

루이지 갈바니
"모든 신경계에서 전기 신호 (생체 전기)를 일으킨다."

프리츠 츠비키
"보이지 않는 '암흑 물질'이 우주를 구성하고 큰 영향을 미치고 있다."

라이트 형제
"인간은 하늘을 날 수 있다."

루이 파스퇴르
"눈에 보이지 않는 세균이 질병을 일으킨다."

한네스 알벤
"유체의 운동으로 인해 자기장과 전류가 형성될 수 있다."

프랜시스 페이턴 라우스
"바이러스가 암을 일으킬 수 있다."

알프레드 베게너
"지구 표면의 판이 아주 속도로 움직이고 있다"

1771 1829 1933 1903 1989 1937 1862 1911 1848 1912

인정된 유형

A 아이디어 수용 Acceptance of ideas
R 인정 Recognition
P 수상 Prize
N 노벨상 수상 Nobel Prize
F 재단 설립 Foundation

A — 화학 작용으로 전기가 발생하는 현상을 '갈바니즘'이라 부른다.

A — 현재 '사영 기하학'으로 알려져 있다.

P — 영국왕립천문학회에서 금상을 수상했다.

R — 스미소니언 박물관에 라이트 형제의 비행기가 전시되어 있다.

P — 2006년 「라이프 사이언스」에서 수여하는 벤자민 프랭클린 메달을 수상했다.

N — 1970년 노벨 물리학상을 수상했다.

P — 1895년 프랑스 무공훈장을 받았다.

N — 1996년 노벨 생리의학상을 수상했다.

A — 아직까지 크게 인정받지 못하고 있다.

F — 알프레드 베게너 연구소가 설립되었으며, 1980년 베게너 메달을 수상했다

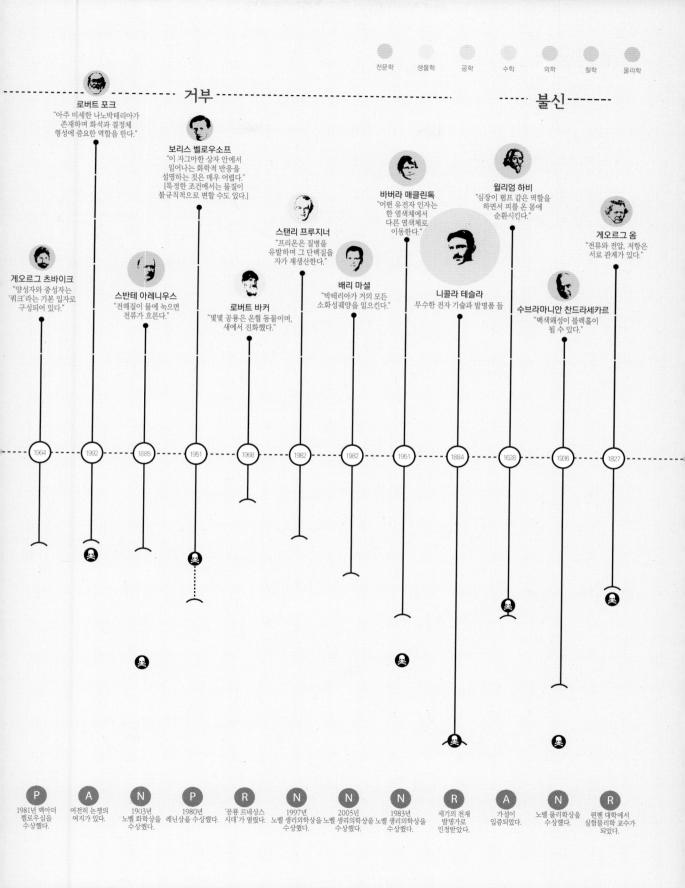

천문학　생물학　공학　수학　의학　철학　물리학

거부

불신

로버트 포크
"아주 미세한 나노박테리아가 존재하며 화석과 결정체 형성에 중요한 역할을 한다."

보리스 벨로우소프
"이 자그마한 상자 안에서 일어나는 화학적 반응을 설명하는 것은 매우 어렵다."
[특정한 조건에서는 물질이 불규칙적으로 변할 수도 있다.]

바버라 매클린톡
"어떤 유전자 인자는 한 염색체에서 다른 염색체로 이동한다."

윌리엄 하비
"심장이 펌프 같은 역할을 하면서 피를 온 몸에 순환시킨다."

스탠리 프루지너
"프리온은 질병을 유발하며 그 단백질을 자가 재생산한다."

게오르그 옴
"전류와 전압, 저항은 서로 관계가 있다."

게오르그 츠바이크
"양성자와 중성자는 '쿼크'라는 기본 입자로 구성되어 있다."

스반테 아레니우스
"전해질이 물에 녹으면 전류가 흐른다."

로버트 바커
"몇몇 공룡은 온혈 동물이며, 새에서 진화했다."

배리 마셜
"박테리아가 거의 모든 소화성궤양을 일으킨다."

니콜라 테슬라
무수한 전자 기술과 발명품 들

수브라마니안 찬드라세카르
"백색왜성이 블랙홀이 될 수 있다."

1964　1992　1885　1951　1968　1982　1982　1951　1884　1628　1936　1827

P
1981년 맥아더 펠로우십을 수상했다.

A
여전히 논쟁의 여지가 있다.

N
1903년 노벨 화학상을 수상했다.

P
1980년 레닌상을 수상했다.

R
'공룡 르네상스 시대'가 열렸다.

N
1997년 노벨 생리의학상을 수상했다.

N
2005년 노벨 생리의학상을 수상했다.

N
1983년 노벨 생리의학상을 수상했다.

R
세기의 천재 발명가로 인정받았다.

A
가설이 입증되었다.

N
노벨 물리학상을 수상했다.

R
뮌헨 대학에서 실험물리학 교수가 되었다.

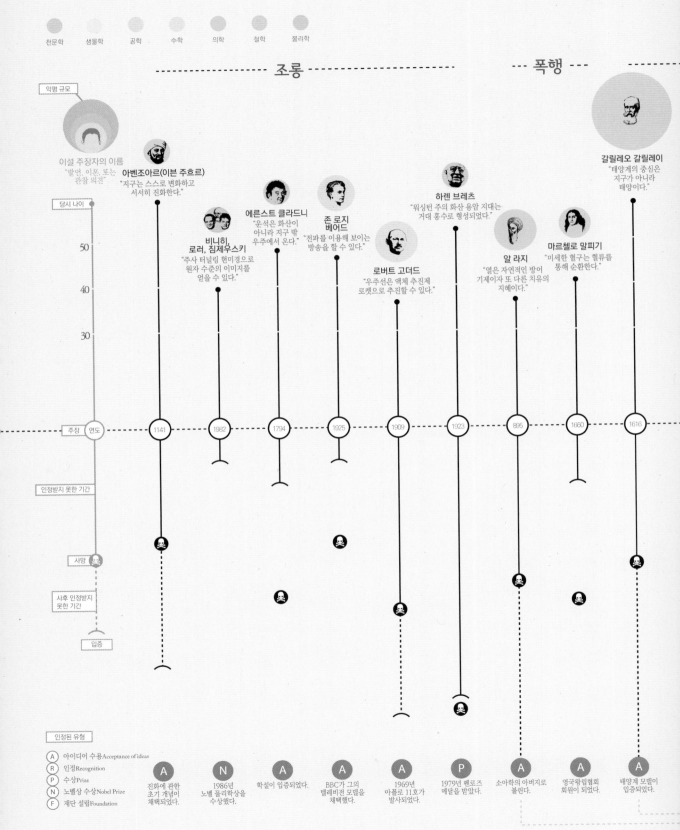

천문학 생물학 공학 수학 의학 철학 물리학

조롱 — 폭행

악평 규모

이설 주장자의 이름
"발언, 이론, 또는 관찰 의견"

갈릴레오 갈릴레이
"태양계의 중심은 지구가 아니라 태양이다."

아벤조아르(이븐 주흐르)
"지구는 스스로 변화하고 서서히 진화한다."

에른스트 클라드니
"운석은 화산이 아니라 지구 밖 우주에서 온다."

존 로지 베어드
"전파를 이용해 보이는 방송을 할 수 있다."

하렌 브레츠
"워싱턴 주의 화산 용암 지대는 거대 홍수로 형성되었다."

비니히, 로러, 짐제우스키
"주사 터널링 현미경으로 원자 수준의 이미지를 얻을 수 있다."

로버트 고더드
"우주선은 액체 추진제 로켓으로 추진할 수 있다."

알 라지
"열은 자연적인 방어 기제이자 또 다른 치유의 지혜이다."

마르첼로 말피기
"미세한 혈구는 혈류를 통해 순환한다."

당시 나이

50
40
30

인정받지 못한 기간

사망

사후 인정받지 못한 기간

입증

주장 — 연도

1141 1982 1794 1925 1909 1923 895 1660 1616

인정된 유형

A 아이디어 수용Acceptance of ideas
R 인정Recognition
P 수상Prize
N 노벨상 수상Nobel Prize
F 재단 설립Foundation

A 진화에 관한 초기 개념이 채택되었다.

N 1986년 노벨 물리학상을 수상했다.

A 학설이 입증되었다.

A BBC가 그의 텔레비전 모델을 채택했다.

A 1969년 아폴로 11호가 발사되었다.

P 1979년 펜로즈 메달을 받았다.

A 소아학의 아버지로 불린다.

A 영국왕립협회 회원이 되었다.

A 태양계 모델이 입증되었다.

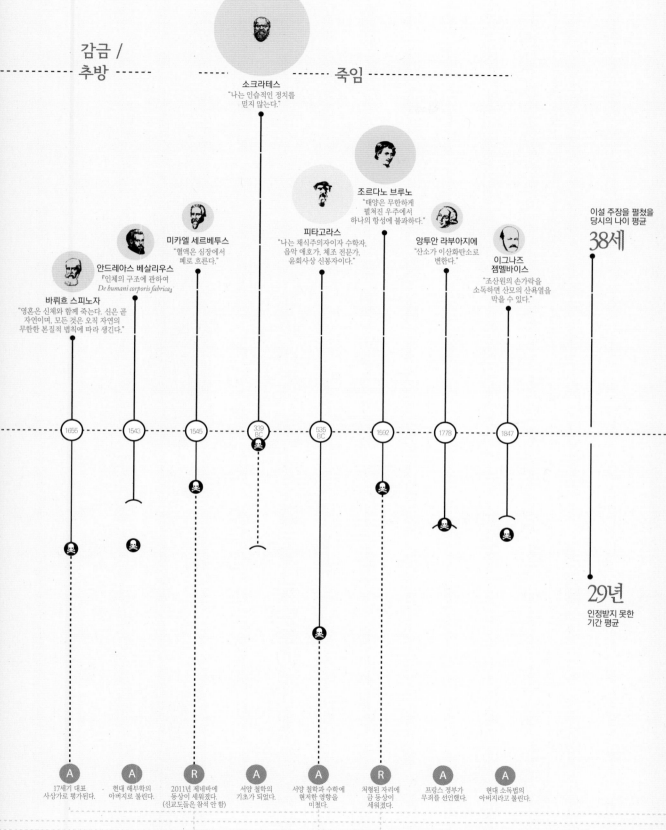

감금 / 추방

죽임

소크라테스
"나는 인습적인 정치를
믿지 않는다."

조르다노 브루노
"태양은 무한하게
펼쳐진 우주에서
하나의 항성에 불과하다."

미카엘 세르베투스
"혈액은 심장에서
폐로 흐른다."

피타고라스
"나는 채식주의자이자 수학자,
음악 애호가, 체조 전문가,
윤회사상 신봉자이다."

앙투안 라부아지에
"산소가 이산화탄소로
변한다."

안드레아스 베살리우스
『인체의 구조에 관하여
De humani corporis fabrica』

이그나즈
젬멜바이스
"조산원의 손가락을
소독하면 산모의 산욕열을
막을 수 있다."

이설 주장을 펼쳤을
당시의 나이 평균
38세

바뤼흐 스피노자
"영혼은 신체와 함께 죽는다. 신은 곧
자연이며, 모든 것은 오직 자연의
무한한 본질적 법칙에 따라 생긴다."

1655   1543   1545   339 BC   535 BC   1592   1778   1847

29년
인정받지 못한
기간 평균

A
17세기 대표
사상가로 평가된다.

A
현대 해부학의
아버지로 불린다.

R
2011년 제네바에
동상이 세워졌다.
(신교도들은 참석 안 함)

A
서양 철학의
기초가 되었다.

A
서양 철학과 수학에
현저한 영향을
미쳤다.

R
처형된 자리에
금 동상이
세워졌다.

A
프랑스 정부가
무죄를 선언했다.

A
현대 소독법의
아버지라고 불린다.

출처 : Annals of Clinical and Laboratory Science[임상실험과학연보], Wikipedia, New Scientist, Rockfeller Institute, NY Times
데이터 : bit.ly/KIB_Mavericks

독불장군 & 이단아

보상의 트렌드

천문학
생물학
공학
수학
의학
철학
물리학

(A) 아이디어 수용 Acceptance of ideas
(P) 수상 Prize
(R) 인정 Recognition
(N) 노벨상 수상 Nobel Prize
(F) 재단 설립 Foundation

가장 악랄했던 분야는?

	철학	수학	생물학	공학	천문학	물리학	의학
묵살	○○○○○	●○○○○	●○○○○	●○○○○	●●○○○	●○○○○	●●●●●
거부	○○○○○	○○○○○	●●○○○	●○○○○	○○○○○	●●●●●	●●○○○
불신	○○○○○	○○○○○	○○○○○	○○○○○	●○○○○	●○○○○	●○○○○
조롱	○○○○○	○○○○○	○○○○○	○○○○○	●●○○○	●●●○○	●○○○○
폭행	○○○○○	○○○○○	●○○○○	○○○○○	○○○○○	○○○○○	●○○○○
감금	●○○○○	○○○○○	○○○○○	○○○○○	○○○○○	○○○○○	●●○○○
죽임	●○○○○	○○○○○	○○○○○	○○○○○	○○○○○	○○○○○	●●○○○

인정받지 못한 기간

스피노자 245년
갈릴레이 219년
알 라지 384년
피타고라스 435년
세르베투스 466년
브루노 297년

출처 : 우리의 독불장군스런 데이터에 기초한 평가

초강대국들의 대결
인구 통계

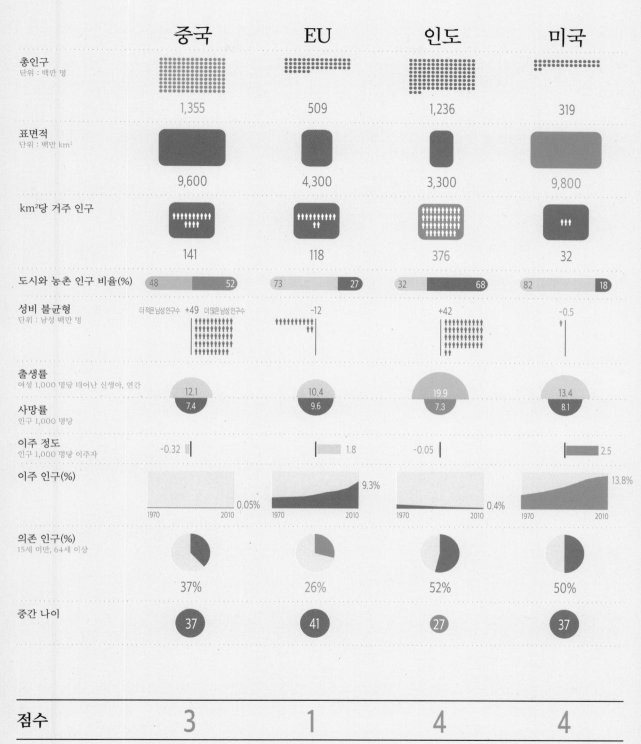

	중국	EU	인도	미국
총인구 단위 : 백만 명	1,355	509	1,236	319
표면적 단위 : 백만 km²	9,600	4,300	3,300	9,800
km²당 거주 인구	141	118	376	32
도시와 농촌 인구 비율(%)	48 / 52	73 / 27	32 / 68	82 / 18
성비 불균형 단위 : 남성 백만 명	더 적은 남성 인구수 +49 더 많은 남성 인구수	−12	+42	−0.5
출생률 여성 1,000 명당 태어난 신생아, 연간	12.1	10.4	19.9	13.4
사망률 인구 1,000 명당	7.4	9.6	7.3	8.1
이주 정도 인구 1,000 명당 이주자	−0.32	1.8	−0.05	2.5
이주 인구(%) 1970 ~ 2010	0.05%	9.3%	0.4%	13.8%
의존 인구(%) 15세 미만, 64세 이상	37%	26%	52%	50%
중간 나이	37	41	27	37
점수	3	1	4	4

인도와 미국 무승부!

출처 : CIA World Factbook, World Bank, Eurostat[유럽연합통계청]
데이터 : bit.ly/KIB_Superpowers

간단 상식 I

장기의 구매
신체 주요 기관의 가격(단위 : 1천 달러)

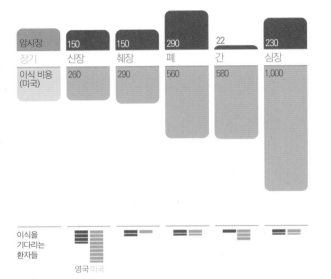

	신장	췌장	폐	간	심장
암시장	150	150	290	22	230
이식 비용 (미국)	260	290	560	580	1,000

이식을 기다리는 환자들

영국 미국

출처 : Wired, Havocscope.com[전 세계 암시장 정보 사이트], Telegraph.co.uk

아동 킬러
아동 사망 주요 원인

질병 82

살인 3

사고 12

자살 1

출처 : 미국질병통제센터, US Data(2010)

소금
나트륨

1일 필요량 2 그램

5

6 1 티스푼

전 세계 평균 섭취량 10

감자칩 한 봉지 평균 0.8 그램

세계보건기구 2025년 나트륨 섭취량 목표 2

2.4 대다수 정부의 권장 섭취량

4

출처 : World Health Organisation[WHO, 세계보건기구], Institute of Food Research[영국식품연구소], Campbell 외(2012)

큰 나라

남극 대륙

달

출처 : NASA, Google Maps

아동 살해범들
누가 아동을 살해하는가?

출처 : UK Office of National Statistics[영국통계청], 2011~12
주의 : 소규모 표본을 대상으로 했다.

부모 / 계부모
60

낯선 사람
15

친구 / 친척
2

23
신원 미상의 범인

구구단
실수율[1 ~ 12단]

10%　　　　　　　60%

출처 : 캐딩턴 스쿨 5 ~ 8세 아동 232명을 대상으로 한 개인 연구

소금 섭취의 주범

비가공 식품
10%

가공 식품
75%

수돗물
1%

식사 중 추가
10 ~ 20%

사형수 감방 1978 ~ 2010년 캘리포니아에서 사형 집행에 들어간 총비용(단위 : 백만 달러)

1,940
사형 재판

1,020
사형수 감금 비용

925
주 법원 상소

156 연방 법원 상소

사형 집행

13명

사형수 1인당
집행 비용

310

출처 : 'Executing the Will of the Voters?', Alacon & Mitchell(2010)

데이터 : bit.ly/KIB_Simple2

별들의 요람

젊은 항성체

진화의 초기 단계에 있는 별.

주계열성

중심핵에서 수소 핵융합 반응을 시작한 초기 진화 단계. 왜성이라고도 한다.

갈색 왜성

온도가 아주 낮고 크기가 작아서 빛을 내지 못하는 천체. 대개 큰 별 가까이 있다.

행성상 성운

오래 빛나던 별이 붕괴되면서 바깥으로 뿜어내는 가스로 일어나는 형광성 구름.

원시 행성상 성운

별이 핵연료를 소진할 때 생성된 빛나는 가스의 껍질.

원시성

거대한 분자운이 수축하여 이루어진 덩어리. 별이 되기 전 단계이다.

허빅 Ae/Be 별

가스와 먼지로 둘러싸여 있는 어린 별.

마그네타

초당 수백 번씩 회전하는 강력한 자기장을 뿜는 초고밀도의 중성자 별.

거성

수소 융합 반응으로 진화한 거대한 별. 태양 반경의 몇 백 배에 이른다.

준거성

분광형의 계열성보다 밝고 거성보다 밝기가 약한 별. 금속이 풍부하고 대개 행성들이 주위를 돈다.

T 타우리별

1억 년 정도 성장하다가 별의 모습을 갖추는 원시 별.

밝은 거성

거성들과 초거성들 사이 어딘가에 존재한다. 그다지 대규모의 별은 아니다.

청색 낙오성

보통의 진화 곡선을 따르지 않으며 생성 원인이 다소 불분명한 별.

중성자별

초신성이 급속히 붕괴하면서 중심핵의 밀도가 엄청나게 증가해 생기는 별. 중심부가 거의 다 중성자로 이루어졌다.

왜소 신성

거성으로부터 물질을 흡수하여 플레어를 일으키고 가스를 분출하는 왜성.

발광형 적색/청색 신성

두 별의 융합으로 일어나는 폭발.

초거성

일반 거성보다 크고 광도가 매우 높은 별. 거대하고 매우 뜨거우며 초신성으로 최후를 맞는다.

극대거성

수명은 매우 짧지만 막대한 질량과 강도를 가지는 거대한 별.

섬광성

갑작스럽게 광도가 급격히 변하여 폭발적으로 밝아지는 별.

특이별

수은과 망간 등의 금속을 많이 함유한 별.

초신성

항성 진화의 마지막 단계에서 갑자기 큰 폭발을 일으켜 흔히 전체 은하계보다 더 밝아지는 별.

극초신성

초신성의 100배 이상의 에너지로 폭발을 일으키는 별. 일생을 다하면서 강렬한 감마선을 방출한다.

맥동변광성

팽창과 수축을 반복하면서 지구에서 볼 때 밝기가 수시로 변하는 별.

볼프-레예 별

항성 진화의 말미에 이르러 폭넓은 휘선대를 가진 항성으로 매우 밝고 뜨겁다.

은하 성단

수십에서 수백 개의 항성들이 모여 있는 별들의 집단.

산개 성단

동일한 분자운에서 형성되고 나이가 같은 수천 개의 별이 모인 집단.

나선 은하

납작한 원반형의 은하. 거대한 중심 팽창부가 중심핵을 둘러싸고 있으며 나선 팔을 따라 수억 개의 별이 밀집되어 있다.

막대 나선 은하

일반적인 형태의 은하로 막대 모양의 은하 축 양 끝에 나선 팔이 나와 있다.

구상 성단

오래된 별들이 은하를 중심으로 공 모양으로 모여 있는 집단.

타원 은하

타원형이지만 원반부가 없는 일반적인 은하. 늙은 별들이 많이 모여 있다.

퀘이사

먼 곳에 떨어져 있으며 매우 밝은 빛을 내는 '활동 은하핵'.

블레이자

중앙에서 수직 방향으로 대규모 분사하는 활동 은하핵. 매우 작은 준성이다.

← 일반 천체

펄서

전자기파의 광선을 뿜으며 고도로 자기화된 중성자별. 회전 속도가 불규칙하여 등대처럼 반짝인다.

초신성 위장 현상

초신성처럼 보이는 거대한 폭발 현상. 자신이 도는 별을 파괴하지는 않는다.

연감마선 연속 방출원

감마선과 X-선을 불규칙적이고 짧게 내뿜는 천체.

강헬륨성

가장 일반적인 원소인 수소가 거의 결핍되어 있는 별. 매우 드물게 나타난다.

소규모

그라바스타

중력이 작용하는 진공 상태의 별. 이론적으로 블랙홀의 일종이다.

암흑 에너지 별

진공상태 또는 어쩌면 암흑 에너지에 의해 형성되는 일종의 블랙홀.

암흑성(암흑 물질)

보통의 별이 형성되기 전 초기 우주에 존재했을 것으로 보이는 이론상의 천체.

항성 블랙홀

거대한 별의 중력 붕괴로 형성되는 초고밀도의 천체.

보크 구상체

가스와 먼지로 이루어진 불투명하고 어두운 뭉치들. 별이 태어날 수 있다.

초신성 잔해

큰 별이 거대한 폭발을 일으켜 생긴 잔해. 거품 모양의 충격파를 형성한다.

격변 변광성

백색왜성, 그리고 거기서 아주 가까운 동반성계로 이루어진 쌍성계. 백색왜성의 중력이 동반성의 구성 물질을 흡수한다.

암흑성(뉴턴 역학)

고전 역학에서 말하는 블랙홀보다 더 안정된 블랙홀.

프레온 별

이론상으로 프레온으로 이루어진 밀집성 소형 별.

약전자기 별

뭐라고 설명할 수가 없다. 너무 난해해서 간단히 설명하기 어렵다.

분자운 또는 전리 수소 영역

별 사이의 물질들이 짙게 모여 있는 지역. 별이 탄생하는 경우가 많다.

고밀도 별

일생을 마칠 때 탄생하는 고밀도의 압축된 별.

소형 퀘이사

매우 작은 준성. 태양의 몇 배에 지나지 않는다.

밝은 청색 변광성

극대거성의 한 종류. 질량이 매우 크고 푸른색으로 빛난다. 급작스럽게 에너지가 분출되면서 순식간에 밝아진다.

아이언 스타

철로만 구성된 가상의 별. 핵융합 반응으로 얻은 에너지가 스스로 빛나는 데 사용되어 핵융합 반응이 약해진 상태이다.

쿼크 별

거대한 중성자별 안쪽 초고밀도 단계에서 '의문의' 입자가 붕괴되면서 변화되는 별.

손-지트코프 천체

거성의 핵에 중성자별을 포함하고 있는 별.

렌즈형 은하

타원은하와 나선은하의 중간형으로 얇은 원반을 가졌다. 늙은 별들로 구성되어 있다.

백색왜성

수소를 모두 태우고 나서 생성되는 천체.

초대질량 블랙홀

일반적인 블랙홀보다 백만 배에서 백억 배나 큰 블랙홀.

극대질량 블랙홀

보통의 블랙홀보다 천만 배에서 사백억 배나 큰 블랙홀.

흑색 왜성

백색왜성이 적당히 식어 더 이상 빛이나 열을 방출하지 않는 상태.

플랑크 별

블랙홀의 중심부에 존재하는 미세한 별.

대규모

→ 희귀 천체   가설상의 천체

출처 : NASA, Space.com, Wikipedia
데이터 : bit.ly/KIB_Stellar

별자리

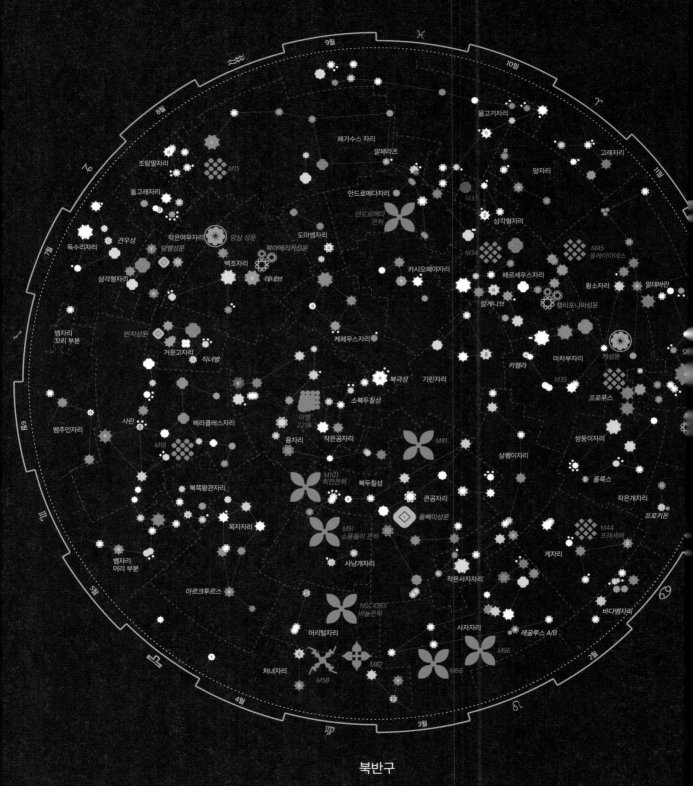

북반구

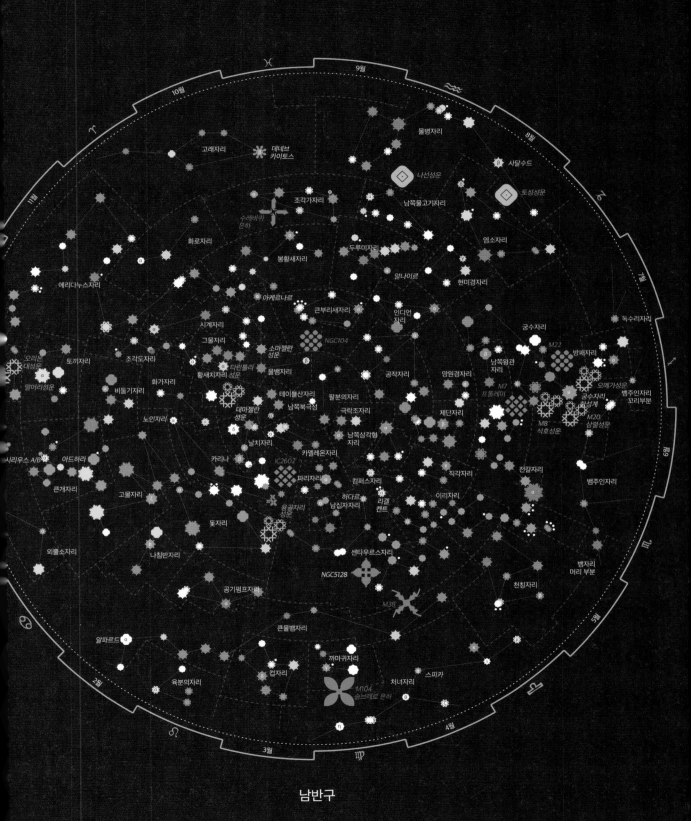

남반구

출처 : SIMBAD Astronomical Database, James Kaler: University of Illinois, Wikipedia
데이터 : bit.ly/KIB_Stellar

은하수
구성 요소 비율

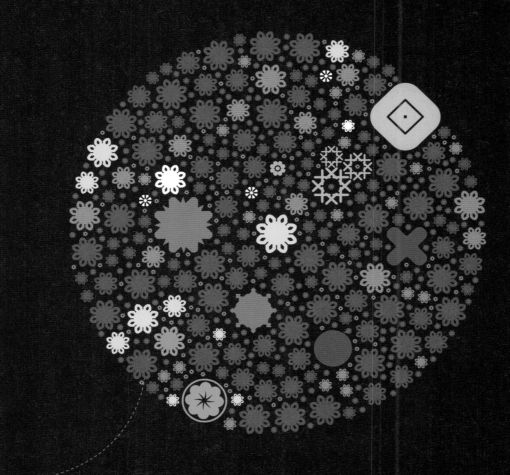

100000 광년

우주 탄생 직후 형성된
원시 은하

대부분 적색 왜성

136억 년 전

9

 거성　　　 주계열성

안드로메다 은하

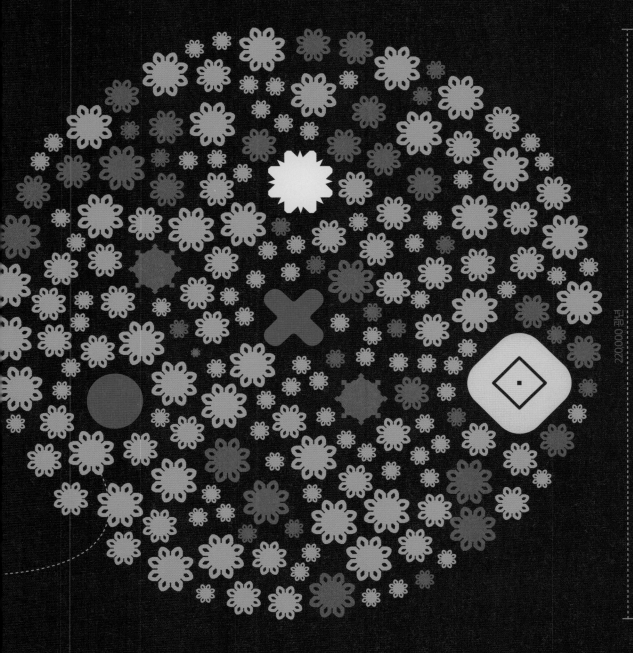

우리 은하와 가장 가까운 은하
두 이웃 은하의 합병에 의해 형성

대부분 뜨겁고 젊은 푸른 별

220000 광년

우주의 나이

현재

분자운　　행성상 성운　　펄서　　함성 블랙홀　　초거성　　거대질량 블랙홀　　초신성 잔해　　백색왜성

출처 : 'Atlas of the Universe', Wikipedia, HubbleSite.org, NASA
데이터 : bit.ly/KIB_Stellar

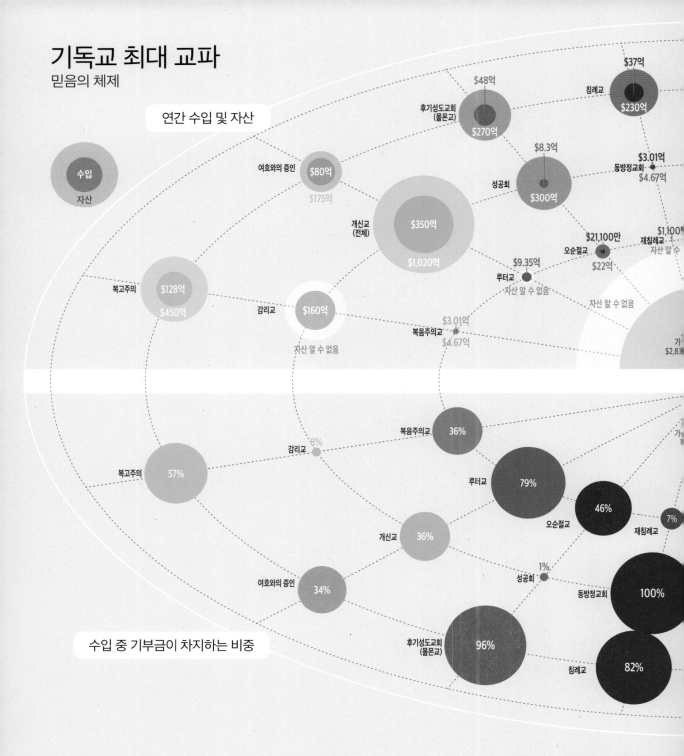

기독교 최대 교파
믿음의 체제

연간 수입 및 자산

수입
자산

여호와의 증인 $80억
$175억

후기성도교회
(몰몬교) $48억
$270억

침례교 $37억
$230억

성공회 $8.3억
$300억

동방정교회 $3.01억
$4.67억

개신교
(전체) $350억
$1,020억

$21,100만
오순절교
$22억

$1,100
재침례교
자산 알 수 없

복고주의 $128억
$450억

감리교 $160억
자산 알 수 없음

루터교 $9.35억
자산 알 수 없음

자산 알 수 없음

복음주의교 $3.01억
$4.67억

가
$2,83

수입 중 기부금이 차지하는 비중

복음주의교 36%

감리교 8%

복고주의 57%

루터교 79%

오순절교 46%

재침례교 7%

개신교 36%

성공회 1%

동방정교회 100%

여호와의 증인 34%

후기성도교회
(몰몬교) 96%

침례교 82%

가

교파
핵심 교리
및 특성

재침례교
진정한 세례 = 성인이 되어
죄에 대한 공적인 고백을
하고 신앙을 약속해야 한다.
유아 세례는 효력이 없다.
예수 그리스도의 재림이
임박했다.

성공회
가톨릭 신앙과 개신교식
사역이 혼합된 교파.
『성공회 기도서』에 뿌리를
두고 있다. 중앙 헌법이
없으며 나라마다 독자적
체계로 운영되고 있다.

침례교
세례 = 의식적 공적
신앙 고백. 세례는
성인들에게만
베풀어져야 한다.
금기 : 고정된 형태의
신앙, 기도서. 신을 직접
체험함. 열정적
설교(복음주의).

가톨릭
교황의 권위는 절대적이다.
기도 및 죄의 고백에 큰
중점을 둔다. 자비로운
행동이 빈곤한 사람들에게
도움이 된다고 생각한다.
수호성인을 모신다. 심판의
날이 온다고 가르친다.
또한 죄책의 교리를
강조한다.

동방정교회
예수는 두 가지
본성(인성과 신성)이
아니라 하나의 본성이다.
성령은 성부와 성자가
아니라 성부에게서
발출한다. 아! 그리고 여러
성인들을 공경한다.

복음주의교
신약성서를 통한 설교와
전도에 헌신한다. 성서는
하나님의 말씀이며 신앙을
위한 유일한 토대이다.
각 개인의 개종을
중요시한다.

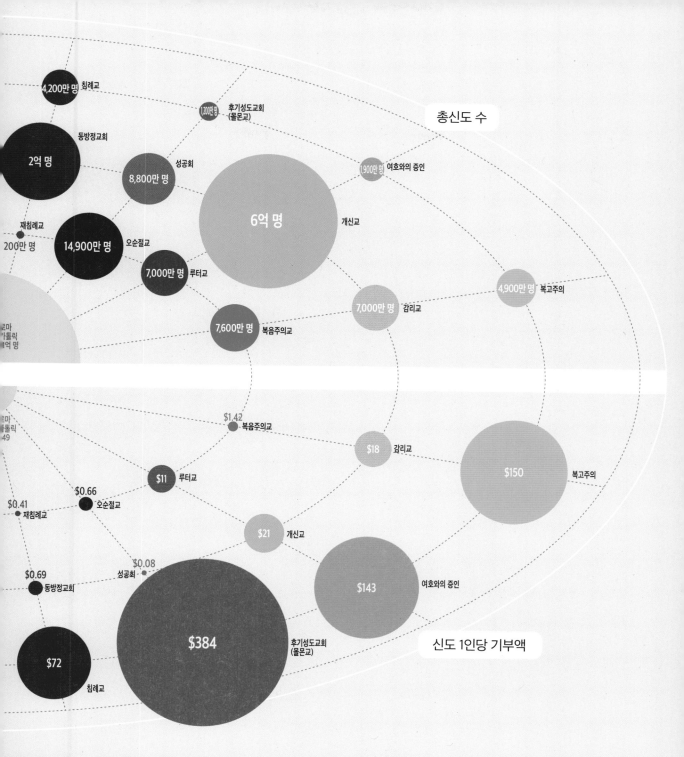

총신도 수

4,200만 명 침례교

1,200만 명 후기성도교회 (몰몬교)

2억 명 동방정교회

8,800만 명 성공회

1,900만 명 여호와의 증인

6억 명 개신교

재침례교 200만 명

14,900만 명 오순절교

7,000만 명 루터교

4,900만 명 복고주의

7,000만 명 감리교

로마 가톨릭 억 명

7,600만 명 복음주의교

신도 1인당 기부액

로마 가톨릭 49

$1.42 복음주의교

$18 감리교

$11 루터교

$150 복고주의

$0.66 오순절교

$0.41 재침례교

$21 개신교

$0.08 성공회

$143 여호와의 증인

$0.69 동방정교회

$384 후기성도교회 (몰몬교)

$72 침례교

여호와의 증인
...상의 종말이 임박했다고 ...조한다. 성 삼위일체를 ...인하고 성직자와 교회를 ...척하며 크리스마스나 ...활절, 생일을 지키지 않는다. ...목의 '파수대 성서 책자 ...회'에서 출판물을 발행하고 ...서 교육을 한다.

루터교
성서의 권위를 절대적으로 본다. 선행이 아니라 신의 은총을 통해, 신앙으로 구원(또는 '칭의')을 받는다.

감리교
성경 교리를 삶의 유일한 지침으로 삼는다. 사회 번영, 정의, 공중도덕을 중요하게 생각한다. '이성'의 기능을 잘 활용하여 성서를 해석하고 신앙을 올바로 실천하도록 가르친다.

몰몬교
성경과 더불어 몰몬경을 성스러운 경전으로 공인한다. 모든 인간은 신의 '영적인 자녀'이라고 주장한다. 일부다처를 허용하고 순결과 건강을 중시한다.(음주 등에 엄격하다.) 살아 있는 예언자와 사도들이 교회를 이끈다.

오순절교
예배 의식이 자유로우며 신앙의 경험, 즉 성령의 초자연적인 능력을 강조한다. 현재에도 '성령의 은사[방언을 말하는 것, 예언, 치유 등]'가 가능하다고 주장한다.

개신교
교회의 교리나 제도를 넘어서 복음으로 돌아가자는 반가톨릭 운동에서 유래했다. 성경 해석보다는 성경 자체에 신적인 힘이 있다고 믿는다. 성직자뿐 아니라 평신도들이 교회를 운영해야 한다고 주장한다.

복고주의
초기 기독교는 예수와 바울, 여러 사도들의 가르침을 무시했다. 기독교를 더 순수하고 더 본질적인 형태로 되돌리는 것을 목표로 삼는다.

출처 : Charity Commission[자선사업위원회], Wikipedia, The Economist, BBC News, TIME, Guardian, 각종 연간 보고서
데이터 : bit.ly/KIB_RichChurches

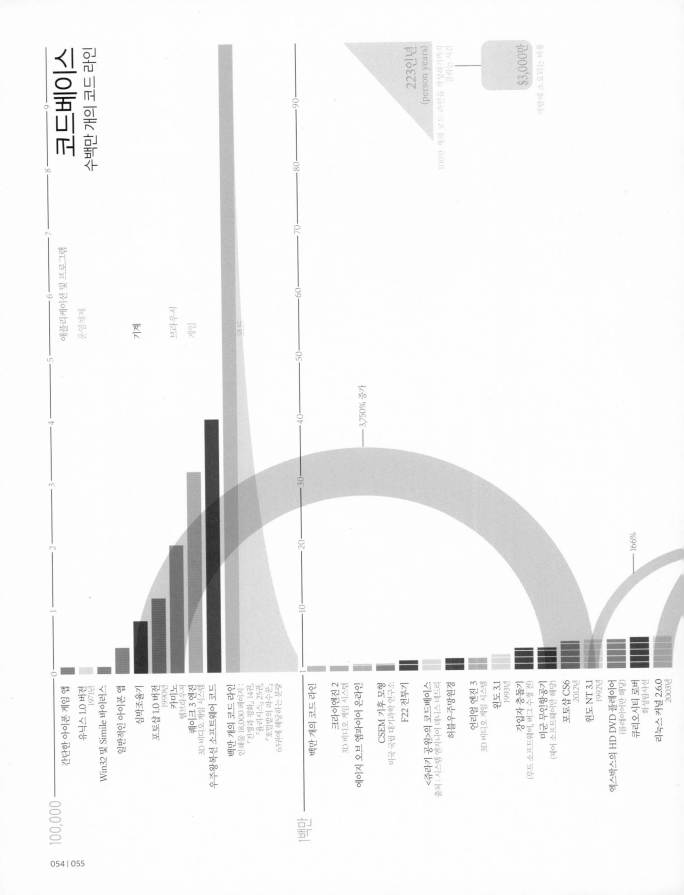

코드베이스
수백만 개의 코드 라인

223인년
(person years)
100억 개의 코드 라인을 작성하기까지 걸리는 시간

$3,000만
개발에 소요되는 비용

100,000

0　1　2　3　4　5　6　7　8　9

10　20　30　40　50　60　70　80　90

애플리케이션 및 프로그램
운영체제
기계
브라우저
게임
코드

간단한 아이폰 게임 앱
유닉스 1.0 버전 1971년
Win32 및 Simile 바이러스
일반적인 아이폰 앱
셈브로올기
포토샵 1.0 버전 1990년
카미노
웹브라우저
헤이로3 엔진
3D 비디오 게임 시스템
우주왕복선 소프트웨어 코드
백만 개의 코드 라인
인쇄물 18,000 페이지에: 『전쟁과 평화』 14권, 『율리시스』 25권, 『호밭의파수군』 63권에 해당하는 분량

3,750% 증가

백만
1백만

백만 개의 코드 라인
크라이엔진 2
3D 비디오 게임 시스템
에이지 오브 엠파이어 온라인
CSEM 기후 모형
미국 국립 대기과학 연구소
F22 전투기
<쥬라기 공원>의 코드베이스
출처: 시스템 엔지니어의 데스크 네트워크
해블우 주망원경
언리얼 엔진 3
3D 비디오 게임 시스템
강입자 충돌기
(루트 소프트웨어, 버그 수정 전)
미군 무인항공기
(에어 소프트웨어만 해당)
윈도 3.1 1993년
포토샵 CS6 2012년
윈도 NT 3.1 1992년
에스박스의 HD DVD 플레이어 (플레이어만 해당)
뉴리오시티 로버 화성탐사선
리눅스 커널 2.6.0 2003년

166%

주의: 추정치(도 있음) 출처: Embedded.com, Ohloh.net, Quora[소셜 지식검색 서비스], Slashdot.org, Wikipedia, NYTimes, Wired[미국의 디지털 문화 잡지], CNET[미국의 기술 미디어 웹사이트], Microsoft
데이터: bit.ly/KIB_CodeBases

상한 추정치

288%

152%
252%

180%
138%

125%

1천만

5천만

1억

구글 크롬
최신 버전

월드 오브 워크래프트
(서버만 해당)

보잉 787
(항공전자(Avionics)와 온라인 지원 시스템만 해당)

윈도 NT 3.5
1993년

파이어폭스
최신 버전

쉐비 볼트
전기차

윈도우 NT 4.0
1996년

안드로이드
모바일 기기 운영 체제

보잉 787
전체 비행 소프트웨어

리눅스 3.1
최신 버전

아파치 오픈오피스
오픈 소스 오피스 소프트웨어

F-35 라이트닝 II 전투기
2013년

마이크로소프트 오피스 2001

윈도 2000

맥용 마이크로소프트 오피스
2006년

심비안
모바일 운영 체제

윈도 7
2009년

윈도 XP
2001년

마이크로소프트 오피스 2013

강입자 충돌기
루트 소프트웨어

윈도 비스타
2007년

마이크로소프트 비주얼 스튜디오 2012

페이스북
(백엔드 코드 포함)

Mac OS X '타이거'
버전 10.4

자동차 소프트웨어
현대의 일반적인 최고급 고성능 자동차

잡식 식단

육우 사육
2,430 m²

1,760

먹이를 주고
방목하는 구역

젖소 사육
1,400

940

감자
210

124

280

273

과일
채소
견고
30◆

830

밀,
보리,
귀리

질소 고정 능력이 있는
작물 : 이를테면 윤작을
하고 생육을 위해 다시
심는 콩이나 토끼풀

양 사육
2,020

풋거름
930

곡물
1,400

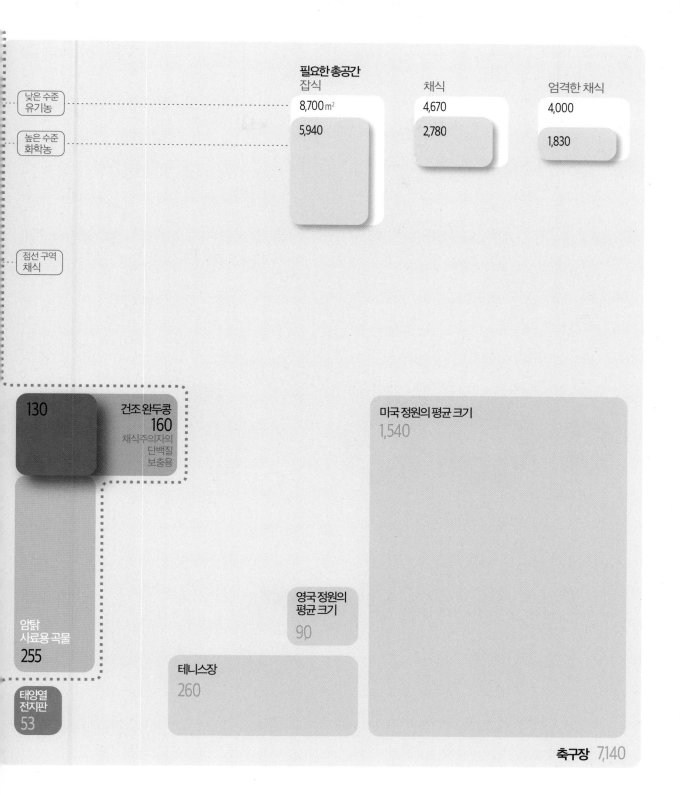

낮은 수준
유기농

높은 수준
화학농

점선 구역
채식

필요한 총공간
잡식

8,700 m²

5,940

채식

4,670

2,780

엄격한 채식

4,000

1,830

미국 정원의 평균 크기
1,540

130

건조 완두콩
160
채식주의자의
단백질
보충용

암탉
사료용 곡물
255

영국 정원의
평균 크기
90

테니스장
260

태양열
전지판
53

축구장 7,140

뒤뜰의 농장
4인 가족의 농경 생활에 필요한 표면적

출처 : 'Can Britain Feed Itself?' Simon Fairlie (2007), Penn State University, UKAgriculture.com
데이터 : bit.ly/KIB_BackyardFarm

지구 온난화를 막는 기막힌 해법

현재 검토 중인 최고의 아이디어

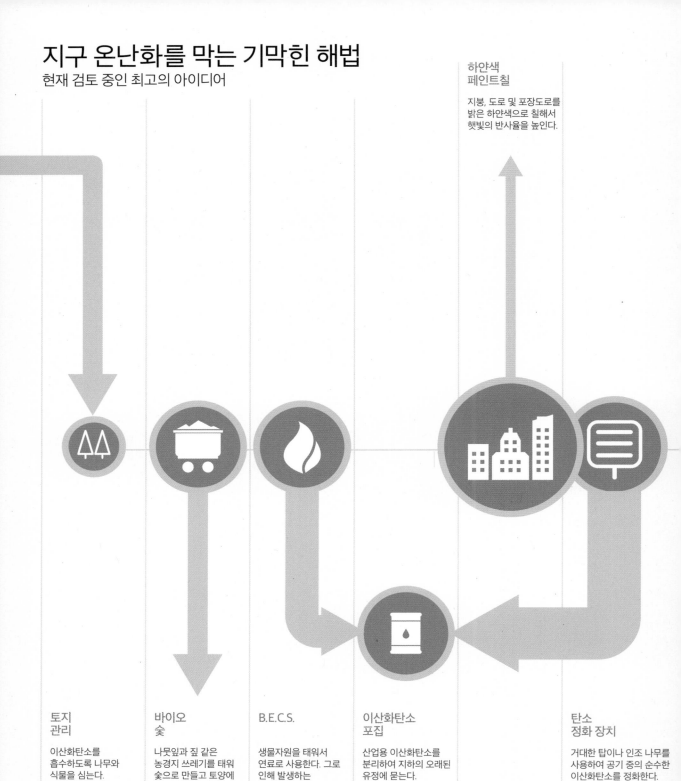

**하얀색
페인트칠**

지붕, 도로 및 포장도로를
밝은 하얀색으로 칠해서
햇빛의 반사율을 높인다.

**토지
관리**

이산화탄소를
흡수하도록 나무와
식물을 심는다.
열대우림의 삼림
벌채를 막는다.

**바이오
숯**

나뭇잎과 짚 같은
농경지 쓰레기를 태워
숯으로 만들고 토양에
묻는다.

B.E.C.S.

생물자원을 태워서
연료로 사용한다. 그로
인해 발생하는
이산화탄소를 포집하고
땅에 묻는다.

**이산화탄소
포집**

산업용 이산화탄소를
분리하여 지하의 오래된
유정에 묻는다.

**탄소
정화 장치**

거대한 탑이나 인조 나무를
사용하여 공기 중의 순수한
이산화탄소를 정화한다.

그럴듯한

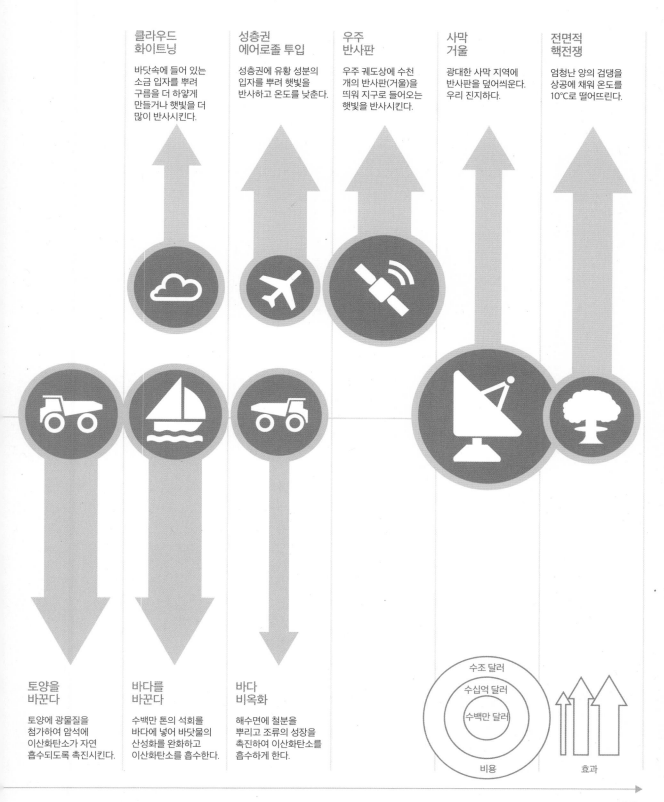

클라우드 화이트닝

바닷속에 들어 있는 소금 입자를 뿌려 구름을 더 하얗게 만들거나 햇빛을 더 많이 반사시킨다.

성층권 에어로졸 투입

성층권에 유황 성분의 입자를 뿌려 햇빛을 반사하고 온도를 낮춘다.

우주 반사판

우주 궤도상에 수천 개의 반사판(거울)을 띄워 지구로 들어오는 햇빛을 반사시킨다.

사막 거울

광대한 사막 지역에 반사판을 덮어씌운다. 우리 진지하다.

전면적 핵전쟁

엄청난 양의 검댕을 상공에 채워 온도를 10℃로 떨어뜨린다.

토양을 바꾼다

토양에 광물질을 첨가하여 암석에 이산화탄소가 자연 흡수되도록 촉진시킨다.

바다를 바꾼다

수백만 톤의 석회를 바다에 넣어 바닷물의 산성화를 완화하고 이산화탄소를 흡수한다.

바다 비옥화

해수면에 철분을 뿌리고 조류의 성장을 촉진하여 이산화탄소를 흡수하게 한다.

수조 달러

수십억 달러

수백만 달러

비용

효과

가망 없는

출처 : Royal Society[영국왕립협회], 'Geoengineering the Climate' (2009), Carbon Tracker
데이터 : bit.ly/KIB_ClimateFixes

가장 많이 쓰는 패스워드 500 당신의 패스워드도 있는가?

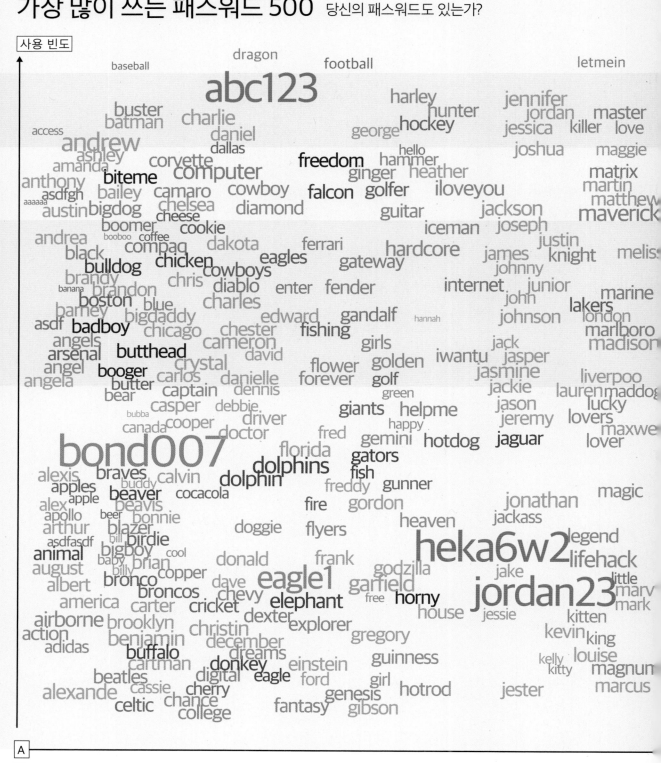

사용 빈도

baseball dragon football letmein
abc123 harley hunter jennifer jordan master
buster batman charlie hockey jessica killer love
access george
andrew daniel joshua maggie
ashley dallas hello matrix
amanda corvette freedom hammer martin
anthony biteme computer ginger heather matthew
aaaaaa asdfgh bailey camaro cowboy falcon golfer iloveyou maverick
austin bigdog chelsea diamond guitar jackson
cheese iceman joseph
boomer cookie justin
andrea booboo coffee
black compaq dakota ferrari hardcore james knight melis
bulldog chicken eagles gateway johnny
brandy chris cowboys diablo enter fender internet junior marine
brandon john
banana
boston blue charles gandalf johnson lakers london
barney edward hannah marlboro
asdf badboy bigdaddy chester fishing madison
chicago jack
angels cameron girls
arsenal butthead david golden iwantu jasper
angel booger crystal flower jasmine liverpoo
booger golf jackie laurenmaddog
angela butter carlos danielle forever green jason lucky
bear captain dennis jeremy lovers maxwe
bubba casper debbie giants helpme lover
canada cooper driver happy
doctor fred gemini hotdog jaguar
bond007 florida gators
braves calvin fish
alexis dolphins freddy gunner
apples buddy dolphin jonathan magic
alex apple beaver cocacola fire gordon jackass
apollo beer bonnie heaven
arthur blazer doggie flyers heka6w2 legend
asdfasdf bill birdie lifehack
animal bigboy cool frank jake little
august baby brian donald godzilla marv
albert billy bronco copper eagle1 garfield jordan23 mark
america dave chevy free horny
carter cricket elephant house jessie kitten
airborne brooklyn dexter explorer kevin king
action benjamin christin gregory kelly louise
adidas december kitty magnun
buffalo dreams guinness
cartman donkey einstein marcus
beatles digital eagle ford girl hotrod jester
alexande cassie cherry genesis gibson
celtic chance fantasy
college

A

테마 6% 동물 이름 매력적이고 남성적인 단어 포근한 느낌의 단어 음식 이름 사람 이름 대중문화 범생이

060 | 061

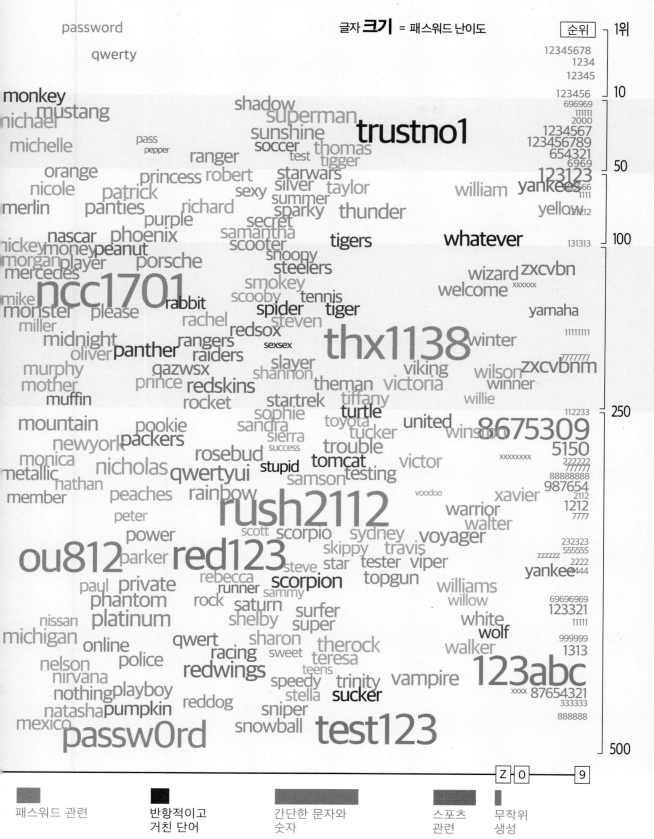

글자 **크기** = 패스워드 난이도

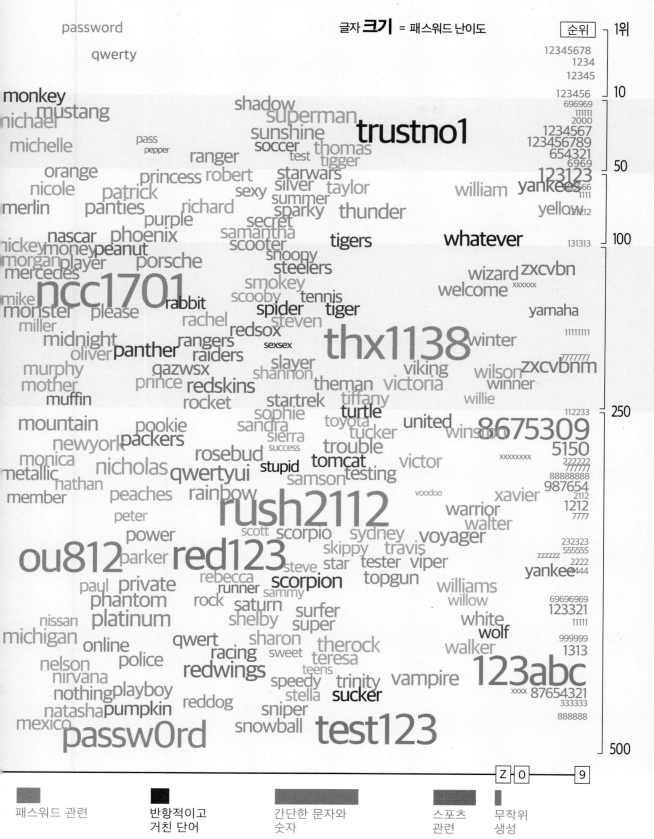

순위	
12345678	1위
1234	
12345	
123456	10

password
qwerty
monkey
michael mustang
michelle
pass
pepper
orange ranger
nicole princess robert
merlin patrick
panties richard
purple
secret
nascar phoenix samantha
mickey money peanut scooter
morgan player porsche
mercedes smokey
mike ncc1701 rabbit scooby
monster please rachel
miller redsox
midnight rangers steven
oliver panther raiders sexsex
murphy qazwsx
mother prince redskins
muffin rocket
sophie
mountain pookie sandra
newyork packers sierra
monica success
metallic nicholas stupid
member nathan
peaches rainbow
peter
power
ou812 parker red123
scott scorpio
paul private skippy
rebecca star
phantom runner sammy
nissan platinum rock saturn
michigan shelby
online qwert sharon
police racing sweet
nelson teens
nirvana redwings
nothing playboy speedy
natasha pumpkin reddog stella
mexico sniper
passw0rd snowball

shadow
superman
sunshine trustno1
soccer thomas
test tigger
starwars
silver taylor
sexy summer
sparky thunder
scooter tigers whatever
snoopy wizard zxcvbn
steelers welcome xxxxxx
tennis
spider tiger yamaha
slayer thx1138 winter
shannon viking zxcvbnm
theman victoria wilson winner
startrek tiffany willie
turtle
toyota united winson 8675309
trouble 5150
tomcat xxxxxxx
testing victor 88888888
987654
voodoo xavier 1212
warrior 7777
sydney voyager walter
travis
tester viper yankee
scorpion topgun 2222
williams
surfer willow 69696969
super white 123321
therock wolf 11111
teresa walker 999999
vampire 123abc
trinity xxxx 87654321
sucker 333333
test123 888888

696969	
11111	
2000	
1234567	
123456789	
654321	
6969	50
123123	
yankees	
666	
1111	
yellow	
12312	
131313	100
11111111	
7777777	
112233	250
222222	
7777777	
2112	
232323	
555555	
zzzzzz	
444444	
1313	
xxxx	
	500

Z O 9

패스워드 관련	반항적이고 거친 단어	간단한 문자와 숫자	스포츠 관련	무작위 생성

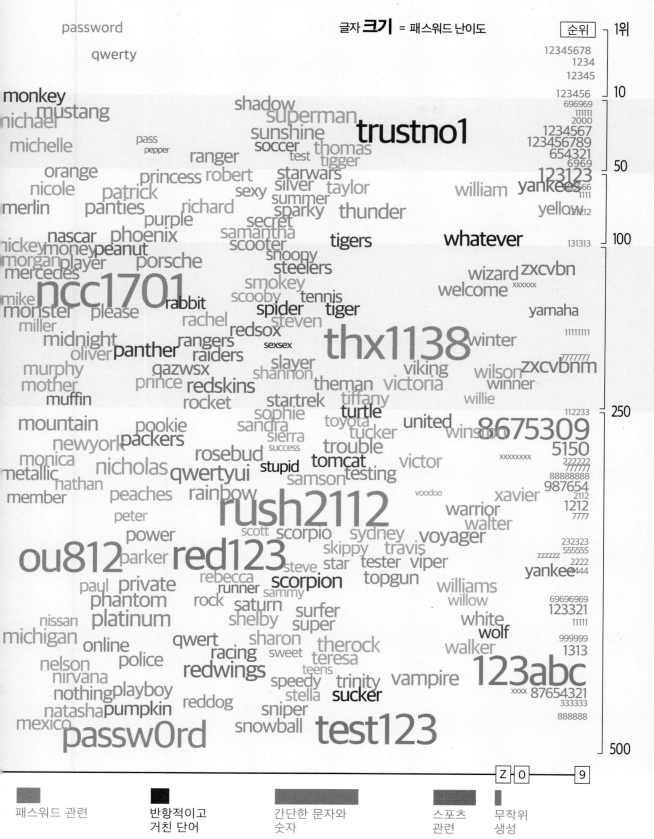

출처 : 각종 데이터, Xato.net, TroyHunt.com
데이터 : bit.ly/KIB_Passwords

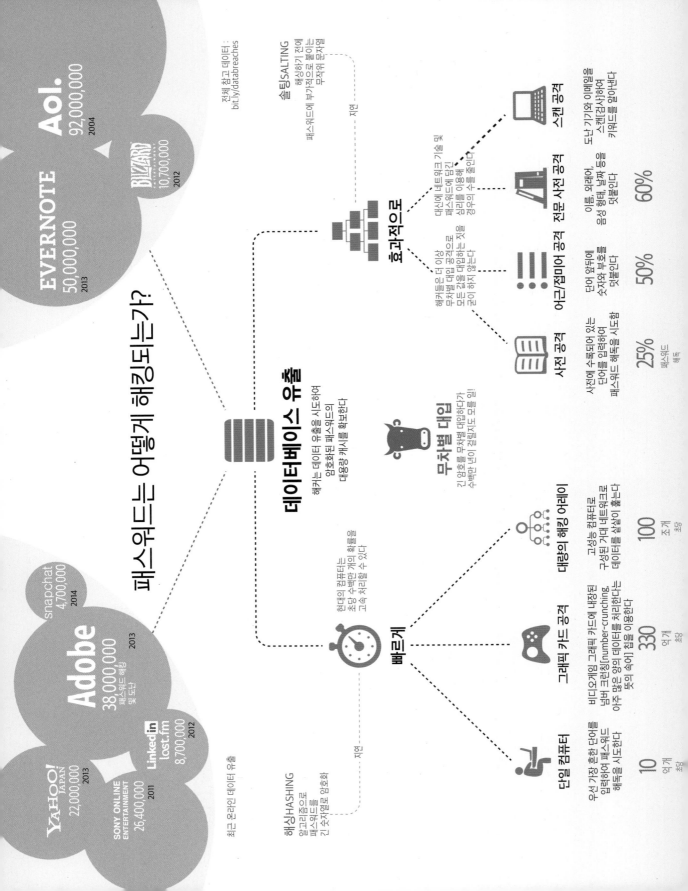

대부분의 패스워드가 풀리는 시간

3시간 이내

강력한 패스워드 설정

'When I was seven, my sister threw my stuffed rabbit in the toilet'
'Wow, does that couch smell terrible'
'A long time ago in a galaxy far, far away'

문자와 숫자를 무작위로 설정하라
패스워드 생성기로 만들거나
패스워드 관리 프로그램을 활용하라
예) $9Eh7*8Ilm0p&

Wiw7,mstmsritt...
Wow...doestcst
Alltime@ago-inag-ffa

인상적인 문장을 변형하라
기억할만한 문장을 작성하고
다시 패스코드passcode로 변형시켜라
보안전문가 브루스 슈나이어가 최초로 고안

패스워드 설정 팁

좋은 패스워드를 재사용하지 마라
당신의 핵심 서비스와
고급 데이터를 보호하기 위해
독특한 패스워드를 만들어라

12개 이상의 문자를 사용하라
8개 문자로 구성된 패스워드와 12개 문자로 구성된
패스워드를 무차별 대입 공격할 때 시간 차이가
얼마나 날 것 같은가? 200년이다

이중 인증을 하라
구글을 비롯한 많은 사이트들은
두 번째 패스워드 인증까지 거친 뒤
모바일 기기에 접속하도록 허용한다

종교의 음식 율법

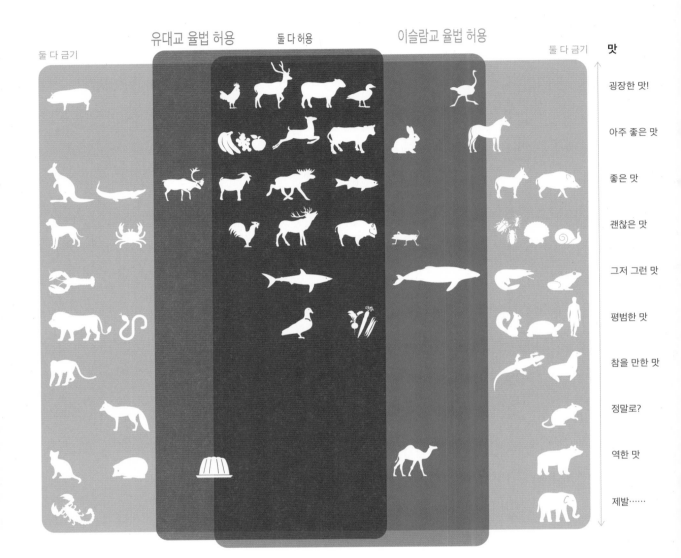

둘 다 금기 유대교 율법 허용 둘 다 허용 이슬람교 율법 허용 둘 다 금기 맛

굉장한 맛!

아주 좋은 맛

좋은 맛

괜찮은 맛

그저 그런 맛

평범한 맛

참을 만한 맛

정말로?

역한 맛

제발……

계율

올바른 의식과 방식으로
도축되지 않은 동물

발굽이 갈라지지 않은 동물

되새김질을 하지 않는 동물

'기어 다니는 모든 것'

'날아다니는 모든 것'

비늘과 지느러미가 없는 해산물

올바른 의식과 방식으로
도축되지 않은 동물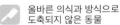

인간의 행복에 해로운 음식

코란에서 명확히 금기하는 음식

'흐르는 피'가 없는 동물(뱀과 도마뱀)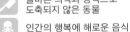

폐순환계가 없는 동물(곤충)

해충, 맹금

이빨로 사냥하는 포식 동물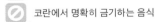

출처 : BibleGateway.com, Jewfaq.org, Central-Mosque.com, 개인 면담 조사
데이터 : bit.ly/KIB_HalalKosher

죽이는 이야기

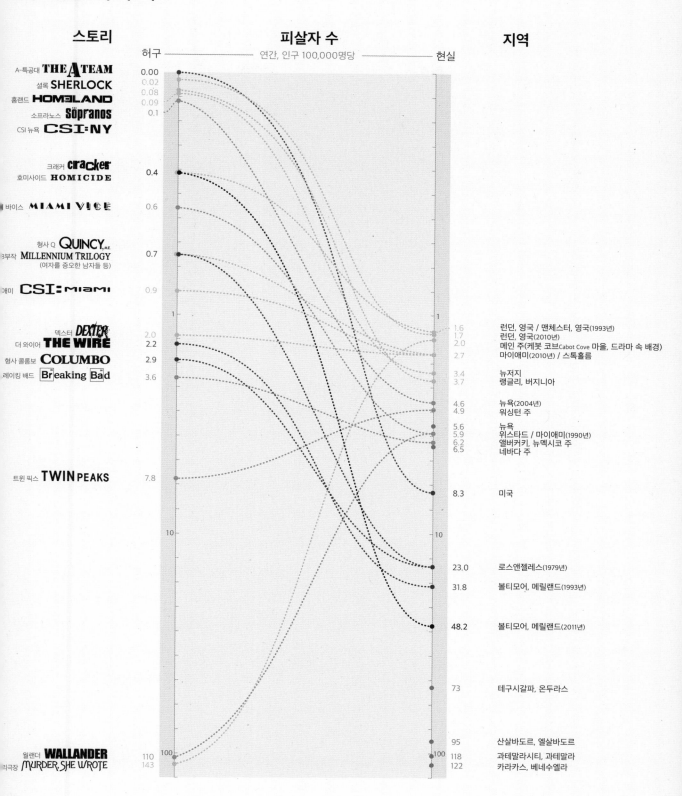

스토리

A-특공대 THE A TEAM
셜록 SHERLOCK
홈랜드 HOMELAND
소프라노스 Söpranos
CSI 뉴욕 CSI:NY

크래커 cracker
호미사이드 HOMICIDE

바이스 MIAMI VICE

형사 Q QUINCY, M.E.
3부작 MILLENNIUM TRILOGY
(여자를 증오한 남자들 등)

애미 CSI:miami

덱스터 DEXTER
더 와이어 THE WIRE
형사 콜롬보 COLUMBO
브레이킹 배드 Breaking Bad

트윈 픽스 TWINPEAKS

월랜더 WALLANDER
리극장 MURDER, SHE WROTE

피살자 수

허구 ———— 현실
연간, 인구 100,000명당

허구	현실	지역
0.00		
0.02		
0.08		
0.09		
0.1		
0.4		
0.6		
0.7		
0.9		
1	1	
2.0	1.6	런던, 영국 / 맨체스터, 영국(1993년)
2.2	1.7	런던, 영국(2010년)
2.9	2.0	메인 주(케봇 코브Cabot Cove 마을, 드라마 속 배경)
3.6	2.7	마이애미(2010년) / 스톡홀름
	3.4	뉴저지
	3.7	랭글리, 버지니아
	4.6	뉴욕(2004년)
	4.9	워싱턴 주
	5.6	뉴욕
	5.9	위스타드 / 마이애미(1990년)
	6.2	앨버커키, 뉴멕시코 주
	6.5	네바다 주
7.8		
	8.3	미국
10	10	
	23.0	로스앤젤레스(1979년)
	31.8	볼티모어, 메릴랜드(1993년)
	48.2	볼티모어, 메릴랜드(2011년)
	73	테구시갈파, 온두라스
	95	산살바도르, 엘살바도르
100	100	
110	118	과테말라시티, 과테말라
143	122	카라카스, 베네수엘라

지역

출처 : BBC, UNODC[유엔마약범죄사무소], British Medical Journal, UK Home Office[영국내무성], Guardian, US Census[미국통계국]
데이터 : bit.ly/KIB_MurderRates

착한 기업?
미국의 윤리 기업 TOP 500

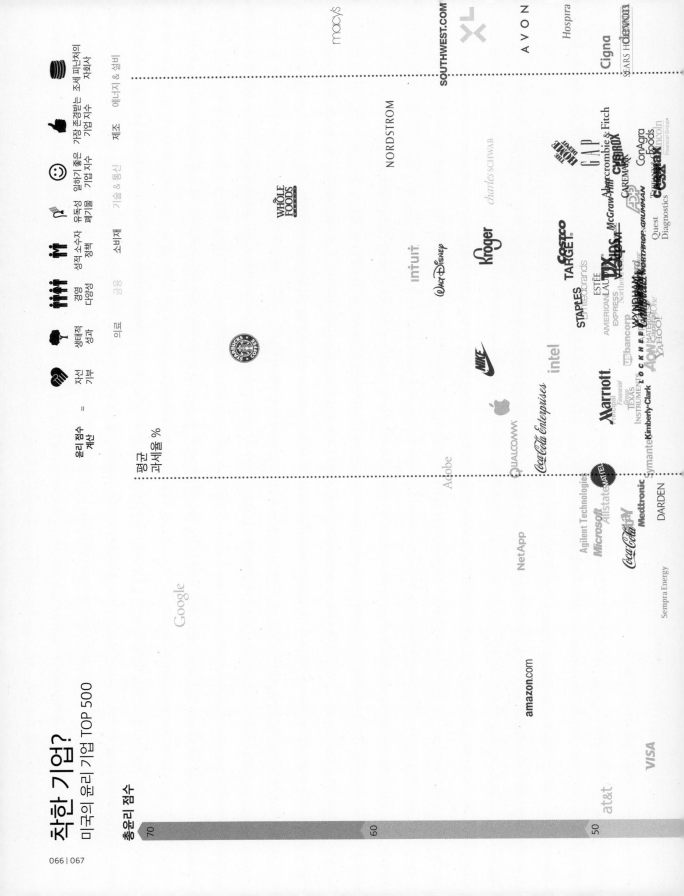

윤리 점수 계산 =

자선 기부 | 생태적 성과 | 경영 다양성 | 성적 소수자 정책 | 유독성 폐기물 | 일하기 좋은 기업 지수 | 가장 존경받는 기업 지수 | 조세 피난처의 자회사

의료 | 금융 | 소비재 | 기술 & 통신 | 제조 | 에너지 & 설비

총윤리 점수

평균 과세율 %

70 · 60 · 50

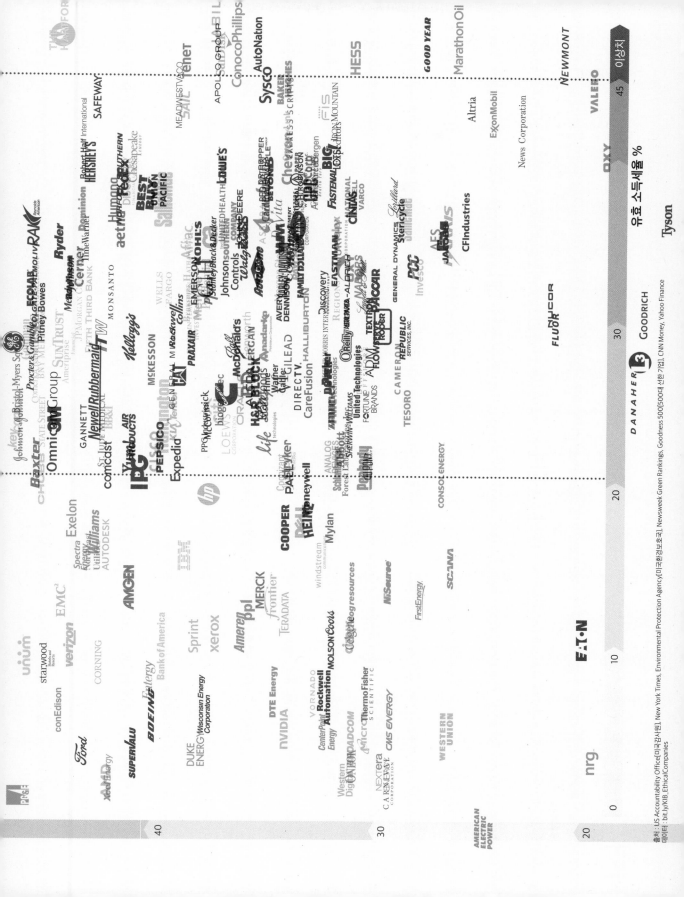

유효 소득세율 %

출처 : US Accountability Office[미국감사원], New York Times, Environmental Protection Agency[미국환경보호국], Newsweek Green Rankings, Goodness 500[500대 선량기업], CNN Money, Yahoo Finance
데이터 : bit.ly/KIB_EthicalCompanies

착한 기업?

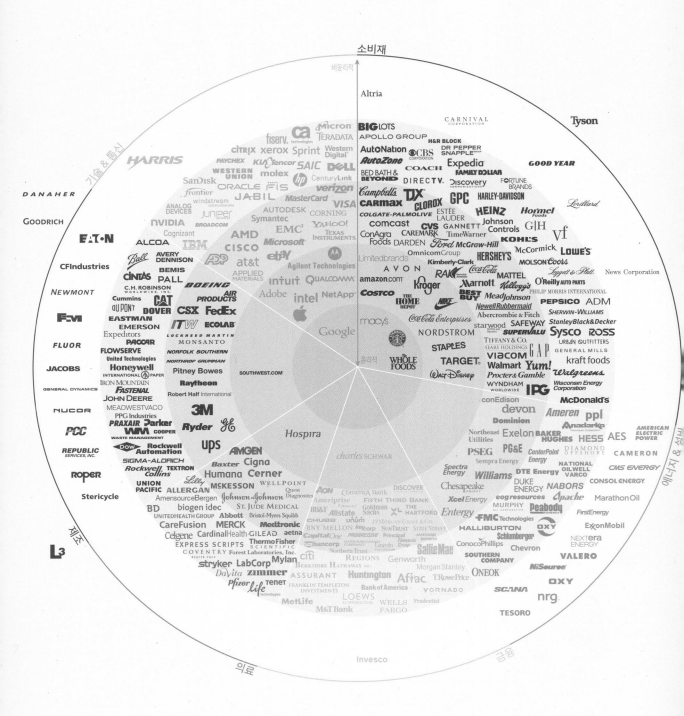

출처 : US Accountability Office[미국감사원], New York Times, Environmental Protection Agency[미국환경보호국], Newsweek Green Rankings, Goodness 500[500대 선한 기업], CNN Money, Yahoo Finance
데이터 : bit.ly/KIB_EthicalCompanies

명상

명상의 핵심

머리를 식힌다
명상은 편한 방법으로 무엇이든지
— 좋은 일이든 나쁜 일이든 —
인식하고 관찰하는
과정이다

무념의 상태에서 자신을 바라본다
명상의 목표는
마음을 비우는 것이 아니다
현재의 순간을
판단 없이 관찰하는 것이다

정신과 마음을 연다
실제 마음의 상태에 대한 통찰을 얻고
마음의 집착을 줄이면서
스스로를 더욱 편안한 곳으로
흘러가게 한다

마음의 현미경으로 내면을 들여다본다
마음을 변화시키고,
내면을 들여다보고
현실의 본질을
파악한다

올바른 자세

정수리에 줄이 있어
하늘에서 가볍게 잡아당긴다고 상상한다

마음으로 끊임없이
주의를 기울인다

어깨를 앞뒤, 위아래로 움직여
긴장을 풀어 준다

무릎을 엉덩이보다
낮게 한다

배를 부풀리고
골반을 앞으로 내민다

두 손을 무릎
위에 놓는다

앉는다 —

긴장을 풀되 허리를 꼿꼿이

일반적인 방해 요인

나태함
명상을
나중으로 미룬다

심신의 침체
집중력이 흐려지고,
마음이 둔해지며, 졸음이 온다

마음의 표류
마음이 이랬다저랬다
변덕이 심해지고
흥분과 불안이 일어난다

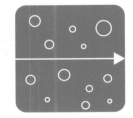

단상斷想
마치 전파장애처럼
머릿속에 떠오르는 대로
생각한다

지나친 노력
과하게 집중한다.
혹은 마음을 옥죄려고 한다

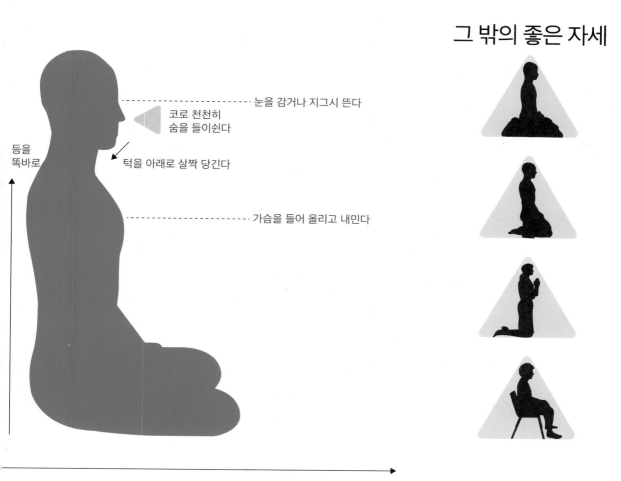

그 밖의 좋은 자세

눈을 감거나 지그시 뜬다

코로 천천히
숨을 들이쉰다

턱을 아래로 살짝 당긴다

가슴을 들어 올리고 내민다

등을
똑바로

마음을 편안히

동양의 기본 원소로 본 **마음의 상태**

열림	명확함	따뜻함	유연함	안정
드넓음, 공허	날카로움, 통찰	끈기, 긍정	수용, 융통성	집중, 중심
우주	공기	불	물	흙
고요	명민함	확신	적응성	올바름
평온, 정지	밝음, 재치	자신감, 능숙함	강함, 실현 가능성	똑바름, 솔직함

출처 : Buddhist eLibrary[불교전자도서관], 'Meditation' (WindHorse, 1999)

명상의 종류

명상의 명칭
부가 명칭

명상 수행법에 관한
핵심 지침

유래

집중
주의 집중

주요한 대상에 주의를 기울인다. 보통은 호흡에
의식을 모은다. 복부가 위로 '솟아오르고'
아래로 '떨어지는' 움직임을 마음속으로
살핀다. 바로 그거다!

다수

마음 챙김
오픈 모니터링

자신의 생각을 지켜본다. 반응하거나
판단하지 말고, 혹은 붙잡으려 하지 말고,
생각이 오고 가도록 놔둔다.

불교

주의
오픈 모니터링

생각, 감각, 그 밖의 정신 작용, 산만함 등에
주의하며 집중한다.

불교

단전호흡
캐스*kath*, 하라*hara*, 탄티엔*tan t'ien*

호흡을 하면서 복부가 차오르고 비워지는
느낌에 집중한다.

다수

3부 호흡
깊이 호흡하기

숨을 깊게 들이쉬며 복부를 부풀린다.
이어서 흉곽을 확장한 다음 늑골과 쇄골을
들어올린다. 역순으로 숨을 내쉰다.

요가

불의 호흡
아그니 프란*agni pran*

콧구멍으로 빠르고 주기적으로 호흡한다.
항문을 조이면서 세차게 숨을 내쉬고, 복부
근육을 완화하면서 숨을 들이쉰다.

쿤달리니 요가

순환 호흡

척추 아랫부분에서 목 아랫부분까지
숨을 들이쉰다. 그다음, 척추 아랫부분까지
숨을 내쉰다.

요가

교호 호흡

오른쪽 콧구멍을 손가락으로 막고 왼쪽
콧구멍으로 숨을 천천히 네 번 쉰다.
반대쪽 콧구멍으로 숨을 쉬는 과정을 반복한다.

쿤달리니 요가

참선
좌선, 그냥 앉아 있기

열까지 숫자를 세면서 호흡한다(이를테면,
숨을 들이쉬면서 '하나', 숨을 내쉬면서
'둘'이라고 한다). 마음이 산만하면, 부드럽게
처음부터 다시 시작한다. 그림과 같이 앉아
있기만 해도 된다.

선불교

소주천

호흡을 하면서 타원형의 '소우주' 궤도를 통해
에너지를 순환시킨다. 목구멍에서 시작하여
이마에서 끝낸다.

도교

초월 명상
TM

조용히 앉아 규칙적인 구절(만트라)를
반복해서 되뇐다.

다수

집중의 대상
몸 호흡 심장 만트라 마음

자애 명상
메타바바나metta bhavana, 사랑 경작

자신이 어떤 감정을 느끼든 그것을 받아들인다.
예컨대, "나는 행복할 수 있을까? 건강할 수
있을까? 사랑 받을 수 있을까?" 같은 감정을
조용히 표현하면서 즐겁게 자애심을 확장한다.
이런 의식의 흐름을 유지한다.

불교

조용한 감사
심상

감사의 마음을 전하고 싶은 사람의 얼굴을
상세히 떠올린다. 그에게 조용히 감사의 말을
전한다. 네다섯 사람을 두고 반복한다.

불교

타인을 향한 자애 명상
메타바바나

존경하고 사랑하는 사람들의 얼굴을 떠올린다.
그들을 향해 적당한 말로 조용히 자애심을
표현한다. 행복감이 차오르면
그 상태를 만끽한다.

불교

걷기 명상

천천히 걷는 동안 느껴지는 발의 감각에
집중한다(지면과 닿는 발바닥의 촉감을 느낀다.).
집중을 방해하는 요인에 이름을 붙인다. 그다음
'자애심'을 확장한다. 시야에 들어오는 모든
사람에게 사랑의 마음을 표현한다.

불교

분절 호흡 1

입을 'O' 모양으로 한다. 한 번의 숨을 여덟 번
나눠서 들이쉰다(코로 들이쉰다.)
이어서 숨을 한꺼번에 세차게 내쉰다.

쿤달리니 요가

분절 호흡 2

이마 끝에 신경을 집중한다. 코로 숨을 네 번
들이쉬고 몇 초간 숨을 멈춘다.
네 번 코로 숨을 내쉰다. 이 과정을 반복한다.

쿤달리니 요가

균형 잡기

코로 깊게 숨을 들이쉰다. 15초간 숨을 멈춘다.
코로 숨을 완전히 내쉰다. 15초간 숨을 멈춘다.
반복한다.

쿤달리니 요가

고리 감지하기
바디 스캔, 신체 응시

오른쪽 발의 감각을 느낀 다음, 고리를 그리듯
하지, 무릎, 대퇴부, 엉덩이, 손, 팔, 어깨 등
신체 각 부위의 감각을 느낀다.

수피교

만트라

규칙적인 구절(만트라)을 반복해서 읊조린다.
예) '옴마니-반메-훔', '사-나-타-마',
'삿 칫 아난다' 등의 불교 구절.

다수

먹기

20분 동안 건포도 세 개를 먹는다. 건포도의
생김새, 기대감, 풍미, 씹는 맛, 삼켰을 때의
맛 등 모든 부분을 세세히 음미한다.

분석 명상
루셴rushen, 자기 탐구

가만히 앉아서 마음속으로 심오한 물음을
던진다. '나는 누구인가?' 같은 물음이 좋다.
누가 생각하고 듣고 보고 궁금해하고 있는지
탐구한다. 이 물음을 던진 바로 그 순간 무슨
일이 일어나는가?

족첸(Dzogchen, 티벳 불교)

명상의 효과 : 증거

확실
가능성 높음
미확정적
미비 / 약함

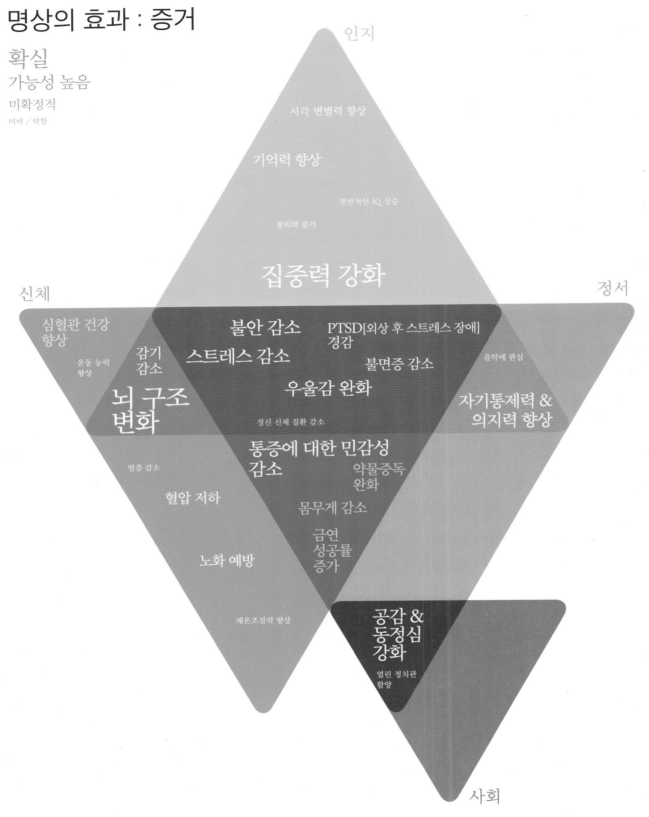

인지

시각 변별력 향상

기억력 향상

전반적인 IQ 상승

창의력 증가

집중력 강화

신체

심혈관 건강
향상

운동 능력
향상

감기
감소

불안 감소   PTSD[외상 후 스트레스 장애]
            경감
스트레스 감소
                    불면증 감소

음악에 관심

뇌 구조
변화

우울감 완화

정신 신체 질환 감소

자기통제력 &
의지력 향상

정서

염증 감소

통증에 대한 민감성
감소
            약물중독
            완화
혈압 저하
        몸무게 감소

        금연
        성공률
        증가

노화 예방

체온조절력 향상

공감 &
동정심
강화

열린 정치관
함양

사회

출처 : Zanesco (2013), Hasenkamp & Barsalou (2012), Saggar (2012), Moore (2012), Menezes (2013), Chiesa (2011), Levy (2012), Chiesa & Serretti (2010) 등 관련 학술 자료 다수
데이터 : bit.ly/KIB_Meditation

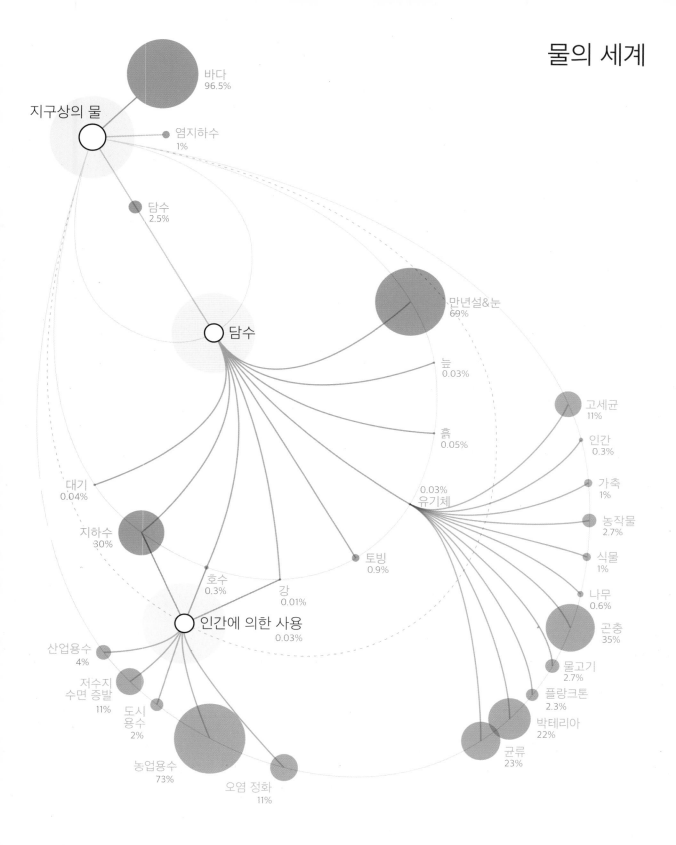

물의 세계

바다
96.5%

지구상의 물

염지하수
1%

담수
2.5%

담수

만년설&눈
69%

늪
0.03%

흙
0.05%

고세균
11%

인간
0.3%

가축
1%

0.03%
유기체

농작물
2.7%

식물
1%

대기
0.04%

지하수
30%

나무
0.6%

토빙
0.9%

호수
0.3%

강
0.01%

곤충
35%

인간에 의한 사용
0.03%

물고기
2.7%

산업용수
4%

플랑크톤
2.3%

저수지
수면
증발
11%

도시
용수
2%

박테리아
22%

균류
23%

농업용수
73%

오염 정화
11%

출처 : Food and Agricultural Organisation[FAO, 유엔식량농업기구], 'World Atlas of Biodiversity'(2012), Nature.com
데이터 : bit.ly/KIB_WaterWorld

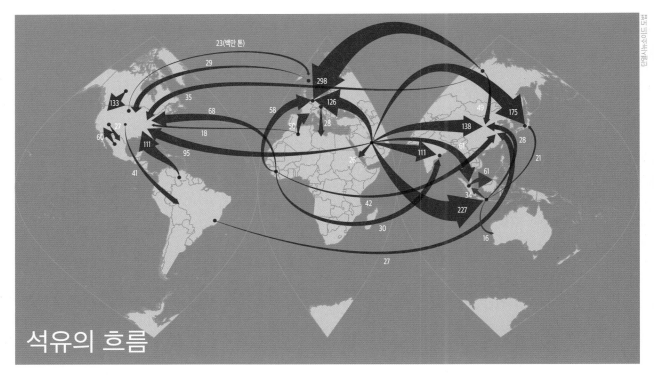

석유의 흐름

23(백만 톤)
29
35
68
58
126
298
133
27
60
18
50
28
138
49
175
111
61
28
95
26
111
21
41
42
61
34
227
30
16
27

유당 불내증

100%
내성 수준
0%

브리타니아여, 통치하라!

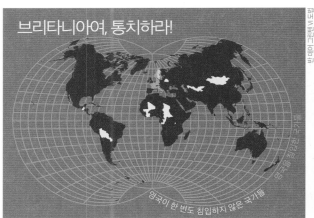

영국이 한 번도 침입하지 않은 국가들

길 잃은 나라들

지원되지 않는 나라

첫 섹스

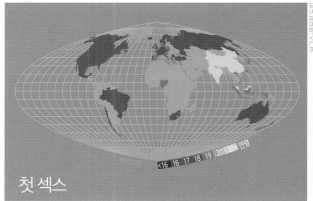

<16 16 17 18 19 20 21세 연령

출처 : Telegraph.com, bost.ocks.org, Durex, Wikipedia
데이터 : bit.ly/KIB_Maps

초강대국들의 대결

법과 질서

	중국	EU	인도	미국
수감자 수 단위 : 1,000 명	1,701	638	385	2,228
수감자 수 인구 100,000명당	125	125	30	700
사형 선고 연간	1,000	0	78	77
표현의 자유 지수	-1.6	1.1	0.4	1.1
정치적 안정	-0.5	0.8	-1.2	0.6
정부 효과성	0.0	1.2	-0.2	1.5
규제의 질	-0.2	1.2	-0.5	1.3
법의 지배력	-0.5	1.2	-0.1	1.6
부패 통제	-0.5	1.0	-0.6	1.4
총기 사용자 수 인구 100명당 평균	5	15	4	89
살인 사건 수 단위 : 천 건, 연간	14	6	40	15
살인 사건 수 인구 100,000명당, 연간	1	1.2	3.3	4.8
마약류 압수 단위 : 톤	5.4	5.8	0.8	3.5
점수	1	4	4	5

미국이 정의를 세웠다!

출처 : CIA World Factbook, World Bank, Eurostat[유럽연합통계청]
데이터 : bit.ly/KIB_Superpowers

로또 맞을 확률

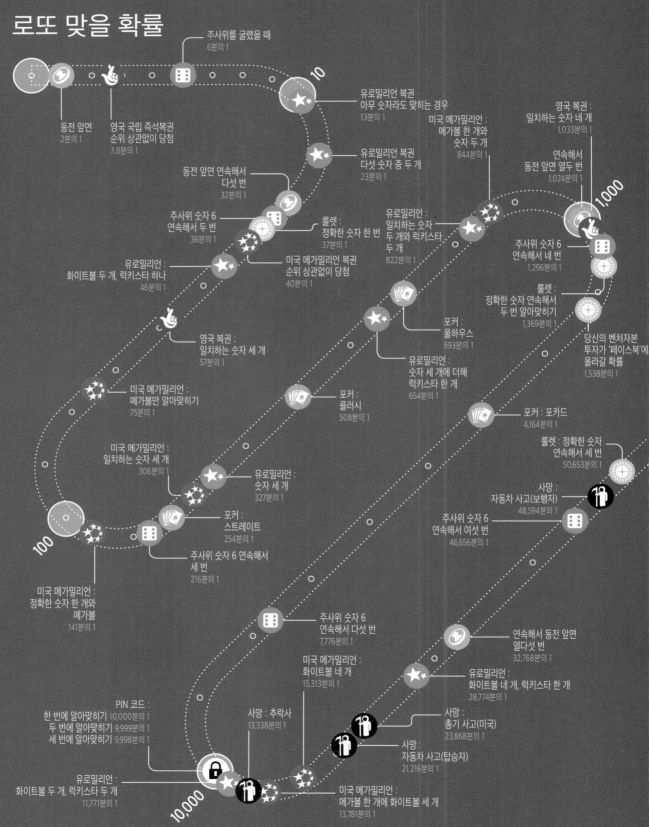

주사위를 굴렸을 때
6분의 1

동전 앞면
2분의 1

영국 국립 즉석복권
순위 상관없이 당첨
3.8분의 1

10

유로밀리언 복권
아무 숫자라도 맞히는 경우
13분의 1

유로밀리언 복권
다섯 숫자 중 두 개
23분의 1

동전 앞면 연속해서
다섯 번
32분의 1

주사위 숫자 6
연속해서 두 번
36분의 1

룰렛 :
정확한 숫자 한 번
37분의 1

유로밀리언 :
화이트볼 두 개, 럭키스타 하나
46분의 1

미국 메가밀리언 복권
순위 상관없이 당첨
40분의 1

영국 복권 :
일치하는 숫자 세 개
57분의 1

미국 메가밀리언 :
메가볼만 알아맞히기
75분의 1

미국 메가밀리언 :
일치하는 숫자 세 개
306분의 1

유로밀리언 :
숫자 세 개
327분의 1

포커 :
스트레이트
254분의 1

주사위 숫자 6 연속해서
세 번
216분의 1

100

미국 메가밀리언 :
정확한 숫자 한 개와
메가볼
141분의 1

미국 메가밀리언 :
메가볼 한 개와
숫자 두 개
844분의 1

영국 복권 :
일치하는 숫자 네 개
1,033분의 1

연속해서
동전 앞면 열두 번
1,024분의 1

유로밀리언 :
일치하는 숫자
두 개와 럭키스타
두 개
822분의 1

1,000

주사위 숫자 6
연속해서 네 번
1,296분의 1

룰렛 :
정확한 숫자 연속해서
두 번 알아맞히기
1,369분의 1

당신의 벤처자본
투자가 '페이스북'에
올라갈 확률
1,538분의 1

포커 :
풀하우스
693분의 1

유로밀리언 :
숫자 세 개에 더해
럭키스타 한 개
654분의 1

포커 : 포카드
4,164분의 1

룰렛 : 정확한 숫자
연속해서 세 번
50,653분의 1

사망 :
자동차 사고(보행자)
48,594분의 1

주사위 숫자 6
연속해서 여섯 번
46,656분의 1

포커 :
플러시
508분의 1

주사위 숫자 6
연속해서 다섯 번
7,776분의 1

미국 메가밀리언 :
화이트볼 네 개
15,313분의 1

연속해서 동전 앞면
열다섯 번
32,768분의 1

유로밀리언 :
화이트볼 네 개, 럭키스타 한 개
28,774분의 1

PIN 코드 :
한 번에 알아맞히기 10,000분의 1
두 번에 알아맞히기 9,999분의 1
세 번에 알아맞히기 9,998분의 1

사망 : 추락사
13,338분의 1

사망 :
총기 사고(미국)
23,868분의 1

사망 :
자동차 사고(탑승자)
21,216분의 1

유로밀리언 :
화이트볼 두 개, 럭키스타 두 개
11,771분의 1

10,000

미국 메가밀리언 :
메가볼 한 개에 화이트볼 세 개
13,781분의 1

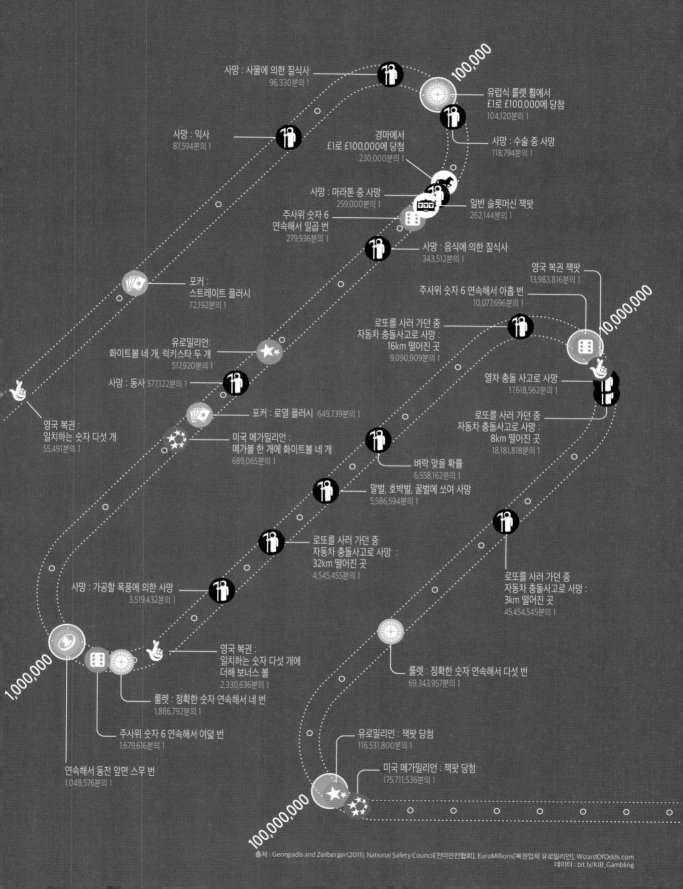

사망 : 사물에 의한 질식사
96,330분의 1

유럽식 룰렛 휠에서
£1로 £100,000에 당첨
104,120분의 1

사망 : 익사
87,594분의 1

경마에서
£1로 £100,000에 당첨
230,000분의 1

사망 : 수술 중 사망
118,794분의 1

사망 : 마라톤 중 사망
259,000분의 1

일반 슬롯머신 잭팟
262,144분의 1

주사위 숫자 6
연속해서 일곱 번
279,936분의 1

사망 : 음식에 의한 질식사
343,512분의 1

영국 복권 잭팟
13,983,816분의 1

주사위 숫자 6 연속해서 아홉 번
10,077,696분의 1

포커 :
스트레이트 플러시
72,192분의 1

로또를 사러 가던 중
자동차 충돌사고로 사망 :
16km 떨어진 곳
9,090,909분의 1

유로밀리언:
화이트볼 네 개, 럭키스타 두 개
517,920분의 1

열차 충돌 사고로 사망
17,618,562분의 1

사망 : 동사 577,122분의 1

포커 : 로열 플러시 649,739분의 1

로또를 사러 가던 중
자동차 충돌사고로 사망 :
8km 떨어진 곳
18,181,818분의 1

영국 복권 :
일치하는 숫자 다섯 개
55,491분의 1

미국 메가밀리언 :
메가볼 한 개에 화이트볼 네 개
689,065분의 1

벼락 맞을 확률
6,558,162분의 1

말벌, 호박벌, 꿀벌에 쏘여 사망
5,586,594분의 1

로또를 사러 가던 중
자동차 충돌사고로 사망 :
32km 떨어진 곳
4,545,455분의 1

로또를 사러 가던 중
자동차 충돌사고로 사망 :
3km 떨어진 곳
45,454,545분의 1

사망 : 가공할 폭풍에 의한 사망
3,519,432분의 1

영국 복권 :
일치하는 숫자 다섯 개에
더해 보너스 볼
2,330,636분의 1

룰렛 : 정확한 숫자 연속해서 다섯 번
69,343,957분의 1

룰렛 : 정확한 숫자 연속해서 네 번
1,886,792분의 1

주사위 숫자 6 연속해서 여덟 번
1,679,616분의 1

유로밀리언 : 잭팟 당첨
116,531,800분의 1

연속해서 동전 앞면 스무 번
1,048,576분의 1

미국 메가밀리언 : 잭팟 당첨
175,711,536분의 1

100,000

10,000,000

1,000,000

100,000,000

출처 : Georgiadis and Zeilberger(2011), National Safety Council[전미안전협회], EuroMillions[복권업체 유로밀리언], WizardOfOdds.com
데이터 : bit.ly/KIB_Gambling

진정한 천재
정말로 당대 최고의 두뇌일까?

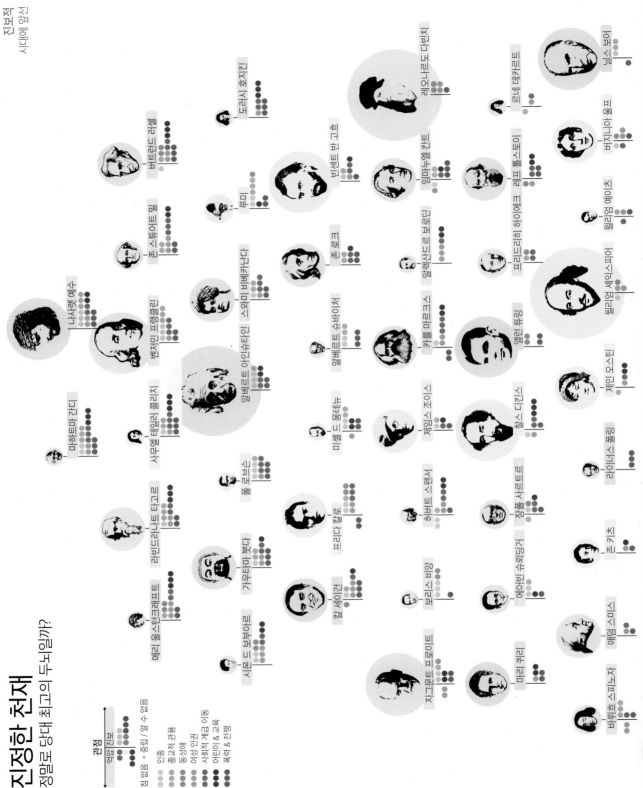

출처 : OxfordDNB.com, Britannica.com, NY Times, NobelPrize.org, UNESCO, Wikipedia
데이터 : bit.ly/KIB_TrueGenius

에이다 러브레이스

예언자 무함마드

비트겐슈타인

아르키메데스

알 파라비(알파라비우스)

도스토옙스키

볼테르

게오르크 헤겔

플라톤

블라디미르 나보코프

볼프강 아마데우스 모차르트

존 노이만

존 던

T. S. 엘리엇

찰스 다윈

코코 샤넬

파흐르 알 딘 알 라지

프리드리히 니체

베토벤

알 가잘리

토마스 제퍼슨

에드먼드 버크

마틴 루터

토마스 홉스

니콜로 마키아벨리

아이작 뉴턴

니콜라우스 쿠자누스

공자

리하르트 바그너

존 밀턴

미켈란젤로

성 바울

프랜시스 골턴

장 콕토

니콜라 테슬라

힐데가르트 폰 빙엔

요한 볼프강 폰 괴테

토마스 아퀴나스

소크라테스

윈스턴 처칠

알렉산더 벨

스리니바사 라마누잔

갈릴레오 갈릴레이

프리드리히 2세

파블로 피카소

아리스토텔레스

데이비드 흄

블레즈 파스칼

베르너 폰 브라운

서광계

성 아우구스티누스

아크바르 황제

존 케인스

위기
조회
순위

예술가 · 과학자 · 박식가 · 사상가

진정한 천재 : 인물 요약

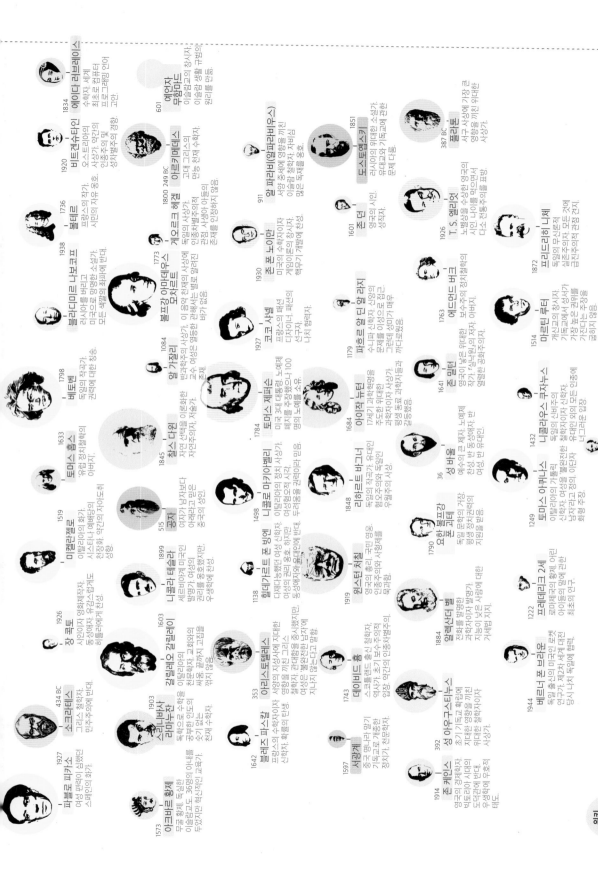

역암적

출처 : OxfordDNB.com, Britanica.com, NY Times, NobelPrize.org, UNESCO, Wikipedia
데이터 : bit.ly/KIB_TrueGenius

간단 상식 II

천재는 만들어지는 것
천재가 절정기에 이르는 나이

과학자

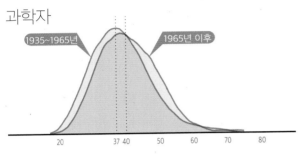

1935~1965년 1965년 이후

20 37 40 50 60 70 80

재즈 음악가

여성 남성

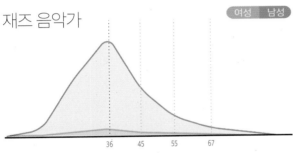

36 45 55 67

화가

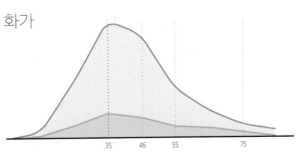

35 46 55 75

저술가

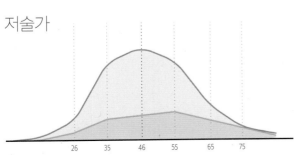

26 35 46 55 65 75

출처 : Jones(2014), Kanazawa(2003)

직감
판사가 가석방 판결에 이끌릴 평균 확률

아침 식사 후 점심 식사 전

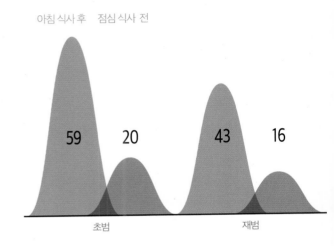

59 20 43 16

초범 재범

출처 : Danziger 외(2011), 4가지 형량 분석 평균

DNA 데이터베이스
저장된 총 DNA 기록 – 전체 인구당 비율

남아프리카 공화국 홍콩 리투아니아 캐나다 슬로베니아 프랑스

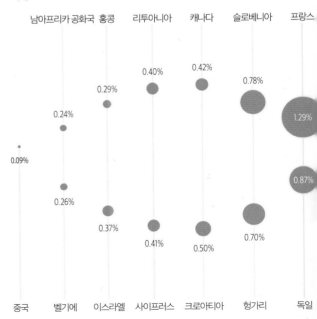

0.40% 0.42%
0.29% 0.78%
0.24% 1.29%
0.09% 0.87%
0.26%
0.37% 0.70%
0.41% 0.50%

중국 벨기에 이스라엘 사이프러스 크로아티아 헝가리 독일

빅 오일

최대 가격 인상률

2,000%+	1,000%+	500%+	100%+	<100%+

호박씨
라드 **우지** 가 카놀라/유채씨
하드 마가린 정제 **코코넛** **캐슈**
피칸 라눌레산 해바라기씨 **옥수수**
엑스트라버진 **호두** 대마씨 버진
올리브 면실 **아몬드** 올리브
아르간 **포도씨** 미강 오리기름
대두 겨자씨
마카다미아 **야자열매**
고올레산 해바라기씨 **헤이즐넛** 정제 살구씨
올리브
아보카도 빅정제 아마인 땅콩
홍화씨 **참깨**

출처 : Alibaba, Indexmundi.com

편향된 연구

심리학 연구 대상자의 비율 　　　　실제 비율

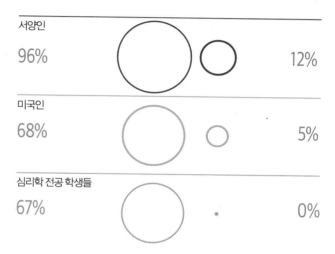

서양인		
96%		12%

미국인		
68%		5%

심리학 전공 학생들		
67%		0%

출처 : Arnett 외(2008)

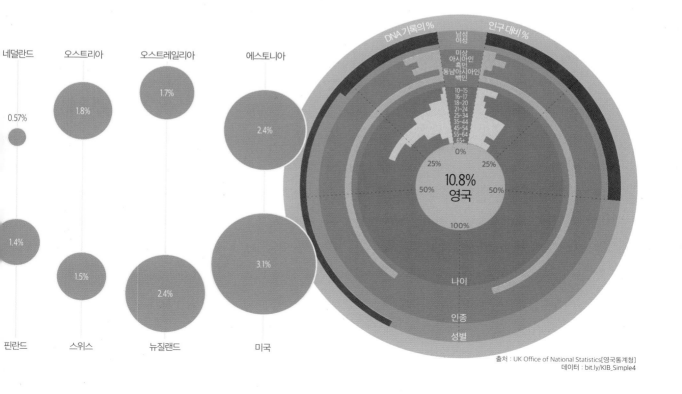

네덜란드　오스트리아　오스트레일리아　에스토니아

0.57%　1.8%　1.7%　2.4%

1.4%

1.5%

2.4%　3.1%

핀란드　스위스　뉴질랜드　미국

DNA 기록의 %　남성 여성　인구 대비 %
미상 아시아인 흑인 동남아시아인 백인
10-15 16-17 18-20 21-24 25-34 35-44 45-54 55-64 65+
0% 25% 25%
10.8% 영국
50% 50%
100%
나이
인종
성별

출처 : UK Office of National Statistics[영국통계청]
데이터 : bit.ly/KIB_Simple4

비소설 분야 필독서

유혹하는
경제와 사회
손자병법
제2차 세계대전 총
위기의 아이들 이중나선
파인만 씨, 농담도 잘하시네
안네의 일기 선과 모터사이클
순수이성비판 월든
자유의 구조 시간의 역사
미국의 딜레마[5] 공산당 선언 원자
황금가지 군주론 이기적 유전자
열린 사회와 그 적들 인 콜드
내 아버지로부터의 꿈
자기만의 방 침묵의
괴델, 에셔, 바흐 거의 모든
종의 기원 카탈로니아
꿈의 해석 미국 대도시의 죽음과
자본주의 사회주의 민주주의 나를 운디드니
검은 노예에서 일어서다[7]
빅토리아 왕조의 명사들
이제 위인들을 찬양하자
모든 것과의
황금

※ 아래의 작품들은 국내 미출간작들이다.
1. 『Black Lamb and Grey Falcon』Rebecca West
2. 『The Soul of Black Folk』Du Bois, W. E. B.
3. 『The Liberal Imagination』Lionel Trilling · Louis Menand
4. 『The Lives of a Cell』Lewis Thomas
5. 『An American Dilemma』Gunnar Myrdal
6. 『The Power Broker』Robert A. Caro
7. 『Up from Slavery』Washington, Booker T
8. 『Eminent Victorians』Lytton Strachey
9. 『Goodbye To All That』Robert Graves

역사   철학   과학   자서?

글쓰기
수상록
전체주의의 기원
균, 쇠   남북전쟁
검은 양과 회색 매[1]   흑인 소년
흑인의 영혼[2]   8월의 포성
관리술   노동의 배신   자유로운 상상력[3]
수용소 군도   세포라는 대우주[4]
종교적 경험의 다양성   아웃 오브 아프리카
폭탄 만들기   고용, 이자, 화폐의 일반이론
과학 혁명의 구조   정의론
블러드   검은 혁명가 맬컴 X
순전한 기독교
패스트푸드의 제국
봄   말하라, 기억이여   고백
것의 역사   나를 부르는 숲   권력 브로커[6]
찬가   자본주의와 자유
삶   영국 노동계급의 형성
묻어주오   잡식 동물의 딜레마
길 잃은 세대를 위하여
영어 글쓰기의 기본
정보는 아름답다
이별[9]
가지

사회학   정치학   안내서

출처 : Guardian, Times Literary Supplement[타임즈 문학 부록], NYTimes.com, AskMetafilter.com, Pulitzer.org, ModernLibrary.com, National Review, Time, GoodReads.com
데이터 : bit.ly/KIB_BestNonFiction

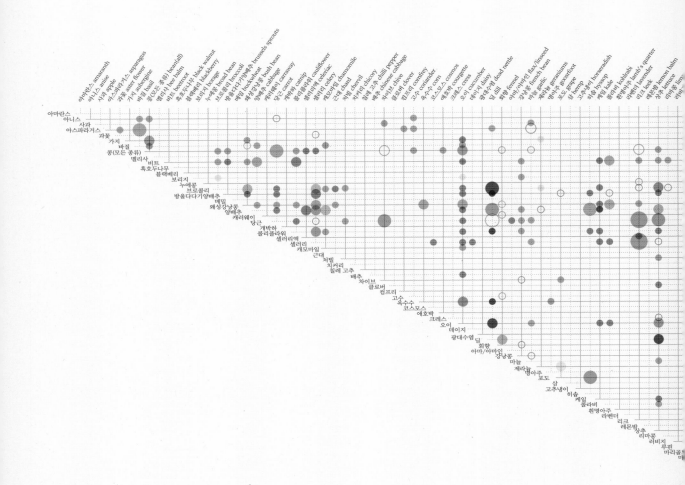

해충	유혹 ○● 방지	
토양	나쁨 ○● 좋음	
발육 & 성장	저해 ○● 증진	
향	억제 ○● 증진	
전반적으로	나쁨 ○● 좋음	

● 적절한 공간 공유
● 좋은 미끼(해충 유인)
● 상충되는 연구
▦ 환상의 짝꿍!

신뢰 수준 (원이 클수록 신뢰 수준 높음)   3 4

작물 궁합
어떤 작물들이 서로 잘 어울릴까?

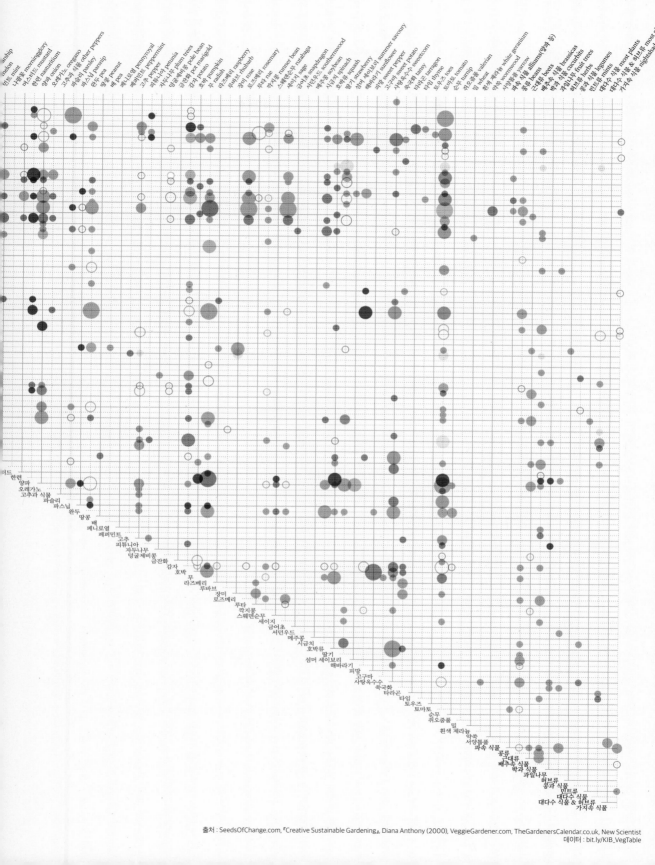

출처 : SeedsOfChange.com, 『Creative Sustainable Gardening』, Diana Anthony (2000), VeggieGardener.com, TheGardenersCalendar.co.uk, New Scientist
데이터 : bit.ly/KIB_VegTable

은하계에는 우리만 살고 있을까?

드레이크 방정식으로 계산한 외계 문명이 존재할 확률

$$N = R^* \times f_p \times n_e \times f_l \times f_i \times f_c \times L$$

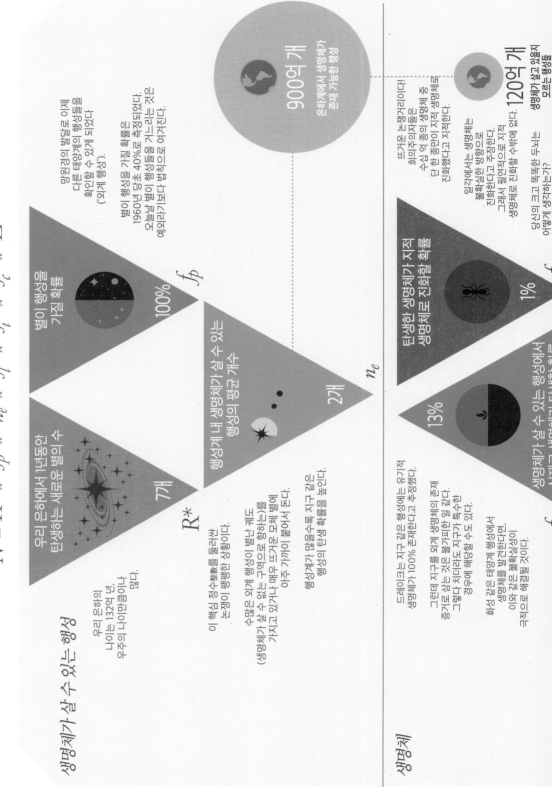

생명체가 살 수 있는 행성

R^*

우리 은하에서 1년동안 탄생하는 새로운 별의 수

7개

우리 은하의 나이는 132억 년, 우주의 나이만큼이나 많다.

이 핵심 정수(整數)를 둘러싼 논쟁이 팽팽한 상황이다.

f_p

별이 행성을 가질 확률

100%

망원경의 발달로 이제 다른 태양계의 행성들을 확인할 수 있게 되었다 ('외계 행성').

별이 행성을 가질 확률은 1960년 당초 40%로 측정되었다. 오늘날 별이 행성을 거느리는 것은 예외라기보다 보편으로 여겨진다.

n_e

행성계 내 생명체가 살 수 있는 행성의 평균 개수

2개

수많은 외계 행성이 별난 궤도를 가지고 있거나 매우 뜨거운 모체 별에 아주 가까이 붙어서 돈다.

(생명체가 살 수 없는 구역으로 매우 뜨거운 모체 별에 아주 가까이 붙어서 돈다.)

행성계가 많을수록 지구 같은 행성의 탄생할 확률을 높인다.

생명체

f_l

생명체가 살 수 있는 행성에서 실제로 생명체가 탄생할 확률

13%

드레이크는 지구 같은 행성에는 유기적 생명체가 100% 존재한다고 추정했다.

그런데 지구를 외계 생명체가 존재하는 증거로 삼는 것은 불가피한 일 같다. 그렇다 치더라도 지구가 특수한 경우에 해당할 수도 있다.

화성 같은 태양계 행성에서 생명체를 발견한다면, 이와 같은 불확실성이 극적으로 해결될 것이다.

f_i

탄생한 생명체가 지적 생명체로 진화할 확률

1%

뜨거운 눈덩어리이다! 회의주의자들은 수십 억 종의 생명체 중 단 한 종만이 지적 생명체로 진화했다고 지적한다.

일각에서는 생명체는 불확실한 방향으로 진화한다고 주장한다. 그래서 일반적으로 지적 생명체로 진화할 수밖에 없다.

당신이 크고 똑똑한 두뇌를 어떻게 생각하는가?

900억 개
은하계에서 생명체가 존재 가능한 행성

120억 개
생명체가 살고 있을지 모르는 행성

문명

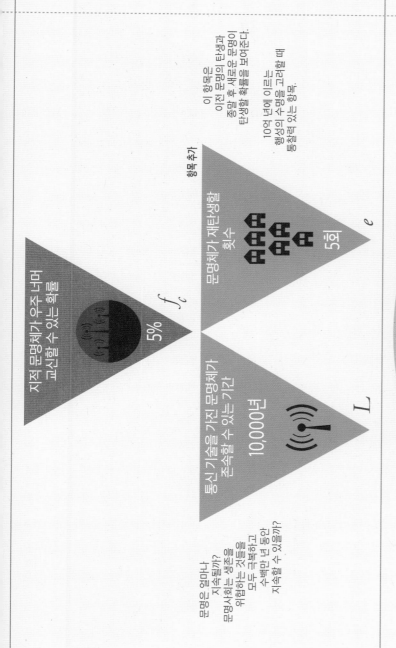

지적 문명체가 우주 너머 교신할 수 있는 확률

f_c

5%

통신 기술을 가진 문명체가 존속할 수 있는 기간

L

10,000년

문명은 얼마나 지속될까?
문명사회는 생존을 위협하는 것들을 모두 극복하고 수백만 년 동안 지속할 수 있을까?

문명체가 재탄생할 횟수

e

5회

항목 추가

이 항목은 이전 문명의 탄생과 종말 후 새로운 문명이 탄생할 확률을 보여준다.

10억 년에 이르는 행성의 수명을 고려할 때 통찰력 있는 항목.

가능성

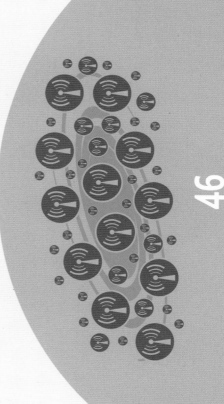

46

우리 은하 내에 존재하는 교신 가능한 문명의 수

출처 : Mayor 외(2011), Wolfram Alpha, DiscoverMagazine.com, Wikipedia
데이터 : bit.ly/KIB_AlienLife

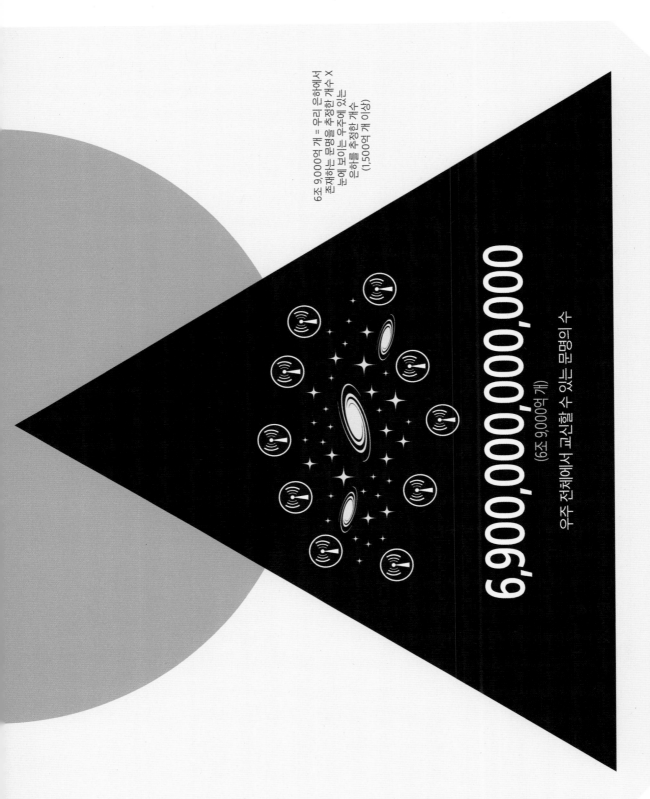

6조 9,000억 개 = 우리 은하에서
존재하는 문명을 추정한 개수 X
눈에 보이는 우주에 있는
은하를 추정한 개수
(1,500억 개 이상)

6,900,000,000,000,000

(6조 9,000억 개)

우주 전체에서 교신할 수 있는 문명의 수

출처 : Mayor 9(2011), Wolfram Alpha, DiscoverMagazine.com, Wikipedia

우주 킬러

이건 뭘까?

지구에 근접한 천체	혜성	소행성
	태양계 외부에서 오는 '먼지 섞인 얼음 덩어리'. 지구에서 볼 때 불타는 꼬리처럼 보인다.	소행성대에서 발생한 비활성 바윗덩어리.

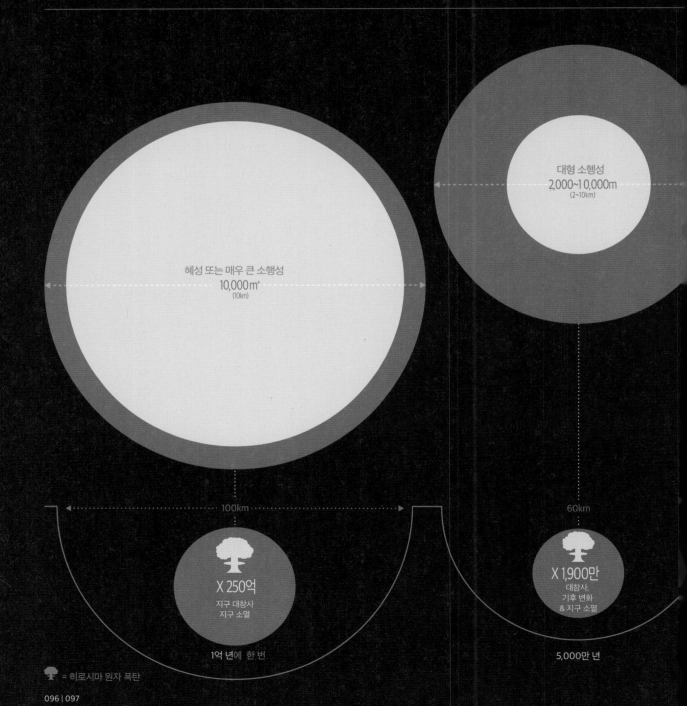

대형 소행성
2,000~10,000m
(2~10km)

혜성 또는 매우 큰 소행성
10,000m+
(10km)

100km

60km

X 250억
지구 대참사
지구 소멸

X 1,900만
대참사,
기후 변화
& 지구 소멸

1억 년에 한 번

5,000만 년

= 히로시마 원자 폭탄

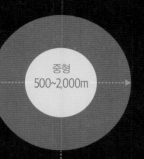

유성체
바윗덩어리,
버스 크기의
우주 파편.

유성
유성체가 대기와 마찰
증발하면서 불타는 현상.
'별똥별'이라고 한다.

운석
대기에서
사라지지 않고
지표면에 떨어지는 암석.

소형

극소형

중형
500~2,000m

100~499m

50~99m

25~49m

1~24m

< 1m

12.5km

 x 282,000⁺

x 2,300⁺

x 3

거대한 쓰나미

쓰나미

폭발

소규모 국가 크기의
지역 파괴

도시 크기의
지역 파괴

충돌 지역에
심각한 피해

120만 년

7만 5,000년

3,400년

출처 : NASA, Imperial College / Purdue , B612 재단, Space.com
데이터 : bit.ly/KIB_Astrokillers

미수에 그친 우주 킬러
최근의 충돌 위기

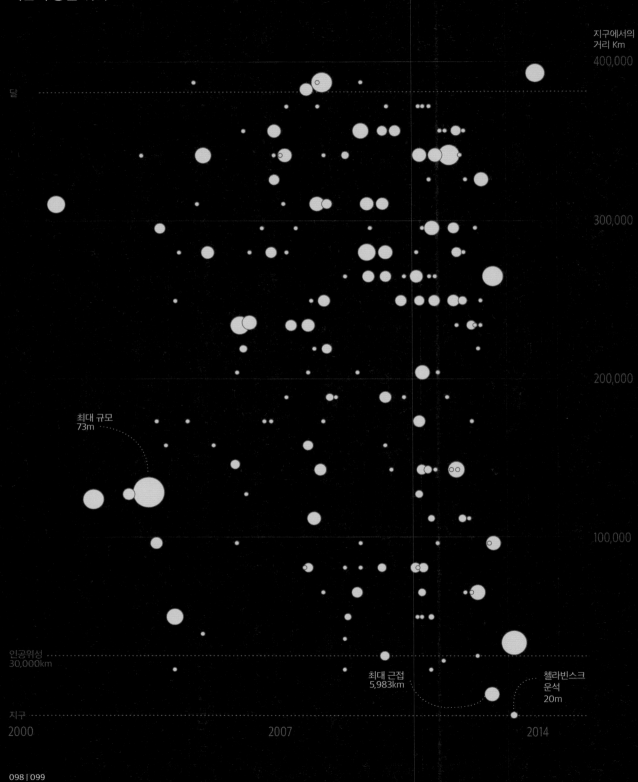

지구에서의
거리 Km

400,000

달

300,000

200,000

최대 규모
73m

100,000

인공위성
30,000km

최대 근접
5,983km

첼랴빈스크
운석
20m

지구

2000   2007   2014

우주 킬러 잡는 킬러

어떻게 막을 수 있을까?

비용

출처 : NASA, Imperial College / Purdue, Discovery.com
데이터 : bit.ly/KIB_Astrokillers

우주적

지구를 벗어남

하늘을 찌름

천정부지

현실적

로봇 예인선으로
끌어낸다. 또한 인력을 이용하여 경로를 바꾼다.

거대한 돛을 달아서 조정할 수 있게 만든다. 그러면 돌덩어리의 경로를 바꿔 공중을 떠돌게 할 수 있다.

강력한 레이저 빔을 쏴서 소행성의 일부분을 가스로 변화시키고 그 궤도를 변화시킨다.

구식 로켓같은 것을 그 나쁜 녀석에게 심어서 깨끗이 날려 버린다.

표면을 '씹어 먹는' 원자력 로봇에게 먹이로 준다. 로봇은 먹잇감을 깨문 뒤 그 조각들을 우주로 날려 버릴 것이다.

그 우라질 놈에게
브루스 윌리스를 보내 일을 처리하게 한다. 바로 그거야!

흰색으로 칠하여
태양복사로부터의 '반발력'이 커지게 해서 점차 경로를 바꾸게끔 만든다.

태양 광선을 모아서 소행성의 표면을 가열한다. 그로 인해 생긴 증기로 소행성을 밀어낸다.

탄소섬유 그물을 쳐서 방어물로 만든다. 18년 동안 방어물을 만들면 완성할 수 있을 것이다.

핵공격으로
궤도를 벗어나게 한다. 어처구니 없지만 박살내서는 안 된다.(우주에 수백만 톤의 골칫덩어리를 만들 수 있기 때문이다.)

'운동에너지 요격체'(이를테면, 큰 총알)를 쏜다. 20년 동안 타격하여 충격을 주면 될 것이다.

현실   상상   소설   공상과학   영화

기술적 실현 가능성

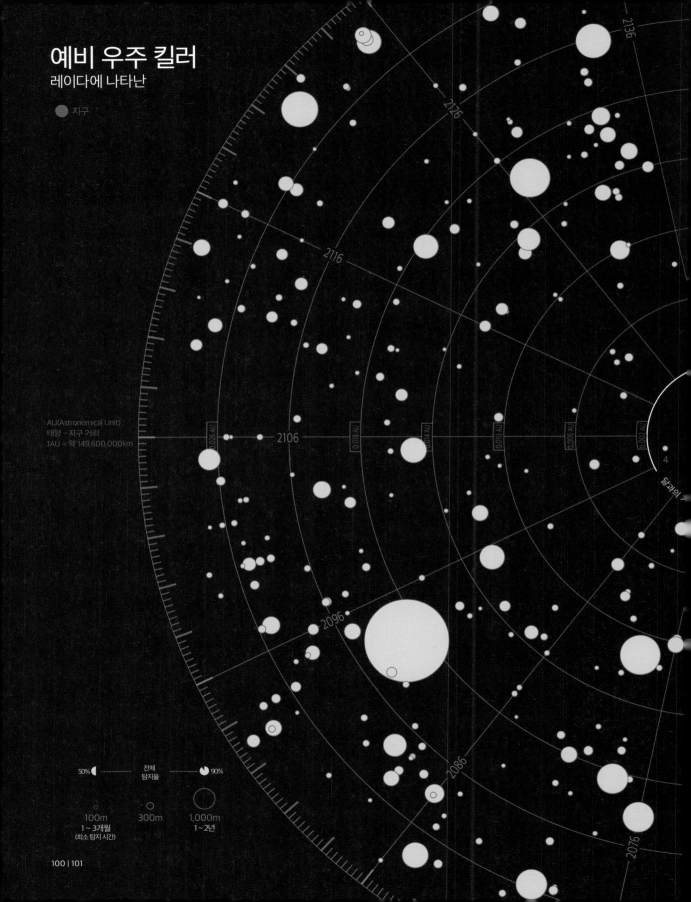

예비 우주 킬러
레이다에 나타난

● 지구

AU(Astronomical Unit) :
태양 - 지구 거리
1AU = 약 149,600,000km

0.026 AU   2106   0.018 AU   0.014 AU   0.010 AU   0.006 AU   0.002 AU

2136

2126

2116

2096

2086

2076

전체
탐지율

50% ◖ ············· ◕ 90%

○   ○   ○
100m   300m   1,000m
1 ~ 3개월   1 ~ 2년
(최소 탐지 시간)

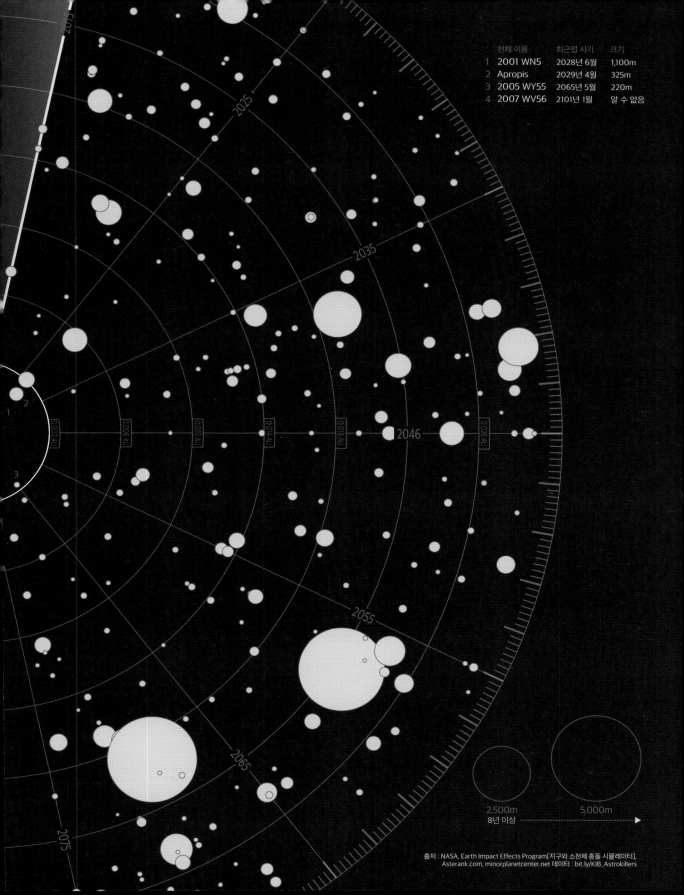

천체 이름	최근접 시기	크기
1 2001 WN5	2028년 6월	1,100m
2 Apropis	2029년 4월	325m
3 2005 WY55	2065년 5월	220m
4 2007 WV56	2101년 1월	알 수 없음

2015

2025

2035

2046

2055

2065

2075

0.002 AU

0.006 AU

0.010 AU

0.014 AU

0.018 AU

0.026 AU

2,500m

5,000m

8년 이상

출처 : NASA, Earth Impact Effects Program[지구와 소천체 충돌 시뮬레이터],
Asterank.com, minorplanetcenter.net 데이터 : bit.ly/KIB_Astrokillers

(안) 놀라운 연구
(불)분명한 과학

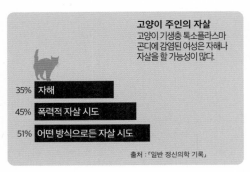

고양이 주인의 자살
고양이 기생충 톡소플라스마 곤디에 감염된 여성은 자해나 자살을 할 가능성이 많다.

35% 자해
45% 폭력적 자살 시도
51% 어떤 방식으로든 자살 시도

출처 : 「일반 정신의학 기록」

€ 2,730억
€ 680억

신장결석
프랑스의 신장결석 환자들이 하루 2리터 이상의 물을 마셨더라면, 의료비를 연간 680억 ~ 2,730억 유로 아꼈을 것이다.

「영국 의학 저널」

벌은 절대로 잊어버리지 않는다
벌은 사람 개개의 얼굴을 80%가 넘는 정확도로 알아볼 수 있다.

「실험 생물학」

읽는 속도 20% 증가

보통 ─ 띄어쓰기 간격 ─ 넓히기

단어 간격을 넓히면 난독증이 개선된다
띄어쓰기 간격을 넓히면 대부분의 난독증 환자들이 글을 더 정확하고 빠르게 읽는다.

미국국립과학원

배변 훈련
개는 지구의 남북 자기장 방향에 몸을 맞추어 배뇨하거나 배변한다.

온라인 저널 「동물학의 프런티어」

진통제가 독수리를 죽인다
인도 흰등민목독수리의 95% 이상이 소염 진통제 디클로페낙을 간접 섭취하여 죽었다.

「네이처」

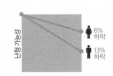

심폐소생 생존률
13.3% ─ 흉부 압박만 실시
7.8% ─ 전형적인 심폐소생술
5.2% ─ 심폐소생술 미실시

흉부 압박 심폐소생술이 더 낫다
흉부 압박만 실시할 때가 인공호흡을 실시할 때보다 목숨을 구할 확률이 60% 더 올라간다.

미국의학협회

좋은 콜레스테롤은 없다?
통념과는 달리, 혈액 내 고농도의 '좋은' 콜레스테롤은 심장마비의 위험을 줄여 주지 않는다.

의학전문잡지 「더 랜싯」

정신이상 ➕➕
우울증 ➕➕
식이장애 ➕➕
조울증 ➕➕➕➕➕➕

발생 가능성 높음

태어날 때부터 문제
미숙아로 태어난 아이들은 이후 우울증 같은 정신 문제를 겪을 가능성이 상당히 높다.

「영국 의학 저널」

11% 운송
83% 재배 & 생산

로컬푸드를 먹어야 환경이 산다
식품을 가공, 생산, 운반하는 과정에서 대량의 탄소 발자국이 발생한다. 지구에 도움이 되고 싶다면, 고기 섭취를 줄여라.

「환경 과학 기술」

난청 가능성
👩 6% 하락
👨 13% 하락

난청 감소
헤드폰과 아이팟 사용이 늘어났음에도 난청 환자는 줄고 있다.

「심리 과학」

태양열 전화는 없다
태양열 에너지로는 고작해야 대기 상태를 유지할 수 있다. 통화 시 필요한 에너지가 공급되지는 않는다.

노키아

비행기 미각
높은 고도에서는 당신의 미뢰가 둔해져 짠맛과 신맛에 대한 감각이 떨어진다. 단맛에 대한 감각은 높아진다.

「항공, 우주, 환경의학」

정신의 터무니없음
불합리하거나 심란한 일, 또는 묘한 경험을 할 때, 뇌는 특이한 패턴을 느낄 것에 대비한다.

「심리 과학」

겨울에 태어나면 머리가 둔하다?
12월에서 2월에 태어난 사람들은 평균보다 대체로 지능이 더 낮고 교육을 적게 받는다. 또한 덜 건강하고 더 적은 급여를 받는다.

전미경제연구소

번개 x 버섯
번개와 같은 강도의 전압을 가하여 버섯 수확량을 두 배로 늘릴 수 있다. 특히 나메꼬버섯과 표고버섯이 그렇다.

일본플라스마과학학회

69% 사망률 증가
28%
4%
4~8 8~11 11+
하루에 앉아 있는 시간

사무직의 사망률
운동을 아무리 많이 한다고 해도 책상에 너무 오래 앉아 있으면 사망 위험이 높아진다.

「내과학 기록」

나는 지치지 않았어!
근육의 피로가 아니라 자신의 한계에 도달했다는 생각에 의해 피로로 느껴진다.

「유럽 응용생리학 저널」

자궁 학교
배 속 아기는 자궁 속에서 언어를 배운다. 신생아의 울음소리에는 엄마 음색의 억양이 묻어 있다.

「현대 생물학」

가장 놀라운 연구

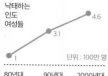

낙태하는 인도 여성들

1 → 3.1 → 4.6

단위 : 100만 명

80년대 90년대 2000년대

인도의 여아 낙태
인도에서 여아에 대한 선택적 낙태가 갈수록 증가해 일상적인 일이 되고 있다.

의학전문잡지 「더 랜싯」

미국 322일
EU 366일
캐나다 393일

의약품 허가 기간

신약 허가는 미국이 가장 빠르다
신약의 60% 정도가 다른 나라보다 미국 기관에서 먼저 허가되었다.

「뉴잉글랜드 의학 저널」

동성애자 군인, 문제없다
동성애자 군인들이 기강을 해치거나 대량의 '커밍아웃'을 발생시키지는 않는다.

산타바바라대학

'성공'에 영향을 주는 요인

80% 환경
15% 이하 유전적 특징
5% 기타 요인

카디오 운동 = 성공
18살에 신체를 단련하면 사회경제적, 교육적 성공 가능성이 높아진다.

미국국립과학원

운동하는 엄마들
임산부가 임신 중이나 출산 후에 운동을 하면 과체중을 방지할 수 있다.

「영국 의학 저널」

환상적이야!

거짓말하는 상사가 보내는 신호
상사들은 거짓말을 할 때 '좋아'보다는 '환상적이야'와 같이 지나치게 감정적인 표현을 사용하는 경우가 많다.

의학전문잡지 「더 랜싯」

임신 8달 후에는 일하지 않은 엄마 / 임신 8달 후에도 일한 엄마

230g 미달 (6.7%)

일하는 임산부
임신 마지막 달에도 일한 산모들이 낳은 아기들은 체중이 평균 6% 적게 나간다.

「노동경제학 저널」

고도 비만 -1.2%
심한 고도 비만 -3.4%
고혈당 -4.3%

저빈곤 인구의 유병률

뚱뚱한 이웃
부유한 이웃 곁에 살면 대단한 수준은 아니지만 비만과 당뇨에 걸릴 위험이 유의미하게 높아진다.

「뉴잉글랜드 의학 저널」

산호초는 죽어 간다
무분별한 남획, 공해, 바다의 산성화 때문에 산호초는 한 세대 안에 사라질 것이다.

「사이언스」

인종차별주의자들은 멍청하다
유년기에 지능이 낮으면 대개 우익 이데올로기를 통해 성인기에 심각한 인종차별주의를 보인다는 것이 예측된다.

「심리 과학」

기억 인코딩

낮잠
수면 부족 40% 저하

45분 낮잠을 자면 뇌기능이 향상된다
정신이 맑아질 뿐 아니라 머리 회전이 빨라지고 정보를 더 잘 습득하게 된다.

「수면 의학」

사랑은 친구 두 명을 잃게 한다
새로운 애인은 대체로 남녀 상관없이 가장 가까운 친구 둘을 밀어낸다.

「개인 관계」

잔소리 심한 아내가 생명을 구한다
심장병을 앓은 유부남들은 미혼 남성들보다 더 일찍 병원에 도움을 구했다.

「영국 의학 저널」

브레인스토밍 / 토론

브레인스토밍은 쓸모없다
아이디어를 창출하는 동안 '무비판' 원칙은 토론으로 의견을 정할 때에 비해 별로 도움이 되지 않는다.

캘리포니아대학

자제력 + 성공
유년기의 자제력은 양호한 건강, 재정적 성공 및 낮은 범죄 관련성을 예견한다.

미국국립과학원

32% 스웨덴
43% 영국
54% 멕시코

사내다운 외모를 선호하는 여성들

마초가 사랑받는 나라
질병율과 사망률이 높은 나라의 여성들이 마초 남자를 선호하는 반면, 보건 지수가 높은 나라의 여성들은 여성성이 있는 남자를 선호한다.

「영국 왕립학술원 회보」

휴대폰은 뇌종양을 일으키지 않는다
29년 동안 1,600만 명을 대상으로 한 연구에서 뇌종양 발생률이 높아진다는 결과는 발견되지 않았다.

미국국립암연구소

북유럽 / 미크로네시아

19% 더 작다

북부 지역 사람들이 더 똑똑하다?
고위도 지역 사람들은 약한 햇빛에 대처할 수 있는 큰 눈과 뇌를 가졌다. 하지만 다른 지역 사람들보다 더 똑똑한 것은 아니다.

「영국 왕립학술원 생물학 회보」

술 마시는 십대들이 더 행복하다
가정과 학교 문제, 심리적 문제 등을 많이 겪기 하지만 능력 좋고 괜찮은 친구들을 사귄다.

「스칸디나비아 공중 보건 저널」

가장 놀랍지 않은 연구 →

데이터 : bit.ly/KIB_NoWay

당신은 누구의 나이인가?

평균 나이

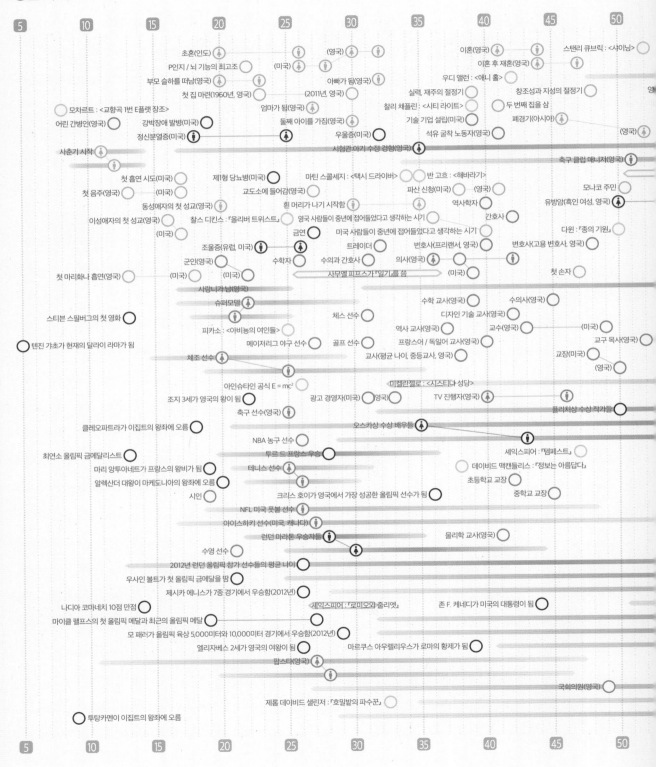

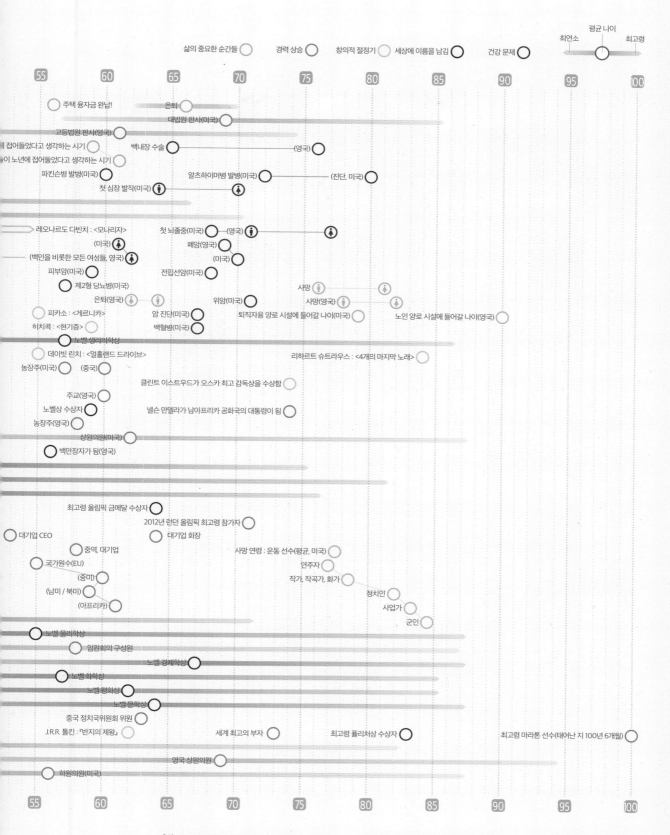

출처 : Jones & Weinberg(2011), Guardian, Office for National Statistics[영국통계청], Forbes, CIA World Factbook, 'Guinness World Records'[기네스 세계 기록], Wikipedia
데이터 : bit.ly/KIB_WhoOldAreYou

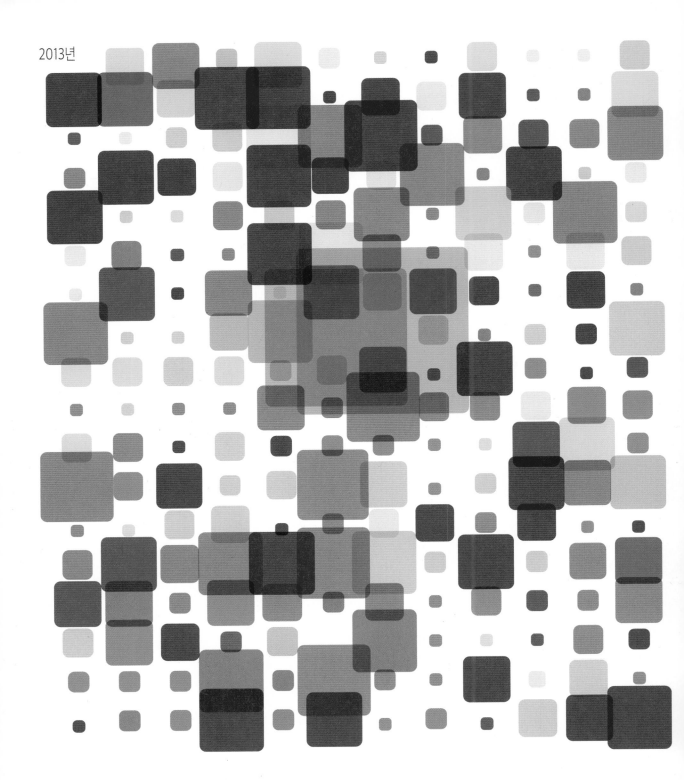

비행기의 진실
지난 20년 간 벌어진 불행한 민간 항공기 사고

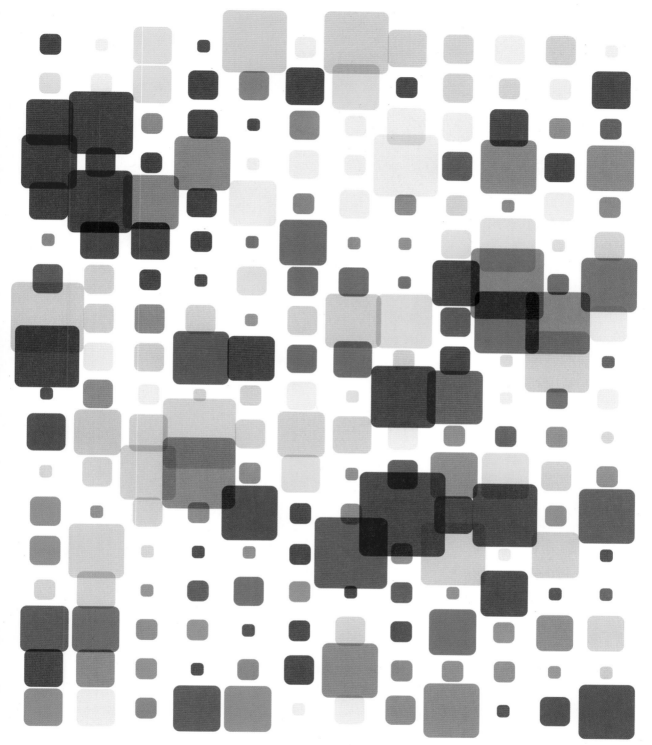

1993년

인간의 실수   날씨   기계 결함   원인 불명   범죄   9·11   밝은 색상 = 불확실성이 높음   사망자 수

1~5
6~15
31~50
81~125

출처 : Aviation Safety Network[항공안전네트워크], 각종 뉴스 보도
데이터 : bit.ly/KIB_PlaneCrashes

사고 원인

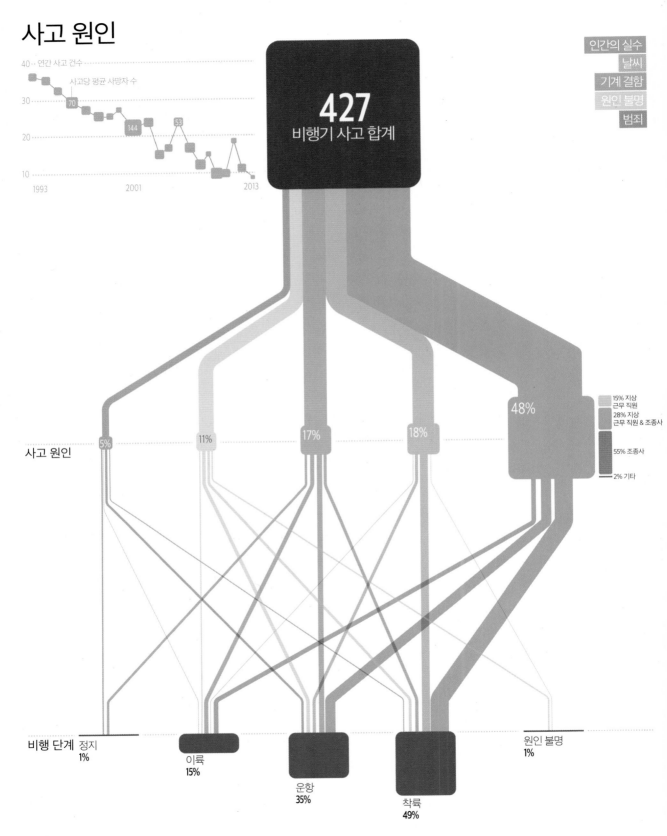

연간 사고 건수

40

사고당 평균 사망자 수

30   70

144   53

20

10

1993   2001   2013

인간의 실수
날씨
기계 결함
원인 불명
범죄

427
비행기 사고 합계

15% 지상
근무 직원
28% 지상
근무 직원 & 조종사

55% 조종사

2% 기타

48%

사고 원인   5%   11%   17%   18%

비행 단계   정지   이륙   운항   착륙   원인 불명
1%   15%   35%   49%   1%

최악의 항공기

모델명	크기	사고 원인 비율	사고 횟수	운항 시작
DHC-3 오터				1952년
포커 F27 프렌드십 200				
호커 시들리 HS 748-216 SRS				
안토노프 24				
보잉 727				
더글러스 DC-9				
DHC-6 트윈 오터				
투폴레프 134A				
보잉 737				
야코블레프 40				
보잉 747				
Let L-410UVP				
에어버스 A300				
스웨어링겐 SA226 TC 메트로 II				
투폴레프 154B				
투폴레프 154M				
엠브라에르110P1 반데이란치				
비치크래프트 200 수퍼 킹 에어				
맥도넬 더글러스 MD-82				
보잉 767				
도르니어 228				
하얼빈 윤슈지 Y-12 II				
에어버스 A310				
비치크래프트 1900D				
보잉 757				
사브 340B				
ATR-42				
안토노프 28				
에어버스 A320				
포커 100				
ATR-72				
캐나데어 CL 600-2B19				1992년

출처 : Aviation Safety Network[항공안전네트워크], 각종 뉴스 보도
데이터 : bit.ly/KIB_PlaneCrashes

설탕표

작음수록 좋음 ◯ = 나쁨

이름	무엇일까?	어디에서 나쁠까?	수크로오스 대비 단맛	당지수 (GI) 혈당에 미치는 영향	1티스푼당 칼로리	당뇨	운동	식이요법 차이	건강	요리	세부 설명
수크로오스	설탕	설탕									
락토오스	젖당	유제품									성인의 75% 가량이 유당불내증을 갖고 있다.
프룩토오스	과당	대추 사과, 오렌지 등									대사 조절을 건너뛰기 때문에 쉽게 지방으로 전환된다.
글루코오스	체내 당분	사탕무									
꿀	꽃벌	꿀벌									살균 및 항균력이 있다.
당밀	정제 사탕수수로 만드는 흑갈색 시럽	사탕수수									순수한 당밀에는 미네랄과 비타민이 풍부하다.
메이플 시럽	대부분 수크로오스 (>60%)	단풍나무 수액									포도주처럼 맛과 품질이 매우 다양하다.
갈락토오스	식물 당분	유제품, 비트									혈액에 바로 흡수되기 때문에 프룩토오스보다 덜 해롭다.
덱스트로오스	식물 당분	꿀, 포도									신체 활동과 정신 운동에 탁월한 효과가 있다. 포만감을 준다.
옥수수 시럽	짧은 글루코오스 사슬을 가진 기울 녹말	옥수수									물에 잘 녹아서 청량 음료에 많이 사용된다.
고과당 시럽	포도당과 글루코오스의 혼합물	옥수수									이슐린 분비를 방해하기 때문에 과식을 부를 수 있다.
말토덱스트린	긴 글루코오스 사슬을 가진 기울 녹말	옥수수, 쌀									대개 '숨겨진 설탕'으로 식품첨가물처럼 사용된다.
말토오스	식물 당분	보리, 밀, 맥주, 몰트 셰이크									당뇨병 환자에게 매우 안 좋다.
이눌린	식물 뿌리 당분	치커리									흔히 정크푸드에 사용된다, 가스가 차고 복부가 팽창되게 한다.
쿄든 시럽	페일 트리클	사탕수수									요리용으로 아주 좋다.
트레할로오스	곤충 당분	보리, 맥주, 베이글									특이한 특성을 가진 천연 방부제.
보리 맥아 시럽	주로 말토오스	보리, 맥주, 베이글									유용한 섬유질 공급원.
코코넛 설탕	주로 수크로오스	코코아자의 꽃눈									칼슘, 철분, 마그네슘 이연 비타민 B의 함유량이 많다.
쌀 시럽	식물 녹말	다음수 낟알									요리용으로 좋다, 미네랄...

감미료	주요 성분 (55%~90%)	원료	특징
현미 시럽	주료 말토오스	쌀	천연 프룩토오스와 같은 문제점
올리고프룩토오스	프룩토오스 추출물	돼지감자, 바나나	일반에서 인기 있는 건강식품으로 위장 흡수력을 돕는다.
전화당	변형 설탕, 글루코오스, 프룩토오스	잼, 주류	
에리스리톨	설탕 알코올	발효된 글루코오스	모든 감미료 중에서 설사성이 가장 낮다.
수소 첨가 전분	몇 가지 설탕 알코올의 혼합물		
이소말트	당알코올	잼, 기침약, 초콜릿	유용한 섬유질 공급원
락티톨	가공 락토오스	무가당 사탕, 비스킷, 아이스크림	강력한 완하제 효과가 있다.
말티톨	수소 첨가 말토오스	사탕, 껌, 아이스크림	
만니톨	물푸레나무 당분	껌, 건과일, 정제(알약)	사람에 따라 알레르기 반응을 보인다. 코카인 혼합물로 사용된다.
소비톨	옥수수 시럽을 가공, 처리한 프룩토오스	사과, 배, 복숭아, 말린 자두	배변을 원활하게 해 준다. 과하게 먹어서는 안 된다.
타가토오스	가공 갈락토오스		화학조미료로 사용되며, 치아 건강과 위장 활동에 도움이 된다.
자일리톨	천연 당알코올	귀리, 산딸기류 열매, 버섯	섬유질을 함유한 식물 과일에서 자연적으로 생성된다. 박테리아의 증식을 억제하며 치아 건강에 좋다.
아세설팜칼륨	칼륨염		아스파탐과 함께 사용하면 쓴맛이 없어진다.
아스파탐	천연 아미노산, 가공물		가장 철저하게 테스트되었고 90개 나라에서 안전한 것으로 간주된다.
시클라메이트	칼슘염	대추 야자, 오렌지 등	
네오탐	아스파탐과 화학적 사촌		아스파탐보다 안정적이고 단맛이 더 난다.
사카린	칼슘염		어쩌면 가장 안전한 감미료일지 모른다.(120년 이상 사용되었다.) 사용 규제가 되어 있다.
수크랄로스	염소 처리된 수크로오스	가공 식품과 음료	사람에 따라 알레르기 반응을 일으킨다. 단맛을 내지만 열량이 없다는 장점이 있다.
글리시리진	감초 감미료	감초 뿌리	많은 효능이 있다. 가열해도 단맛이 나기 때문에 요리에 풍미를 더하는 데 사용된다.
나한과	식물 감미료	중국과 동남아시아에서 자라는 개여주	인후염 치료에 사용된다. EU에서는 아직 승인되지 않았다.
스테비아	식물 감미료	남미 원산 식물 스테비아	완하제 효과가 있다. 예부터 브라질과 파라과이에서 감미료로 사용되었다.

100x 1000x

출처: American Journal of Clinical Nutrition[미국임상영양학저널], American Diabetes Association[미국당뇨병협회]
데이터: bit.ly/KIB_Sugar

혈당은 얼마나 **많이** 상승할까? (혈당 부하)

나쁨

채소
파스타, 쌀 & 곡물
유제품 & 단백질
스낵 & 패스트푸드
견과 & 두류
빵 & 구운 제품
과일 & 시럽

단립종 흰쌀

루코제이드

지방과 결합된
탄수화물은
혈당 스파이크를
완화시킨다

리조토 쌀

마카로니 & 치즈

오트밀(즉석)

현미유

건포도   바스마티 쌀

마스 초콜릿 바   프룻 롤업

바닐라 케이크   베이글   찐 감자

마카로니   환타   구운 감자   콘플레이크

화이트 스파게티   크림 오브 휘트(즉석)   젤리빈

프렌치 프라이 고구마 튀김 피자(치즈 & 토마토)

맥도날드 필레 오 피시 버거

참마   통옥수수   코코팝스   으깬 감자(즉석 요리용)

대추   스니커즈   요거트(저지방)

스펀지 케이크 리베나[음료] 크림 오브 휘트   튀긴밀   떡류

통밀 스파게티   뮤즐리   그레이프너츠   오븐에 구운 프레첼

현미   바나나   코카콜라   도넛

페투치니   크랜베리 주스   스페셜 K   그레이엄 크래커   바게트

흰쌀(개량)   설탕 바나나 케이크   포리지(작은 귀리)   바닐라 웨이퍼스

사과 주스   키노아   오트밀   꿀

오렌지 주스 옥수수 토르티야 올브랜 레이즐 브랜 소다크래커

보리쌀   포테이토 칩   무설탕 바나나 케이크   카이저 롤   게토레이

불구르 밀   50% 빻은 밀로 만든 빵   크림 크래커

적당함

통밀 낟알   콘칩   포도   호밀 칩

말린 자두 검은눈 완두콩   두유   포리지(점보)   햄버거 빵   와플   팝콘

병아리콩(통조림)   보리 빵   치킨 너겟   쇼트브레드   피타 브레드 통밀 빵

흰 강낭콩   사과   구운 콩   쿠스쿠스   흰빵

밀 토르티야   M & M's   복숭아(통조림)   품퍼니켈 빵   해바라기 빵

검정콩   땅콩   복숭아   배(통조림)   파인애플

강낭콩   배   전지 우유   아이스크림(보통 크기)

렌즈콩 말린 살구   오렌지   호밀 빵

병아리콩   커스터드(집에서 만든 것)   파스닙   수박

그릭 요거트   캐슈너트   토마토 주스   청완두

아가베 시럽   빨간 렌즈콩   탈지 우유   땅콩 단호박

땅콩   자몽   당근   아이스크림(프리미엄)

후무스   콩

좋음   적당함   나쁨

당 지수

설탕 티스푼

오렌지 주스
사과 주스
코카콜라
망고 주스
과일 스무디
코카콜라
라떼
카푸치노
모카
루코제이드
맥주
코코넛 워터
환타
진저 비어
스프라이트
닥터페퍼·세븐업
코카콜라
마운틴듀
플랫화이트
화이트 와인
레드 와인
토마토
오렌지 주스
사과 주스
과일 스무디
크랜베리 주스
자몽 주스
사과 주스
후르츠슛
망고 주스
크랜베리 주스
위스키

일일 최대 섭취 권장량

일일 최대 섭취 권장량

출처 : Atkinson (2008), Holt (1997, 1995), 자체 계산한 수치
데이터 : bit.ly/KIB_Sugar

초강대국들의 대결
사회적 경제

	중국	EU	인도	미국
공중 보건 지출 GDP 대비 %	8.5	17.9	3.9	5.2
의사 인구 1,000명당	1.4	3.3	0.6	2.4
HIV/에이즈 사망률 인구 100,000명당	0.3	0.9	1.3	0.2
HIV/에이즈 감염자 인구 100,000명당	8	22	21	12
식수 접근률 전체 인구 대비 %	92%	99%	92%	99%
비만 인구 전체 인구 대비 %	5.7	17.0	1.9	33.0
저체중 어린이 0~5세 어린이들의 비율	3.4%	1.9%	43.5%	1.3%
과체중 어린이 0~5세 어린이들의 비율	4.3%	21%	1.6%	4.5%
과체중 어린이 5~17세 어린이 및 청소년 들의 비율	5%	19%	19%	35%
피임 여성 15~49세 여성들의 비율	84.6%	73.6%	54.8%	78.6%
실직자 노동 인구 대비 %	6%	10%	9%	7%
빈곤층 전체 인구(국가별 설정 인구) 대비 %	13.4%	8.8%	29.8%	15.1%
불평등 지수 낮은 숫자 = 불평등 낮음	48.0	30.7	36.8	45.3
성 불평등 지수 낮은 숫자 = 불평등 낮음	0.2	0.1	0.6	0.3
점수	**4**	**6**	**2**	**3**

이번 대결은 **EU**가 우승!

초강대국들의 대결
경제

	중국	EU	인도	미국
1인당 GDP 국제 달러	$9,800	$34,500	$4,000	$52,800
GDP 성장률 연간 %	7.6	0.0	3.8	1.6
경상수지 단위 10억 달러 흑자 / 적자	+$176	-34	-75	-360
공공 부채 GDP 대비 %, 반올림	32	85	52	72
세입 및 기타 수입 GDP 대비 %	23.1	40.9	10.3	17.0
수출량 GDP 대비 %	17	14	6	9
외국인 직접 투자 단위 10억 달러	253	295	24	204
이자율 대출 금리 %	6.0	0.75	10.6	3.3
억만장자 전 세계 부호들 대비 %	9	28	3	30
점수	4	3	0	2

중국이 가장 많은 점수를 기록했다!

출처 : CIA World Factbook, World Bank, Eurostat[유럽연합통계청]
데이터 : bit.ly/KIB_Superpowers

우리가 잘못 알고 있는 상식 II
쉽게 전염되는 거짓말

카페인은 탈수를 유발한다
그럴 리가. 카페인은 이뇨 작용을 하지만, 그렇게 배출된 수분은 음료에 들어 있는 수분으로 별충된다.

좌뇌와 우뇌 영역
뇌 반구 사이에 확실한 구분은 없다. 좌뇌는 우뇌의 기능을 습득할 수 있으며, 그 반대도 마찬가지다.

번개는 같은 자리에 두 번 치지 않는다
그럴 이유가 없다. 엠파이어 스테이트 빌딩에는 연간 100번 정도 번개가 친다.

설탕 = 과다 활동
여러 연구 결과가 이에 대한 반론을 뒷받침한다. 무설탕 음식을 먹는 아이들이 주의력결핍장애(ADHD)를 앓는 경우가 여전히 많다.

백신은 자폐증을 유발한다
조작된 것으로 밝혀진 사기성 연구 때문에 생긴 근거 없는 두려움이다.

떨어지는 동전에 맞으면 죽는다
동전의 종단속도는 48~80km/h로 사람을 죽일 만큼 빠른 건 아니다. 그래도 다칠 수는 있다.

알코올은 몸을 식지 않게 한다
피부 근처에 있는 따뜻한 혈관이 팽창하면서 몸이 따뜻하다는 느낌을 만드는 것이다. 알코올은 체온을 잠시 높여 주지만, 이후 체온을 더욱 떨어뜨린다.

우리는 살면서 뇌의 10%만 사용한다
비유를 잘못 이해했다. 대략 10%의 신경 세포만이 동시에 작동한다는 말이다. 그렇다 해도 모든 세포가 중요하다.

바다가 파란 이유
하늘을 반사하기 때문이 아니다. 빛이 흡수되고 분산됨에 따라 바다의 색깔이 파란색이 된다.

사탄이 지옥을 지배한다
성경 어디에도 없는 이야기는 하지 말 것!

우유는 점액을 증가시킨다
그럴 리가. 우유는 점액 분비를 촉진하지는 않는다. 감기에 걸렸다고 우유를 피할 필요는 없다.

소금물이 더 빨리 끓는다
소금을 조금 뿌린다고 달라질 건 없다. 바닷물 정도의 양이라면 변화가 생긴다.

채식주의자는 단백질이 부족하다
달걀, 콩류, 채소류에 들어 있는 단백질만 섭취해도 건강을 유지할 수 있다. 그래도 완전 채식주의자는 비타민 B-12 보충제를 섭취해야 한다.

두꺼비를 만지면 사마귀가 생긴다
사마귀는 특이하게 인간에게만 나타나는 현상이다. 두꺼비는 사마귀가 나지 않는다. 사마귀를 인간에게 옮길 수도 없다. 설사 두꺼비와 입맞춤을 한다 해도 말이다.

다중 인격
정신분열증은 '분열된 마음'이라는 뜻으로, 엄밀히 말해 다중 인격 장애와는 다른 말이다.

껌을 삼키면 7년간 배 속에 남아 있다
끈적끈적한 껌 베이스는 소화가 되지 않고 곧바로 소화 기관을 통과한다. 남은 부분은 흡수된다.

워싱턴 대통령은 대마를 피웠다
워싱턴은 대마를 길러서 밧줄과 옷을 만들었다. 하지만 그가 밤마다 대마를 피웠다는 증거는 없다.

검은 띠는 달인이다
1880년 유도에서 기초 기술을 습득했다는 의미로만 사용되었다. 검은 띠라고 닌자 수준의 고수는 아니다.

경기 전 성관계는 금물!
성관계가 경기 기록에 악영향을 미친다는 근거는 없다. 성관계를 하면 남성 호르몬이 증가해서 오히려 남성들에게 도움이 될 수도 있다.

변기 물의 회전 방향이 바뀐다
남반구의 변기 물이 반대쪽으로 돌진 않는다. 코리올리 효과는 변기의 물에 적용되지 않는다.

원의 크기 = 생각의 전염 수준

예수는 12월 25일에 태어났다
크리스마스는 기원 후 350년에 기념일로 지정되었다. 아마 동지를 기준으로 한 것 같다. 아니면 그냥 정했을지도 모른다.

"아주 간단하다네, 친애하는 왓슨."
"Elementary, my dear Watson."
이 유명한 문구는 셜록 홈스 원작에 전혀 나오지 않는 말이다. 1929년 영화에서 처음 등장했다.

바나나 껍질은 환각 상태에 이르게 한다
바나나 껍질을 이용한 흡연이 환각 상태에 이르게 한다는 말은 인터넷에 퍼진 농담 같은 이야기이다.

세 명의 동방박사
동방박사가 3명이었다는 말은 신약성서 어디에도 없다.

에디슨이 전구를 발명했다
에디슨이 최초로 실용적인 전구를 발명하긴 했지만, 1년도 안 되어 폐기되었다. 영국의 조지프 스완이 전구의 특허를 얻었기 때문이다.

사진기억술
확실한 과학적 근거는 없다. 사진을 찍은 듯한 기억은 있을 법하지 않다. 일부 사람들이 엄청난 기억력을 가지고 있을 뿐이다.

무원죄 잉태설
처녀 잉태설을 말하는 것이 아니라 성모 마리아가 잉태를 하여 원죄가 사해졌다는 의미이다.

포드가 자동차를 발명했다
아니다. 포드는 대부분 직원들의 일을 도우며 단지 디자인을 개선했을 뿐이다.

LSD는 척수액 안에 남는다
환각제 LSD는 10시간 이내에 몸에서 없어진다.

알코올은 뇌세포를 죽인다
술을 많이 마시는 사람이나 밥 대신 술로 배를 채우는 알코올 중독자에게만 해당된다.

맥은 바이러스에 감염되지 않는다
아니, 바이러스에 감염될 수 있다. 윈도우가 깔린 컴퓨터에 비해 감염될 확률이 적을 뿐이다.

샴푸는 모발을 치료한다
갈라지거나 손상된 모발을 복구하지는 못한다. 그래도 향후 손상을 방지하고 머릿결에 윤이 나게 한다.

집파리는 24시간을 산다
집파리의 평균 수명은 대략 한 달이다. 사실은 유충인 구더기가 24시간 안에 부화한다.

비행기는 쓰레기를 하늘에서 버린다
비행기는 지상에서 쓰레기를 비운다. 비행기에서 화장실 오물이 떨어진 건 우연한 사고다. 그런데 기차는 철로에 쓰레기를 버리곤 했다. 고약한 기차.

파트와fatwa = 사형 선고
실제로는 법적 구속력이 없는 이슬람의 율법적 칙령이다.

순교자는 천국에서 72명의 처녀로 보상받는다
이슬람에서 논란이 있는 문제이다. 코란 어디에도 없는 이야기인데, 다른 문헌에서 언급되고 있다.

성격은 유전자가 결정한다
지나친 일반화. 유전자 하나가 다양한 인간의 특성을 결정짓지는 않는다. 예컨대, '동성애자를 결정짓는 유전자'는 없다.

지하드Jihad는 '성전holy war'이다
실제로는 '투쟁'으로 번역된다.

● 예술　　● 요리　　● 언어　　● 정신　　● 종교　　● 스포츠
● 신체 & 약물　　● 역사　　● 법률　　● 자연　　● 과학　　● 기술

출처 : NASA, NYTimes.com, Snopes.com, Wikipedia
데이터 : bit.ly/KIB_Mythconception

포인트

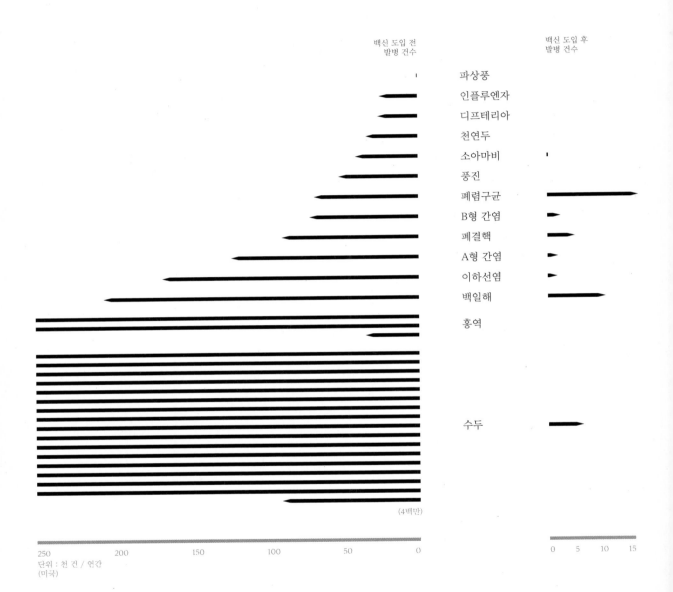

백신 도입 전
발병 건수

백신 도입 후
발병 건수

파상풍

인플루엔자

디프테리아

천연두

소아마비

풍진

폐렴구균

B형 간염

폐결핵

A형 간염

이하선염

백일해

홍역

수두

(4백만)

250   200   150   100   50   0

단위 : 천 건 / 연간
(미국)

0   5   10   15

출처 : Centers for Disease Control & Prevention[미국질병통제예방센터]
데이터 : bit.ly/KIB_Vaccines

어떤 샌드위치를 먹을까?

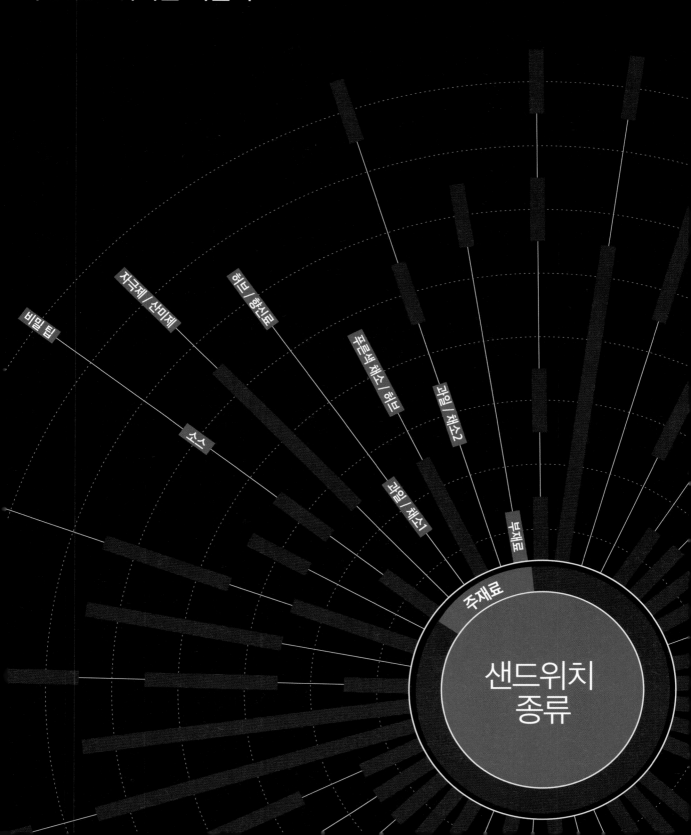

비밀 팁

자극제 / 산미제

소스

허브 / 향신료

푸른색 채소 / 허브

과일 / 채소1

과일 / 채소2

부재료

주재료

샌드위치 종류

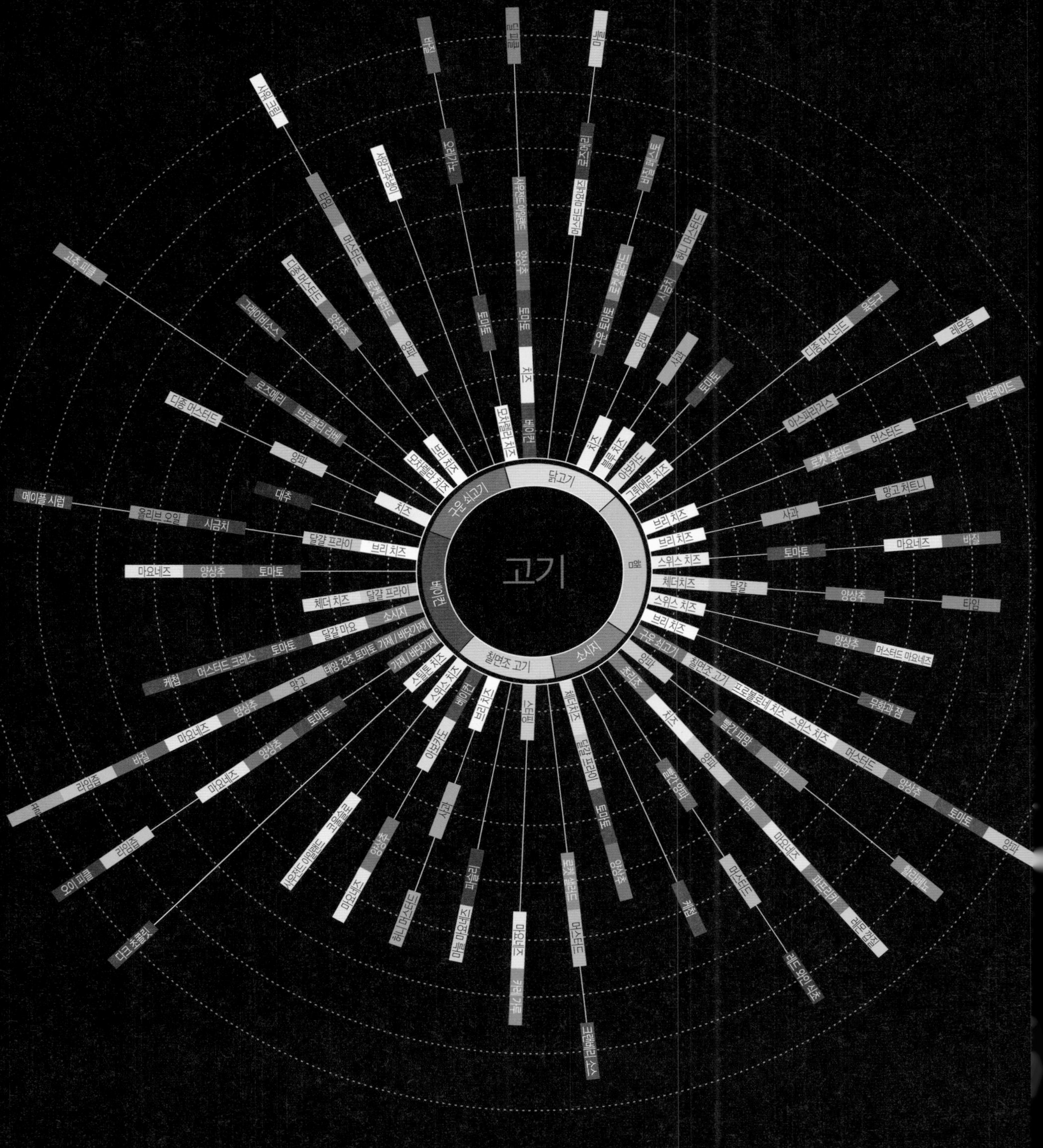

생선

출처 : Yummly.com, BBC Good Food, AllRecipes.com
데이터 : bit.ly/KIB_Sandwiches

어떤 샌드위치를 먹을까?

치즈 &
달걀
염소젖
스위스
브리
체더
기타 치즈류
모차렐라
달걀(마요네즈)
페타
사우전드 아일랜드
머스터드
훈제 소고기
사워크라우트
바질
마요네즈
토마토
머스터드 마요네즈
양상추
디종 머스터드
시나몬
갈색 설탕
마멀레이드
무화과 잼
사과
허니 머스터드
망고 처트니
발사믹
크랜베리 소스
프로슈토
햄
오이
마마이트
빨간 양파
크레스
피클
피칸
배
파
레몬즙
파프리카
버터
아보카도
아스파라거스
파마산 치즈
크렘 프레슈
훈제 연어
호두
타라곤
케이퍼
파슬리
올리브 오일
잘게 썬 마늘
빨간 피망
병아리콩
머스터드 크레스
페스토
조린 양파

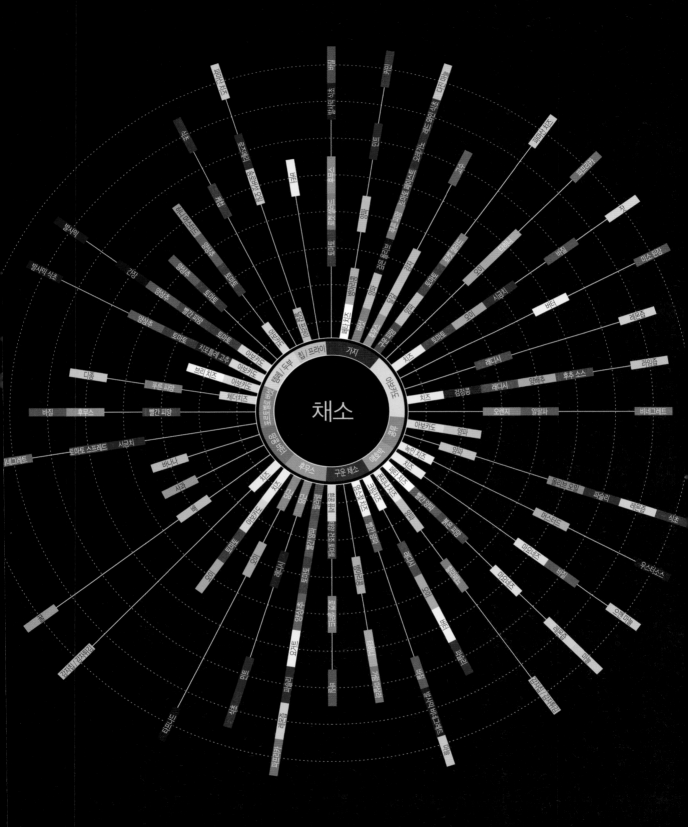

채소

출처 : Yummly.com, BBC Good Food, AllRecipes.com
데이터 : bit.ly/KIB_Sandwiches

인년

이 일들은 몇 인년[한 사람이 1년간 하는 작업량]이 걸릴까?

고대

성 베드로
바실리카 성당
300,000
인년

타지마할
사원
128,000

콜로
세움
160,000

대
피라미드
4,000,000

산업화 이전

파나마
운하
387,000

산업화

미국의
주간 고속도로
330,000

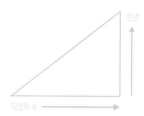

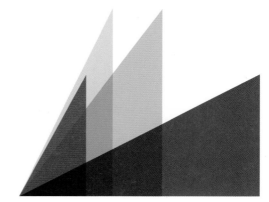

최초의
원자폭탄
330,000

미국 알래스카 횡단
송유관
560,000

아폴로
달 착륙
3,268,000

후기 산업화

대형
강입자 충돌기
140,000

댐
340,000

2012년
런던 올림픽 공원
322,000

위키
피디아
140,000

출처 : US Bureau of Labor Statistics[미국노동통계청], Wired[미국 기술 잡지], TechXav.com, Wikipedia
데이터 : bit.ly/KIB_PersonYears

개인 수송 수단
주행 시간당 비용

차량	소형	에스테이트[왜건]	스포츠	모터홈[레저용] / RV	사륜구동 / SUV
예시 모델	폭스바겐 골프 R	스바루 아웃백	마쯔다 MX5	쉐보레 익스프레스 2500	쉐보레 서버번

주행 시간당 비용

긴 주행 거리
연간 25,000 마일
(~40,000km)

	소형	에스테이트	스포츠	모터홈/RV	SUV
	$14	$12	$14	$21	$16

감가상각 포함
(신차의 경우)

	$22	$17	$19	$41	$26

일반적인 주행 거리
12,500 마일
(~20,000km)

	$18	$16	$19	$28	$22

감가상각 포함

	$35	$27	$30	$69	$42

짧은 주행 거리
5,000 마일
(~8,000km)

	$30	$29	$32	$47	$37

감가상각 포함

	$70	$55	$58	$147	$85

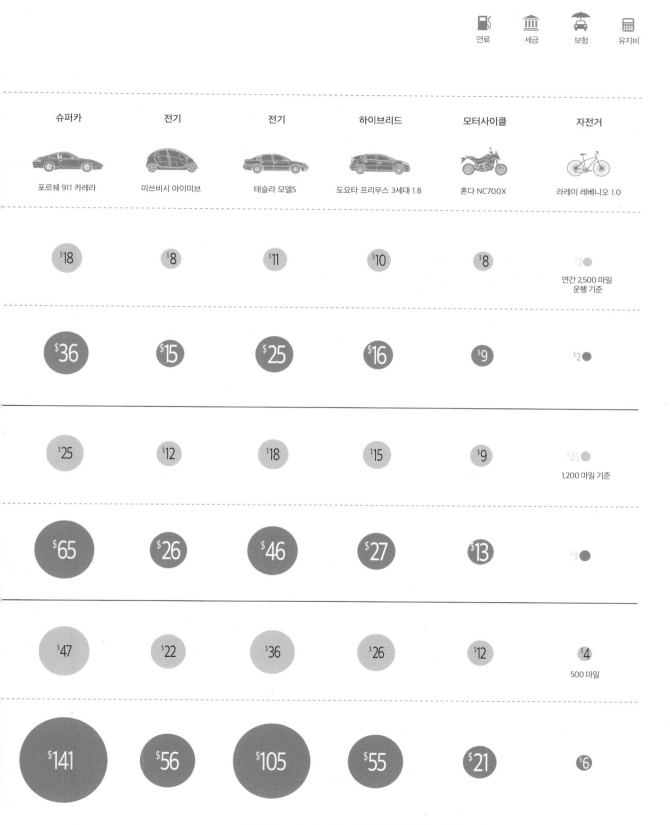

| 연료 | 세금 | 보험 | 유지비 |

슈퍼카	전기	전기	하이브리드	모터사이클	자전거
포르쉐 911 카레라	미쓰비시 아이미브	테슬라 모델S	도요타 프리우스 3세대 1.8	혼다 NC700X	라레이 레베니오 1.0

$18	$8	$11	$10	$8	$2
					연간 2,500 마일 운행 기준
$36	$15	$25	$16	$9	$2
$25	$12	$18	$15	$9	$25
					1,200 마일 기준
$65	$26	$46	$27	$13	$3
$47	$22	$36	$26	$12	$4
					500 마일
$141	$56	$105	$55	$21	$6

출처 : US Energy Information Administration[미국에너지관리청], The AA[영국AA보험], American Automobile Association[미국자동차협회]
데이터 : bit.ly/KIB_CarCosts

유해 식품 논란

유해 음식과 성분에 관한 명백한 과학적 증거

인기 (구글 조회수)

알레르기가 있는 경우

정성적으로 적당히 섭취했을 때

건강에 유익

안전

대체로 문제없음

커피

유제품
암을 일으키지 않는다,
혹은 치매을 만들지 않는다.

육두구

유전자 변형 작물

글루텐
과민증이 있다는 진단을
받지 않았다면

식용색소 청색 제1호

비타민C 보충제

트랜스 지방 (천연)

셀레늄

곰팡이:
아세설팜칼륨

사카린

콩

MSG

살이 붉은 고기 (생고기)
당신이 원다사피?

병에든 이유식
유기의 얇때 부분에서 미세한
양의 아조디카본아미드
(발암성 물질)가
묻어 나올 수 있음

효모 추출물
두통

이황산염
두통

식물성 가수분해
단백질
두통

곡물 비육
쇠고기
심장 질환

붕소

젤라틴
BSE(소해면상뇌증)
유발 위험

에너지
드링크
혈압 상승

다이어트
소프트 드링크
제2형 당뇨병,
우울증 위험

유유
유당불내증이
있다면

카라기난

과일
녹아으로 인한
위험

사과
(비유기농)

아스파탐

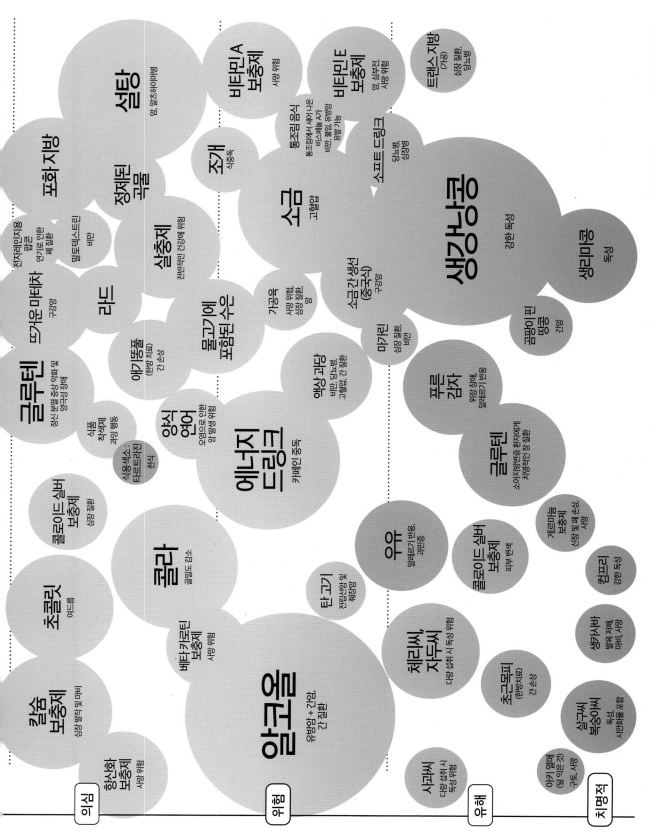

출처 : PubMed, The Cochrane Library, JAMA[미국 의학협회 저널]
데이터 : bit.ly/KIB_BadForYou

안심

설탕
암, 알츠하이머병

비타민 A 보충제
사망 위험

비타민 E 보충제
암 심부전 사망 위험

트랜스 지방
(기름)
심장 질환, 당뇨병

포화 지방

정제된 곡물

조개
식중독

통조림 음식
통조림에서 새어나오는 비스페놀 A가 비만, 불임, 유방암 유발 가능

소프트 드링크
당뇨병, 심장병

생가금류
강한 독성

생리마늘
독성

전자레인지용 팝콘
연기로 인한 폐 질환

뜨거운 마테차
구강암

라드

멜라토닌
비만

샐러드

살충제
전반적인 건강에 위험

소금
고혈압

소금 간 생선
(훈제식)
구강암

마가린
심장 질환, 비만

곰팡이 핀 땅콩
간암

글루텐
정신 분열 증상 악화 및 양극성 장애

애기똥풀
(한방 자료)
간 손상

가공육
사망 위험, 심장 질환, 암

물고기에 포함된 수은

붉은 감자
위장 장애, 알레르기 반응

식품 첨가제:
과잉 행동

양식 연어
오염으로 인한 암 발생 위험

액상 과당
비만, 당뇨병, 고콜레, 간 질환

글루텐
소아지방변증 환자에게 치명적인 장 질환

위험

사용색소:
타르트라진
천식

에너지 드링크
카페인 중독

글루코이드 보충제
심장 질환

콜라
콜밀도 감소

우유
알레르기 반응, 과민증

탄 고기
전립선암 및 췌장암

글루코이드 보충제
피부 변색

게르마늄 보충제
신장 및 폐 손상, 사망

컴프리
강한 독성

초콜릿
여드름

베타카로틴 보충제
사망 위험

체리씨, 자두씨
다량 섭취 시 독성 위험

조그목자
(한방 자료)
간 손상

생가시바
발모 저해, 마비, 사망

칼슘 보충제
심장 발작 및 마비

항산화 보충제
사망 위험

알코올
유방암 + 간암, 간, 간 질환

시과씨
다량 섭취 시 독성 위험

애기 열매
(잘 익은 것)
구토, 사망

실구씨, 복숭아씨
독성, 시안화물 포함

유해

치명적

유리한 지리적 위치

북극을 점유한 나라는?

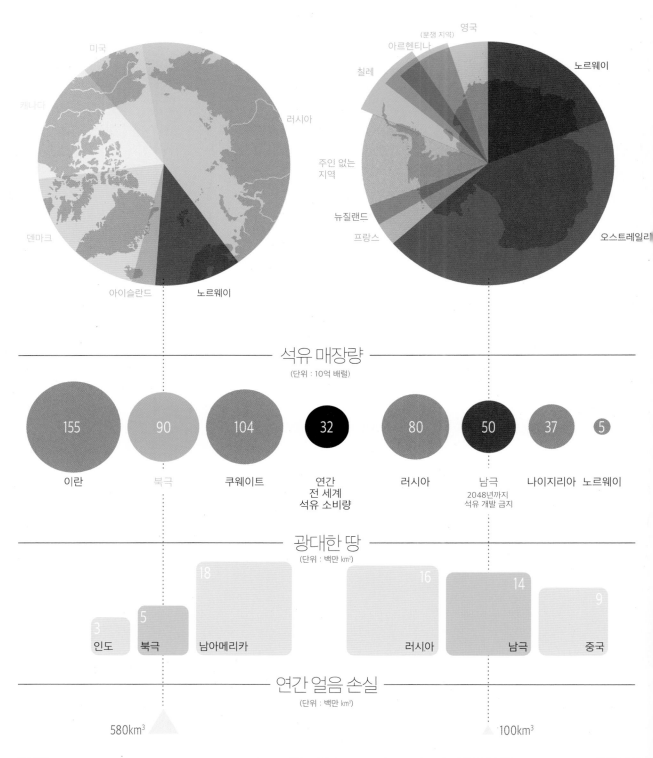

미국
캐나다
러시아
덴마크
아이슬란드
노르웨이

남극을 점유한 나라는?

(분쟁 지역) 영국
아르헨티나
칠레
노르웨이
주인 없는 지역
뉴질랜드
프랑스
오스트레일리아

석유 매장량
(단위 : 10억 배럴)

155	90	104	32	80	50	37	5
이란	북극	쿠웨이트	연간 전 세계 석유 소비량	러시아	남극 2048년까지 석유 개발 금지	나이지리아	노르웨이

광대한 땅
(단위 : 백만 km²)

3	5	18	16	14	9
인도	북극	남아메리카	러시아	남극	중국

연간 얼음 손실
(단위 : 백만 km³)

580km³

100km³

출처 : World Bank, U.S. Energy Information Administration[미국에너지관리청], International Energy Agency[국제에너지기구]
데이터 : bit.ly/KIB_PolePosition

불교

불교의 핵심

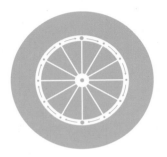

쾌락을 갈망하고 고통을 회피하면
자신도 모르게 번뇌의 굴레
(삼사라samsara)에서 벗어나지
못하고 생사를 거듭한다.

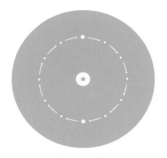

세상 모든 것에 원인과 결과라는 우주적인
법칙(카르마karma)이 존재한다. 따라서 선한 행동과
마음가짐을 가지면 선업을 쌓고 악한 마음가짐과
행동을 가지면 악업을 쌓는다. 이렇게 마음가짐과
행동에 따라 미래가 결정된다.

수행을 통해 현상의 본질을 직접 체험
이해함으로써 번뇌로부터 자유로워질
있는데, 특히 **명상**을 통해 그 경지에
수 있다.

깨달음

현상의 본질을 이해하고
마음의 족쇄를 풀어내는
수행의 경지

10가지 족쇄

		수행자	예류자 [흐름에 참여한 사람]
낮은 단계의 족쇄 (물질 세계)	01 자아가 있다는 견해		
	02 계율과 의식에 대한 집착		
	03 의심		
	04 감각적 욕망		
	05 적의		
높은 단계의 족쇄 (비물질 세계)	06 색계에 대한 탐욕		
	07 무색계에 대한 탐욕		
	08 자만		
	09 들뜸		
	10 무명		

본성과 존재의 의미를 모름

진정한 현실의 흐름을 언뜻 봄

인간계나 욕계 천상에 태어남

일곱 생애 이내에 열반에 이름

불교의 주요 교파

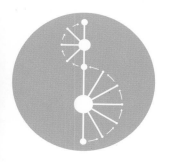

집중과 마음챙김으로 통찰(위빠사나vipassana)과
평정(사마타samatha)을 얻는다. 이로써 무지에서
벗어나고 **깨달음**(열반nirvana)을 얻는다.

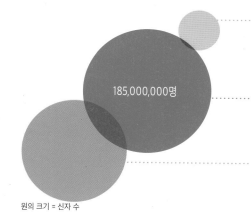

185,000,000명

원의 크기 = 신자 수

금강승Vajrayana
신비주의. 진언(탄트라tantras)을
독송하고 우주의 형상인 만다라mandalas
등의 의식을 치름으로써
일생의 자유를 얻는다.

대승Mahayana
윤회(삼사라samsara)의 고통에서
스스로 벗어날 뿐 아니라 모든
중생의 구원을 목표로 한다.

소승Theravada
보수적 경향의 원시 불교.
자신의 구제(열반)를 중시하고
자신만의 수행을 위해 노력한다.

일래자
[한 번 더 인간세계에 돌아오는 사람]

불환자
[그 세계로부터 다시 돌아오지 않는 자]

성자
[낮은 단계의 다섯 가지 족쇄를 푼 수행자]

보살

감각적 욕망과 적의가 미세하게 남아 있음

욕계에 다시 태어남

다만 한 번만 더 돌아옴

낮은 단계의 다섯 가지 족쇄를 완전히 끊음

천상에 다시 태어남

깨달음을 깊이 실현함

모든 족쇄를 완전히 끊음

생과 사의 윤회에서 벗어남

열반에 이름(깨달음)

깨달은 존재

중생을 구제하기 위해 일부러
다시 태어남

출처 : 'The Experience of Samadhi', Richard Shankman (2008), Buddhanet, 개인 면담 조사
데이터 : bit.ly/KIB_Buddhism

불교 : 의식의 상태

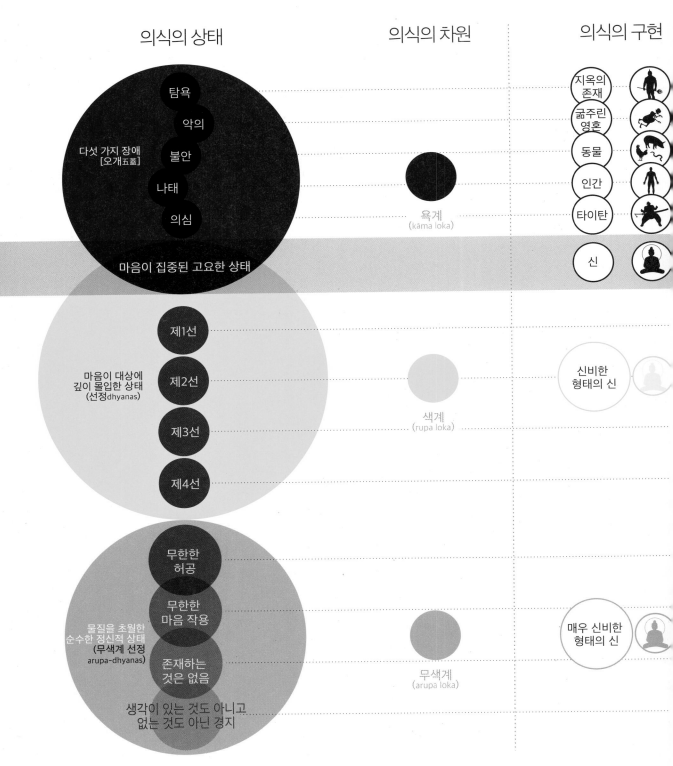

의식의 상태

다섯 가지 장애
[오개五蓋]

- 탐욕
- 악의
- 불안
- 나태
- 의심

마음이 집중된 고요한 상태

마음이 대상에
깊이 몰입한 상태
(선정dhyanas)

- 제1선
- 제2선
- 제3선
- 제4선

물질을 초월한
순수한 정신적 상태
(무색계 선정
arupa-dhyanas)

- 무한한 허공
- 무한한 마음 작용
- 존재하는 것은 없음

생각이 있는 것도 아니고
없는 것도 아닌 경지

의식의 차원

욕계
(kāma loka)

색계
(rupa loka)

무색계
(arupa loka)

의식의 구현

- 지옥의 존재
- 굶주린 영혼
- 동물
- 인간
- 타이탄
- 신

신비한
형태의 신

매우 신비한
형태의 신

마음의 상태

집중의 유형

- 편집증적 증오
- 갈망
- 고집스런 어리석음
- 열정, 욕망, 의심, 자만
- 분노 섞인 시기

찰나의 집중　흔히 일상의 삶에서 행하는 집중

- 환희와 기쁨

전환점　잡념이나 불안이 없는, 편안한 내적 외적 의식

- 반대로 느끼고 생각하는 것들을 하나로 어우름, 행복, 깊은 평온
- 생각이 없는 투명한 몰입, 심오한 예술적 경지
- 일체가 되는 신비스러운 경지
- 즐거움도 아니고 고통도 아닌, 행복하고 조화로운 평온

숭고한 경지에 오르기 위한 자질(선정의 요소들)

가벼운 환희
[약간의 흥미가 일어나 기쁨을 느낀다]

일시적 환희
[순간적 환희]

충격적 환희
[수행이 깊어짐에 따라 재차 환희를 느낀다]

황홀경
[감정적으로 억제 힘듦]

환희감의 극치
[이 세상 어떤 기쁨과도 비교되지 않는다]

완전한 집중　완전한 몰입

- 육체에 대한 의식이 사라짐, 대상이 없는 무한한 허공을 체험
- 확장된 체험이 무한한 허공 그 자체가 됨
- 무한한 허공에서는 개별적인 존재가 없음
- '나'라는 존재가 없음, 주체나 객체에 대한 의식이 없음

 명상을 통해 숭고한 경지에 이르는 일. 그것은 그 자체보다는 마음의 족쇄를 끊어 버린다는 점에서 의미가 있다.

출처 : 'The Experience of Samadhi', Richard Shankman (2008), Buddhanet, 개인 면담 조사
데이터 : bit.ly/KIB_Buddhism

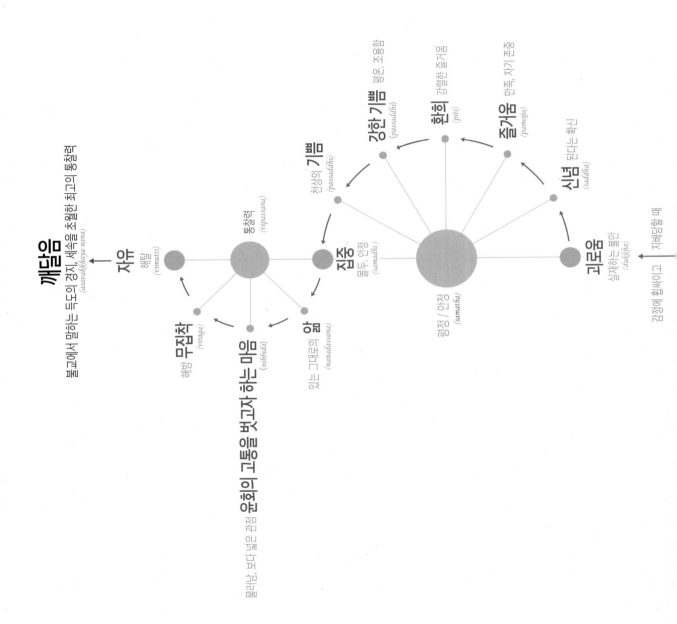

깨달음

불교에서 말하는 득도의 경지, 세속을 초월한 최고의 통찰력
(asravakkhaya-nana)

자유
해탈
(vimutti)

통찰력
(vipassana)

지족
몰두, 안정
(samadhi)

평정 / 안정
(samatha)

괴로움
실재하는 불만
(dukkha)

신념
믿는 확신
(saddha)

즐거움
만족, 자기 존중
(pamojja)

환희
강렬한 즐거움
(piti)

강한 기쁨
평온, 조용함
(passaddhi)

진상의 기쁨
(passaddhi)

무집착
해방
(viraga)

운회의 고통을 벗고자 하는 마음
(nibbida)

있는 그대로의
(natadassana)

윤회의 고통을 벗고자 하는 마음

뜻대로 안되는 괴로움

감정에 휩싸이고 지배당할 때

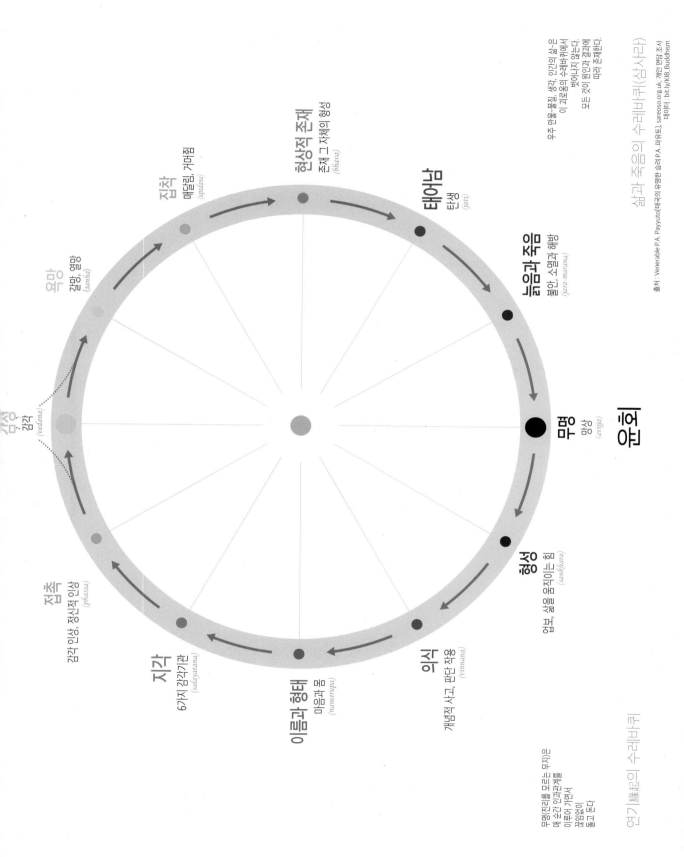

연기(緣起)의 수레바퀴

삶과 죽음의 수레바퀴(삼사라)

현상적 존재
존재 그 자체의 형성
(bhava)

집착
매달림, 거머쥠
(upadana)

갈망
갈망, 열망
(tanha)

감수
감각
(vedana)

접촉
감각 인상, 정신적 인상
(phassa)

지각
6가지 감각기관
(salayatana)

이름과 형태
마음과 몸
(namarupa)

의식
개념적 사고, 판단 작용
(vinnana)

형성
업보, 사물을 움직이는 힘
(sankhara)

무명
망상
(avijja)

늙음과 죽음
불안, 소멸과 해탈
(jara-marana)

태어남
탄생
(jati)

우주 만물 물질, 생각, 인간의 삶은
이 괴로움의 수레바퀴에서
벗어나지 않는다.
모든 것이 원인과 결과에
따라 존재한다.

무명(진리를 모르는 무지)은
매 순간 인과관계를
이루어 간다.
끊임없이
돌고 돈다

출처 | Venerable P.A. Payyuto[태국의 유명한 승려 P.A. 마유토], sareoso.org.uk, 개인 연답 조사
데이터 | bit.ly/KIB_Buddhism

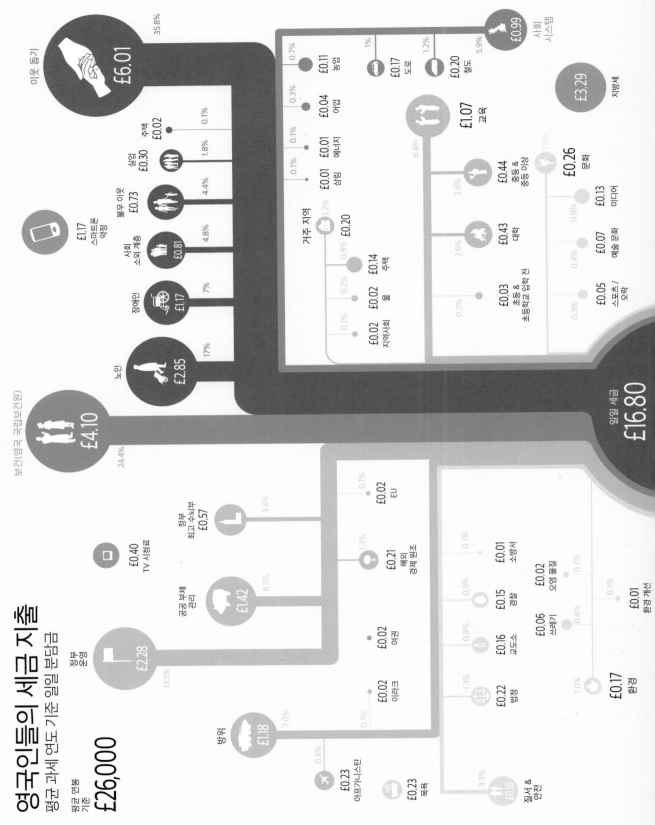

영국인들의 세금 지출
평균 과세 연도 기준 일일 부담금

평균 연봉 기준
£26,000

정부 운영
£2.28
13.5%

공공 부채 관리
£1.42
8.5%

TV 시청료
£0.40

정부 최고 수뇌부
£0.57
3.4%

EU
£0.02
0.1%

해외 경제 원조
£0.21
1.3%

여권
£0.02
0.9%

이라크
£0.02
0.1%

방위
£1.18
7.0%

아프가니스탄
£0.23
0.8%

육군
£0.23

질서 & 안전
£0.55
3.3%

법정
£0.22
1.3%

교도소
£0.16
0.9%

경찰
£0.15
0.9%

소방서
£0.01
0.1%

쓰레기
£0.06
0.4%

오염 물질
£0.02
0.1%

환경
£0.17
1.0%

환경 개선
£0.01
0.1%

보건 (영국 국립보건원)
£4.10
24.4%

노인
£2.85
17%

장애인
£1.17
7%

사회 소외 계층
£0.81
4.8%

불우 이웃
£0.73
4.4%

실업
£0.30
1.8%

주택
£0.02
0.1%

스마트폰 약정
£1.17

이웃 돕기
£6.01
35.8%

주택
£0.11
0.7%

어업
£0.04
0.3%

에너지
£0.01
0.1%

산림
£0.01
0.1%

농업
£0.17
1%

철도
£0.20
1.2%

사회 시스템
£0.99
5.9%

지방세
£3.29

교육
£1.07
6.4%

중등 & 중등 이상
£0.44
2.6%

대학
£0.43
2.6%

초등학교 입학 전
£0.03
0.2%

문화
£0.26
1.6%

미디어
£0.13
0.8%

예술 문화
£0.07
0.4%

스포츠 / 오락
£0.05
0.3%

거주 지역
£0.20
1.2%

주택
£0.14
0.9%

물
£0.02
0.2%

지역사회
£0.02
0.1%

일일 세금
£16.80

138 | 139

£6,136
연간 총세금

£200
질서 & 안전

£432
방위

£831
정부 운영

£61
환경

£1,496
보건

£71
거주 지역

£96
문화

£392
교육

£363
사회 시스템

£2,195
이웃 돕기

주의 : 국민보험료를 제외하고 부가가치세 등의 간접세는 포함시키지 않았다.
출처 : Office for National Statistics[영국국가통계청], OpenSpending.org, UK Tax Calculator[영국 세금 계산기]
데이터 : bit.ly/KIB_DailyTax

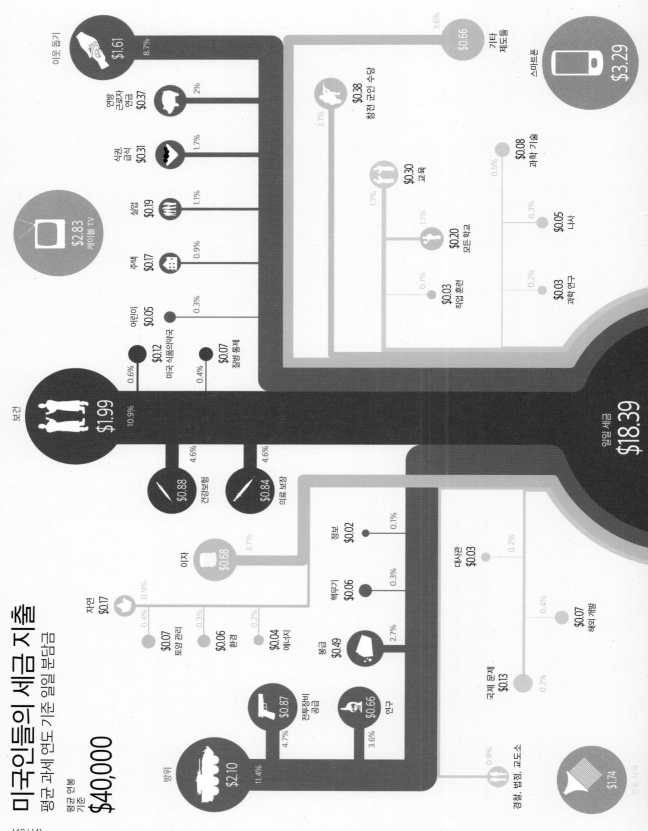

미국인들의 세금 지출

평균 과세 연도 기준 일일 분담금

평균 연봉
기준
$40,000

일일 세금
$18.39

스마트폰
$3.29

케이블 TV
$2.83

이웃 돕기
$1.61
8.7%

연방 근로자 연금
$0.37
2%

식권 급식
$0.31
1.7%

실업
$0.19
1.1%

주택
$0.17
0.9%

기타 제도들
$0.66
3.6%

참전 군인 수당
$0.38
2.1%

교육
$0.30
1.7%

모든 학교
$0.20
1.1%

직업 훈련
$0.03
0.1%

과학 연구
$0.03
0.2%

과학 기술
$0.08
0.5%

나사
$0.05
0.3%

보건
$1.99
10.9%

어린이
$0.05
0.3%

미국 식품의약국
$0.12
0.6%

질병 통제
$0.07
0.4%

건강보험
$0.88
4.6%

의료 보장
$0.84
4.6%

이자
$0.68
3.7%

자연
$0.17
0.9%

토양 관리
$0.07
0.4%

환경
$0.06
0.3%

에너지
$0.04
0.2%

정보
$0.02
0.1%

해외기
$0.06
0.3%

복지
$0.49
2.7%

대사관
$0.03
0.2%

국제 문제
$0.13
0.7%

해외 개발
$0.07
0.4%

방위
$2.10
11.4%

전투장비 공급
$0.87
4.7%

연구
$0.66
3.6%

경찰, 법정, 교도소
0.9%

경찰, 법정, 교도소
$1.74

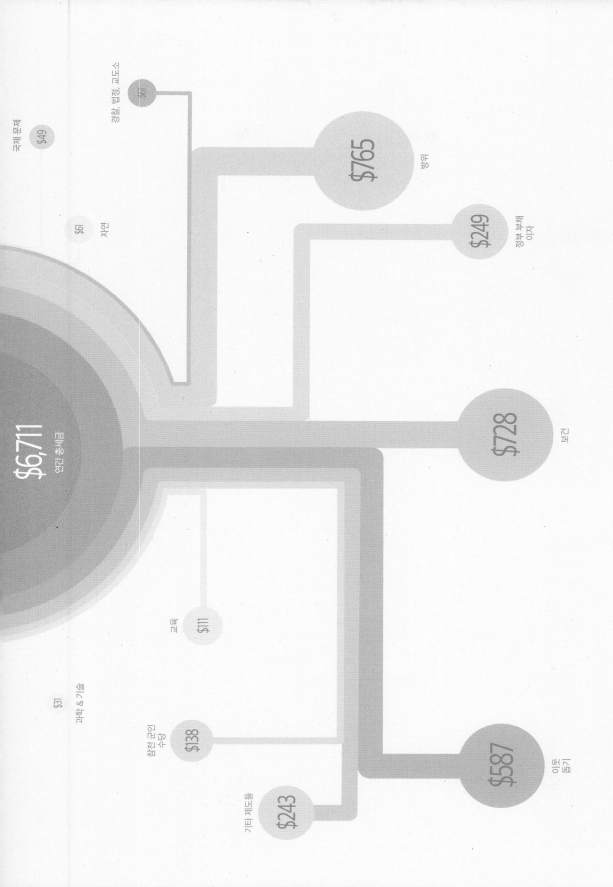

$6,711
연간 총세금

국제 문제
$49

자연
$61

방위
$765

정부 부채
이자
$249

경찰, 법정, 교도소
$61

보건
$728

과학 & 기술
$31

교육
$111

참전 군인
수당
$138

기타 제도들
$243

이웃
돕기
$587

출처 : Census.gov, WhiteHouse.gov, US Tax Calculator[미국 세금 계산 앱]
데이터 : bit.ly/KIB_DailyTax

하우스 엣지

플레이어의 베팅에서 주최측이 얻는 평균 이득(단위 %)

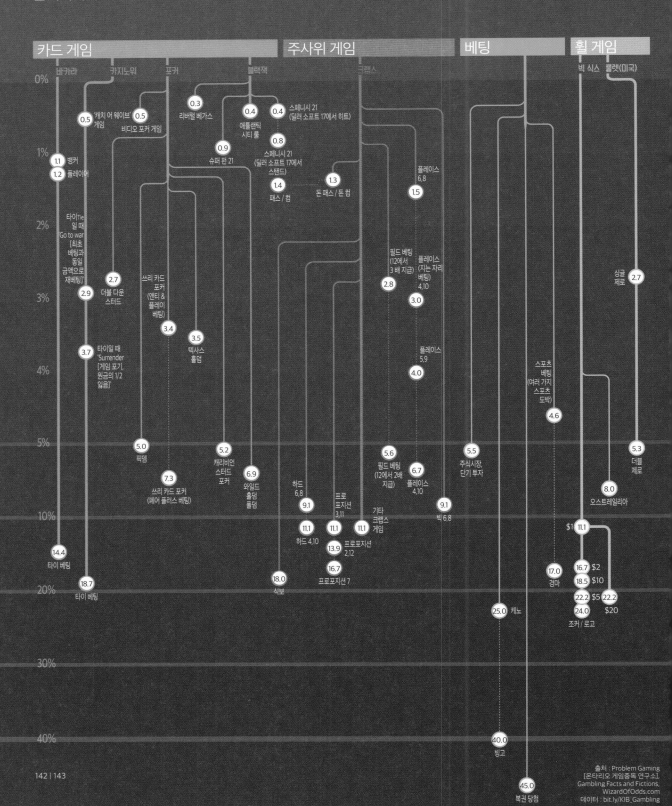

출처 : Problem Gaming
[온타리오 게임중독 연구소],
Gambling Facts and Fictions,
WizardOfOdds.com
데이터 : bit.ly/KIB_Gambling

초강대국들의 대결

교육

	중국	EU	인도	미국
교육 연수 평균치	7.5	10.8	4.4	13.3
기초 문해 능력 남성 & 여성 비율	98% 93%	99% 99%	75% 50%	99% 99%
청년 실업 15~24세의 실업률	7.6%	22.6%	13.3%	16.3%
대학 수 인구 100,000당 비율	0.16	0.79	0.74	1.41
청년 대학 진학률	17%	60%	10%	74%
학위를 가진 24~64세 연령층	4.6%	19%	10%	41%
전 세계 대학 졸업자 대비 %	12%	26%	12%	26%
전 세계 유학생 수 대비 %	16.5%	23%	6.2%	1.6%
두뇌 유출 1 = 최악의 유출 7 = 고급 인력 국내 거주	4.3	3.7	4.4	5.7
교육 지출 GDP 대비 % / 정부 지출 대비 %	13% 3.3%	11.5% 5.4%	10.5% 3.2%	13% 5.4%
학생 한 명당 지출 초등교육 1인당 GDP 대비 % 중등교육 1인당 GDP 대비 % 고등교육 1인당 GDP 대비 %	6% 11% 76%	22.2% 29.5% 28.5%	9% 13.8% 70%	22.6% 25.3% 64%
교사 한 명당 학생 수 초등학교 중학교	17 15	15 13	40 25	14 14
과학 투자 GDP 대비 %	0.40	0.69	0.50	0.91
점수	3	7	0	13

최고점의 주인공은 **미국!**

출처 : CIA World Factbook, World Bank, Eurostat[유럽연합통계청]
데이터 : bit.ly/KIB_Superpowers

항생제 주판 튕기기
약물 내성의 증감 추세

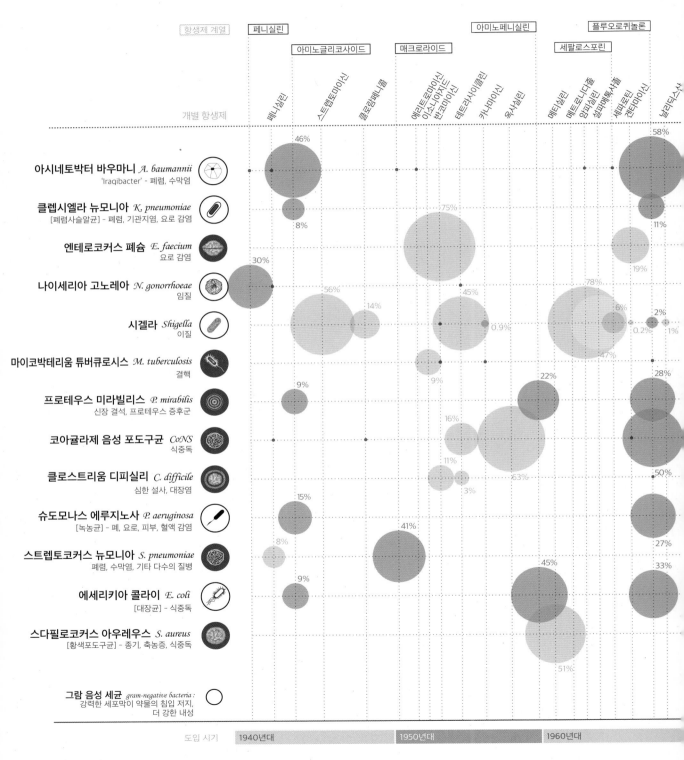

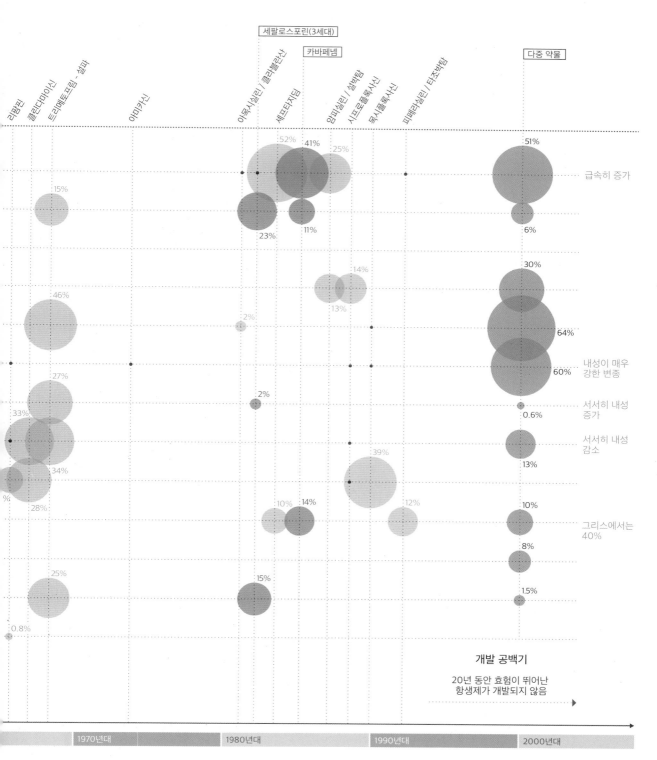

내성은 있으나
정량화되지 않음

개별 항생제에 대한
내성 비율(%)

항생제 계열에 대한
내성 비율(%)

세팔로스포린(3세대)

카바페넴

다중 약물

리팜핀

클린다마이신

트리메토프림 - 설파

반코마이신

아목시실린 / 클라불란산

세프타지딤

이미페넴 / 시라스타틴

메로페넴

세포테탄

목시플록사신

피페라실린 / 타조박탐

52%   41%   25%

51%

15%

급속히 증가

23%   11%

6%

14%

30%

46%

13%

2%

64%

내성이 매우
강한 변종

27%

60%

2%

서서히 내성
증가

33%

0.6%

34%

서서히 내성
감소

39%

13%

28%

10%   14%

12%

10%

그리스에서는
40%

25%

8%

15%

1.5%

0.8%

개발 공백기

20년 동안 효험이 뛰어난
항생제가 개발되지 않음

1970년대   1980년대   1990년대   2000년대

출처 : Center for Disease Dynamics, Economics & Policy[질병동학 및 경제정책연구소], World Health Organisation[WHO, 세계보건기구], Center for Disease Control[질병통제센터], Guardian.com, US data
데이터 : bit.ly/KIB_Antibiotics

에티켓트릭스

	미국	캐나다	브라질	중국 예의Limao	일본	인도	태국	싱가포르
방문								
인사								
유념할 점	손을 꽉	프랑스계 캐나다인과는 입맞춤응	남성들	최연장자 / 최고권자	매우 다양	최연장자 / 최고권자	아랫사람(나이/지위)	얼큰이들
누가 먼저?					느슨하게			나이 / 지위 순
소개	직함 이름 성	직함 이름 성	직함 이름 성	직함 이름 성	직함 이름 성	직함 이름 성	직함 이름 성	직함 이름 성
주인에게 주는 선물								
주의 사항			장례식용 꽃		하얀 꽃 금지		하리골드, 카네이션 금지	다문화 지뢰밭
와인 지참 / 약속 시간 지각 허용치	10분	15분	30분	0분	5분 일찍 가기	15-30분	0분	0분
식사 시간								
누가 먼저 식사를?	● 주인	● 주인	● 주인	● 주인	◆ 가장 존경 받거나 나이가 많은 사람	◆ 최연장자	◆ 초대 받은 사람	● 주인
식사 인사	감사 기도			유야Youyi(우정을 위하여)	이타다키마스itadakimasu(잘 먹겠습니다)			
음식을 거절하면?				매우 무례			나이 많은 사람 앞에서 금지	
두 번째 먹을 때?							위와 동일	
음식을 남긴다?	조금은	조금은		조금은			조금은	조금은
남긴 음식의 의미					깨끗이 비우면 = 6잔에 배고프다 밥법을 남기지 않는 것이 예의	음식을 남기면 = 배부르다 접시를 깨끗이 비우면 = 여전히 배고프다	깨끗이 비우면 = 여전히 배고프다 밥법을 남기는 것이 예의	
술을 거절한다?			안 취했는데 거절하면 무례	용해야 한다		빈 잔 = 한 잔 더		
식사 중 대화				조용히				
정치 이야기								
종교 이야기								
사업 이야기								
돈 이야기								
손가락 빠는 행동					면과 차를 후루룩 마시기	손으로 먹는 음식이라면		
얌얌 먹는 소리								
트림								
건배		주인 먼저		간베이Ganbei(건배)	감빠이Kampai(건배)		당신이 귀한 손님이라면	
음식에 대한 칭찬?				주인에게 칭찬한다		칭찬 = 지불 개념		
식기 사용 시 주의할 점			과일 포함, 모든 음식을 나이프와 포크로 먹는다	절대 젓가락으로 탁자를 치지 않는다	젓가락으로 가리키거나 빨지 않는다	음식물을 옮겨 담을 때 숟가락을 사용할 것	숟가락 = 포크 포크 = 나이프	손과 숟가락으로 먹되 절대 왼쪽 손을 사용하지 않는다
식사를 마쳤다는 신호				음식을 남기면 배가 불렀다는 신호	밥그릇 뚜껑을 덮고 젓가락을 올려놓는다	음식을 남기면 배가 불렀다는 신호	음식을 남기면 배가 불렀다는 신호	젓가락을 내려놓는다
식사 중 절대로 하지 말아야 할 일	탁자에 팔꿈치를 올려놓지 않는다	탁자에 팔꿈치를 올려놓지 않는다	절대 손을 사용하지 않는다	밥과 반찬을 섞지 말고 따로 따로 먹는다	밥과 반찬을 섞지 말고 따로 따로 먹는다	절대 왼쪽 손을 사용하지 않는다	그 어떤 것도 다른 사람의 머리 위로 옮기지 않는다	
공적인 처신								
손동작								
어디를 만지지 말아야 할까?								
무례함의 극치	가운뎃손가락 올리기		오케이 사인('성적 모욕' 의미)			발바닥을 보이는 행위	발바닥을 보이는 행위	주먹으로 손바닥을 치면서 발바닥을 보이는 행위
낯선 사람과의 담소?						지위에 따라서		
여성과의 담소?						지위에 따라서		
물물교환								
고객은 늘	전적으로 옳다			옳다				
계산할 때의 예절	잡지 않은 돈을 낸다	주최자가 대개는 계산한다	정해진 건 없다	음식 값을 지불하는 것은 영광	잔돈을 손으로 건네지 않는다 트레이에 담아 준다	주최자가 대개는 계산한다 나눠 계산하자고 하지 않는다	주최자가 계산한다	나눠 계산한다
팁 문화								
택시 %	15	10			15			
식당 종업원 %	15-20	15-20	10		약간의 동전을 남겨 둔다	15		요금의 10% 봉사료 부과
술집 종업원 %	15~25+	15				15		
호텔 종업원 %	15-20	10				15		
문화적 가치								
중시하는 덕목	친근함 적의의 자유 개인주의	정중함 인내	가족 화합 솔직함	'얼굴'-명예, 존경 좋은 평판 성실함	화합 정중함 책임감	가족 정중함 환대	화합 예의, 자기 절제 가족	화합 연장자에 대한 존중 가족
기피하는 품성	절제력 부족	난폭함	비사교적인 태도	공공연한 견해차 소란한 태도	공개적 비판 무례함, 남을 곤란하게 하는 행동	거절하는 태도 분노 표현	공개적 비판 제면을 잃는 행동	분노 표현

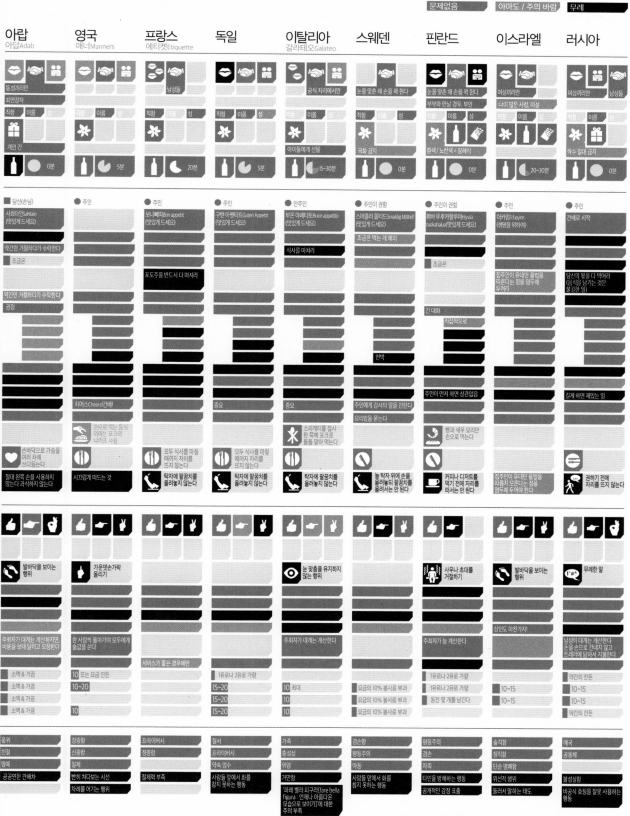

출처 : Kwintessential.co.uk, eDiplomat.com, EtiquetteScholar.com, crowdsourcing
데이터 : bit.ly/KIB_Etiquettrix

간단 상식 III

명왕성 퇴출
크기 비교

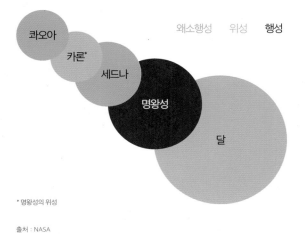

왜소행성   위성   행성

콰오아
카론*
세드나
명왕성
달

* 명왕성의 위성

출처 : NASA

새 발의 피
최후의 미개척지?

세계의 대양

탐험한
바다
5%

출처 : National Oceanic & Atmospheric Administration[미국립해양대기청]

어처구니없는 예방접종!
계절성 인플루엔자 백신의 부작용 vs. 위약의 부작용

증상	열	피로	피곤하고 우울한 기분	근육통	두통	팔 통증
가짜 예방주사 (위약)	6%	19%	18%	6%	14%	24%
백신	6%	19%	16%	6%	11%	64%

주사로 인해
이틀 동안 팔이
쑤실 수 있다
(70% 가능성)

출처 : 'The Effectiveness of Vaccination Against Influenza In Healthy, Working Adults', Nichol 외(1995)

마약 사건 보도
사망 사건 vs. 언론의 관심

불법 성분	복용자 100,000명당 사망자	언론 보도	사망 사건별 보도
메타돈	94.5	10	0.1
헤로인 & 모르핀	44.9	83	1.8
코카인	2.3	157	68
솔벤트	1.7	10	5.8
항우울제	1.2	19	15
알코올	0.8	14	17.5
SSRI 항우울제	0.7	16	22
엑스터시	0.7	47	67
아스피린	0.08	19	237
대마초*	0.07	92	1,314
파라세타몰	0.01	19	1,900

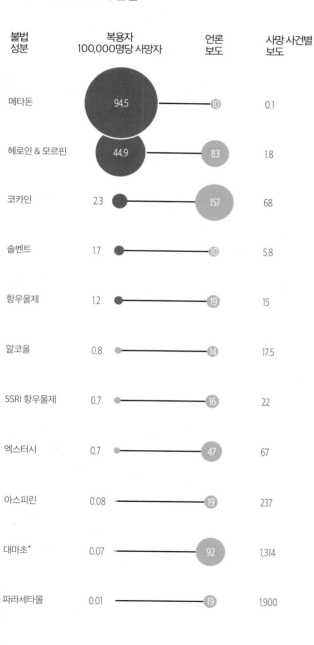

*대마초로 인한 사망은 의심스러움
출처 : Guardian Datablog, UK Office of National Statistics[영국통계청], Google Insights, dailymail.co.uk

침몰한 지층
가라앉은 땅덩어리(단위 : km²)

베링기아 1,000,000
케르겔렌 1,100,000
순다랜드 6,600,000
질란디아 3,500,000
뉴질랜드

맞먹는 대륙

콜롬비아
남아프리카
동남아시아
인도

출처 : Wikipedia

뜨거운 관심
지구 온도 상승 예측의 정확도

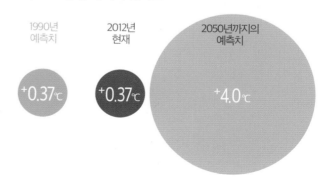

1990년 예측치 +0.37℃
2012년 현재 +0.37℃
2050년까지의 예측치 +4.0℃

출처 : International Panel of Climate Change[기후변화에 관한 정부 간 패널](1990), Frame & Stone (2013)

데이터 : bit.ly/KIB_Simple1

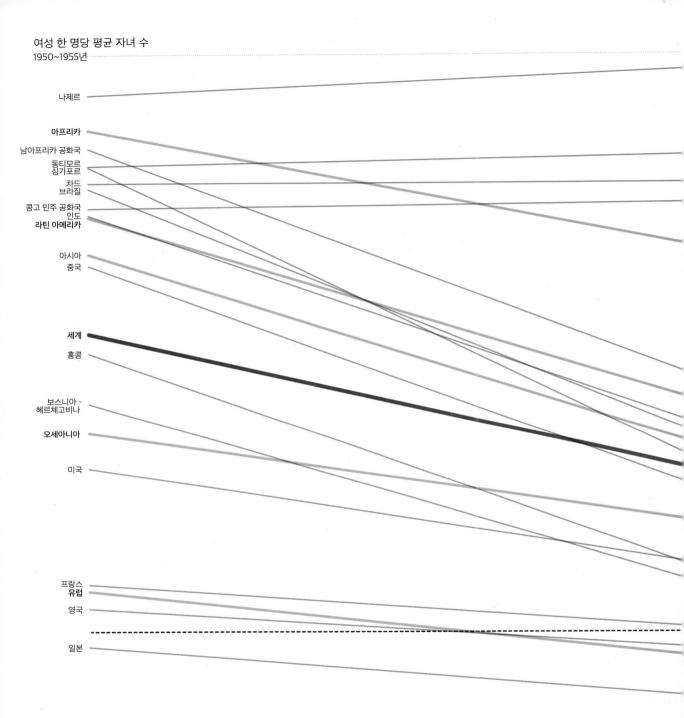

여성 한 명당 평균 자녀 수
1950~1955년

나제르

아프리카
남아프리카 공화국
동티모르
싱가포르
차드
브라질
콩고 민주 공화국
인도
라틴 아메리카

아시아
중국

세계

홍콩

보스니아 -
헤르체고비나

오세아니아

미국

프랑스
유럽
영국

일본

저출산
출산율은 어떻게, 왜 떨어지는가?

유아 사망 감소
성인기까지 혜택을
보장받아야 할
아이들이 줄었다.

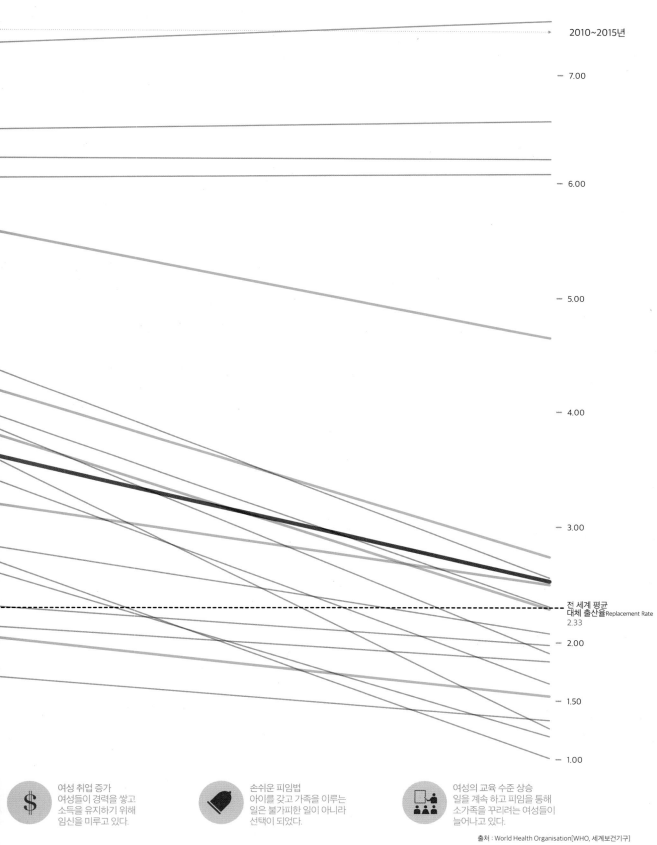

2010~2015년

— 7.00

— 6.00

— 5.00

— 4.00

— 3.00

전 세계 평균
대체 출산율Replacement Rate
2.33

— 2.00

— 1.50

— 1.00

여성 취업 증가
여성들이 경력을 쌓고
소득을 유지하기 위해
임신을 미루고 있다.

손쉬운 피임법
아이를 갖고 가족을 이루는
일은 불가피한 일이 아니라
선택이 되었다.

여성의 교육 수준 상승
일을 계속 하고 피임을 통해
소가족을 꾸리려는 여성들이
늘어나고 있다.

출처 : World Health Organisation[WHO, 세계보건기구]

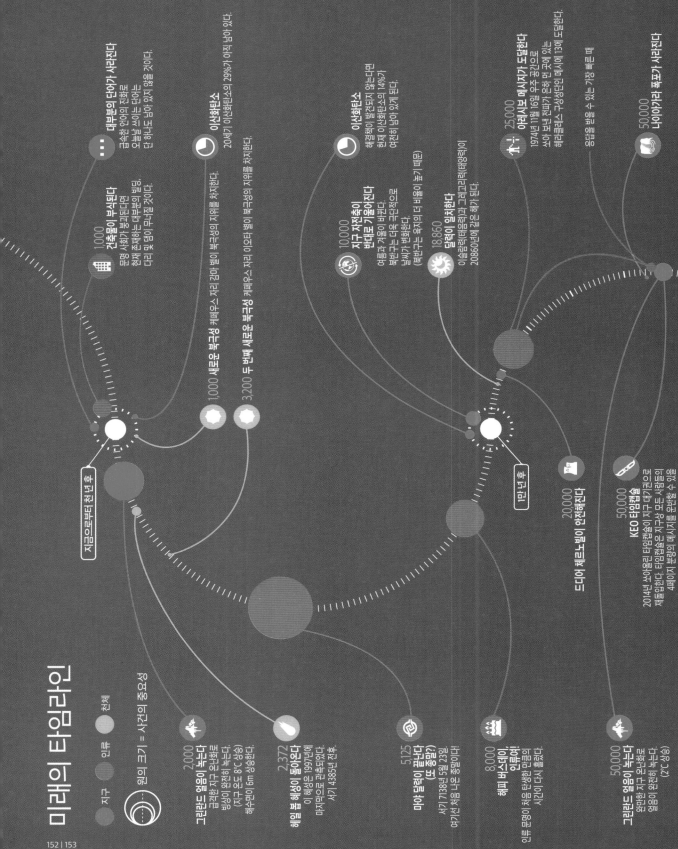

미래의 타임라인

지구
인류
천체

원의 크기 = 사건의 중요성

지금으로부터 천년 후

대부분의 단어가 사라진다
급속한 언어의 진화로
오늘날 쓰이는 단어는
단 하나도 남아 있지 않을 것이다.

1,000 건축물이 부식된다
문명 사회가 붕괴된다면
현재 존재하는 대부분의 빌딩
다리 및 댐이 무너질 것이다.

이산화탄소
20세기 이산화탄소의 29%가 아직 남아 있다.

1,000 새로운 북극성
케페우스 자리 감마 별이 북극성의 지위를 차지한다.

3,200 두 번째 새로운 북극성
케페우스 자리 이오타 별이 북극성의 지위를 차지한다.

이산화탄소
해결책이 발견되지 않는다면
현재 이산화탄소의 14%가
여전히 남아 있게 된다.

10,000 지구 자전축이 반대로 기울어진다
여름과 겨울이 바뀐다.
북반구는 더욱 극단적으로
날씨가 변화한다.
(북반구는 육지의 대부분 높기 때문)

18,860 달력이 일치한다
이슬람력(태음력)과 그레고리력(태양력)이
20860년에 같은 해가 된다.

25,000 외계인의 메시지가 도달한다
1974년 11월 16일 우주 공간으로
쏘아 보낸 전파가 은하 먼 곳에 있는
헤라클레스 구상성단인 메시에 13에 도달한다.

50,000 나이아가라 폭포가 사라진다
응달을 뱉을 수 있는 가장 빠른 때.

1만 년 후

2,000 그린란드 얼음이 녹는다
급속한 지구 온난화로
방상이 완전히 녹는다.
(지구 온도 8°C 상승)
해수면이 6m 상승한다.

2,372 헤일 밥 혜성이 돌아온다
이 혜성은 1997년에
마지막으로 관측되었다.
서기 4385년 전후.

5,125 마야 달력이 끝난다 (또 종말?)
서기 7138년 5월 23일.
여기선 처음 나온 종말이다!

8,000 해피 버스데이, 이룸이!
인류 문명이 처음 탄생한 인류의
시간이 다시 흘렀다.

20,000 드디어 체르노빌이 안전해진다

50,000 KEO 타임캡슐
2014년 쏘아올린 타임캡슐이 지구 대기권으로
재돌입한다. 타임캡슐은 지구상의 모든 사람이 보낸
4배까지 분량의 메시지를 운반할 수 있을

50,000 그린란드 얼음이 녹는다
완만한 지구 온난화로
얼음이 완전히 녹는다.
(2°C 상승)

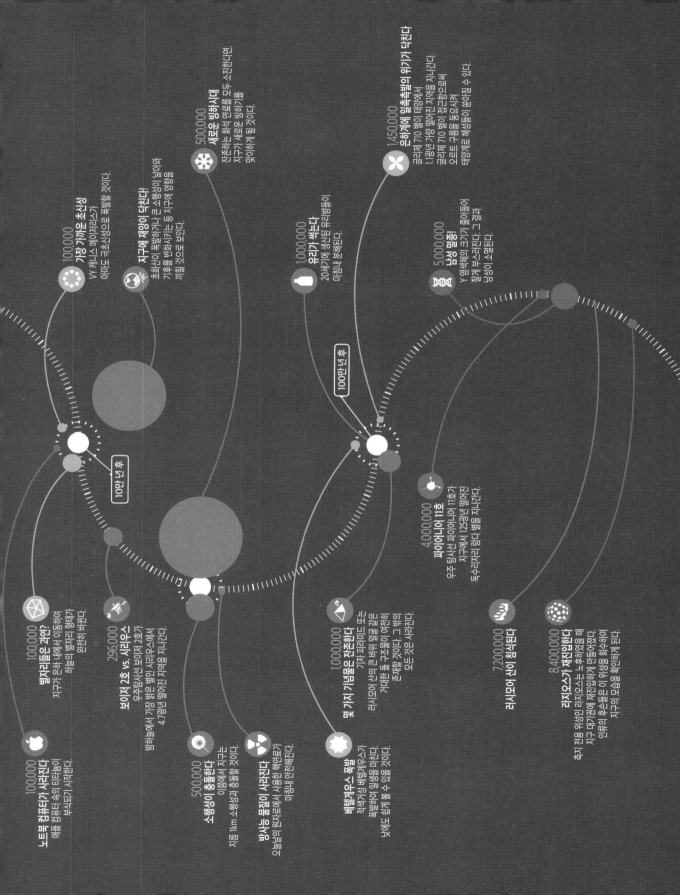

100,000

노트북 컴퓨터가 사라진다

애플 컴퓨터 속의 티타늄이 부식되기 시작한다.

100,000

별자리들은 과연?

지구가 은하 내에서 이동하여 하늘의 별자리 형태가 완전히 바뀐다.

100,000

가장 가까운 초신성

VV 케페이 메아지리스가 아마도 초신성으로 폭발할 것이다.

296,000

보이저 2호 vs. 시리우스

밤하늘에서 가장 밝은 별인 시리우스에서 4.7광년 떨어진 지역을 지나간다.

지구에 재앙이 닥친다!

초화산이 폭발하거나 큰 소행성이 날아와 기후를 변화시키는 등 지구에 영향을 끼칠 것으로 보인다.

500,000

새로운 빙하시대

잔존하는 화석 연료를 모두 소진한다면 지구가 새로운 빙하기를 맞이하게 될 것이다.

500,000

소행성이 충돌한다

지름 1km 소행성과 충돌할 것이다.

500,000

방사능 물질이 사라진다

오늘날의 원자로에서 사용한 핵연료가 마침내 안전해진다.

10만 년 후

1,000,000

유리가 썩는다

20세기에 생산된 유리병들이 마침내 분해된다.

1,000,000

몇 가지 기념물은 잔존한다

러시모어 산의 큰 바위 얼굴 같은 거대한 돌 구조물이 여전히 온전할 것이다. 그 위에 모든 것은 사라진다.

베텔게우스 폭발

적색거성 베텔게우스가 폭발하여 일생을 마친다. 낮에도 쉽게 볼 수 있을 것이다.

100만 년 후

5,000,000

낭성 멸종!

Y 염색체의 크기가 줄어진다. 그 결과 남성이 소멸된다.

4,000,000

파이어니어 11호

우주 탐사선 파이어니어 11호가 지구에서 125광년 떨어진 독수리자리 람다 별을 지나간다.

1,450,000

은하계에 외측충돌의 위기가 닥친다

글리제 710 별이 태양에서 1.3광년 가량 떨어진 지역을 지나간다. 글리제 710 별이 접근함으로써 오르트 구름을 동요시켜 태양계로 혜성들이 쏟아질 수 있다.

7,200,000

러시모어 산이 침식된다

8,400,000

라지오스가 재진입한다

측지 전용 위성인 라지오스는 노후하였을 때 지구 대기권에 재진입하게 만들어졌다. 인류의 후손들이 이 위성을 회수하여 지구의 모습을 확인하게 된다.

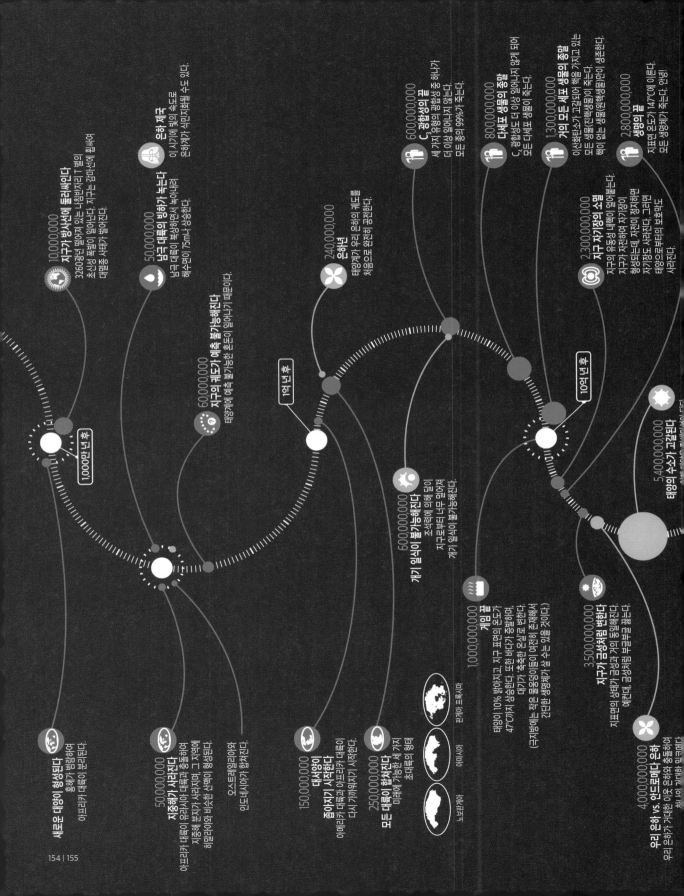

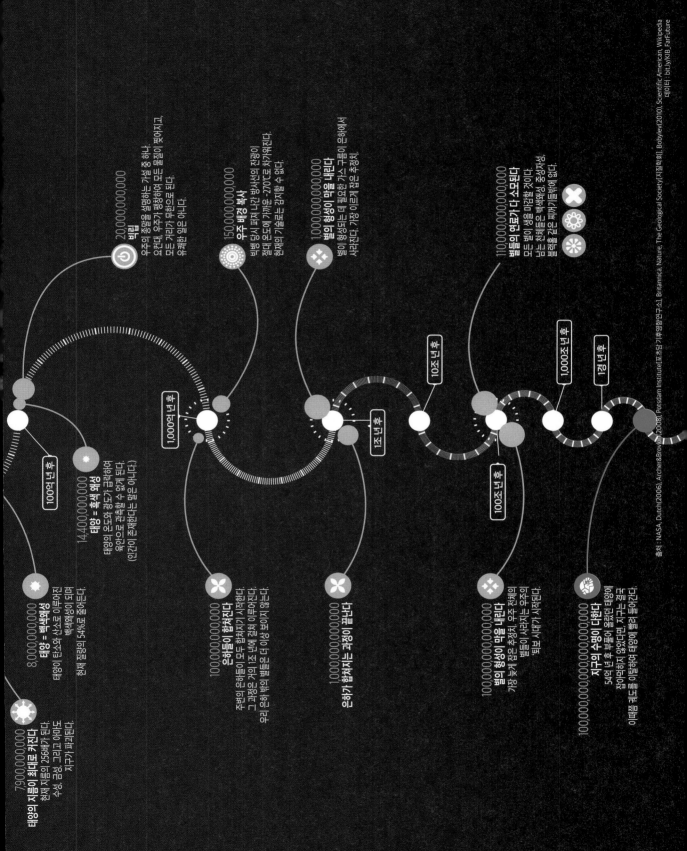

20,000,000,000
빅뱅
우주의 종말을 설명하는 가설 중 하나. 오른쪽 우주가 팽창하며 모든 물질이 찢어지고 모든 거리가 무한으로 된다. 유제한은 없다.

150,000,000,000
우주 배경 복사
빅뱅 당시 퍼져 나간 방사선이 전공이 절대 온도에 가까운 -270℃로 차가워진다. 현재의 기술로는 감지할 수 없다.

1,000,000,000,000
별의 항성이 마을 내린다
별이 형성되는 데 필요한 가스 구름이 은하에서 사라진다. 가장 이르게 접은 추정치.

110,000,000,000,000
별들의 연료가 다 소모된다
모든 별이 생을 마감할 것이다. 남는 천체들은 백색왜성, 중성자성, 블랙홀 같은 짜개기들뿐에 없다.

7,900,000,000
태양의 지름이 최대로 커진다
현재 지름의 256배가 된다. 수성, 금성, 그리고 아마도 지구가 파괴된다.

8,000,000,000
태양 = 백색왜성
태양이 탄소와 산소로 이루어진 백색왜성이 된다.
현재 질량의 54%로 줄어든다.

14,400,000,000
태양 = 흑색 왜성
태양이 온도와 광도가 급락하여 육안으로 관측할 수 없게 된다. (인간이 존재한다는 말은 아니다.)

10,000,000,000,000,000
은하들이 합쳐진다
주변의 은하들이 모두 합쳐지기 시작한다. 그 과정은 거의 1조 년에 걸쳐 이루어진다. 우리 은하 밖의 별들은 더 이상 보이지 않는다.

1,000,000,000,000,000,000
은하가 합쳐지는 과정이 끝난다

1,000,000,000,000,000,000,000
별의 항성이 마을 내린다
가장 늦게 잡은 추정치. 우주 전체의 별들이 사라지는 우주의 퇴보 시대가 시작된다.

100,000,000,000,000,000,000,000,000
지구의 수명이 다한다
54억 년 후 부풀어 올랐던 태양에 잡아먹히지 않았다면 지구는 결국 이때쯤 궤도를 이탈하여 태양에 빨리 빨려 들어간다.

100억 년 후 · 1,000억 년 후 · 1조 년 후 · 10조 년 후 · 100조 년 후 · 1,000조 년 후 · 1경 년 후

출처 : NASA, Dutch(2006), Archer&Brown(2008), Potsdam Institute[포츠담 기후영향연구소], Britannica, Nature, The Geological Society[지질학회], Bobylev(2010), Scientific American, Wikipedia
데이터 : bit.ly/KIB FarFuture

초강대국들의 대결

기업 활동

	중국	EU	인도	미국
노동 인구 전체 인구 대비 %	59	46	40	49
농업 종사자 %	9.7	5.2	16.9	0.70
공업 종사자 %	45.3	22.7	17.0	20.3
서비스업 종사자 %	45.0	72.2	66.1	79.1
최대 제조 활동 부가가치 기준	주요 금속	음식 & 음료	화학	화학
전체 제조 활동 대비 %	14.3	11.7	15.5	16.2
기업 활동 편의성 1점 = 최고점	96	40	134	4
세무 업무 소요 시간 연간	338	193	243	175
기업 경쟁력 지수 1위 = 최고 순위	27위	36위	51위	4위
주식 가치 단위 : 10억 달러	5.7	9.3	1.0	15.6
산업 생산 성장률 %	7.7	-0.2	0.9	2.5
평균 월 급여 단위 : 달러 (구매력 평가 기준)	656	2,215	295	3,263
평균 근로 시간 주당 근로 시간	45	42	41	34
남성 대비 여성의 노동력 비율 %	85	65	36	82
여성 의원 비율 전체 의석수 대비 %	21	26	11	17
법정 출산 휴가 단위 : 일주일	14	18	12	0
남성과 여성의 급여 차이 평균 %	31	16	30	19
점수	4	3	1	7

미국이 해냈다!

출처 : CIA World Factbook, World Bank, Eurostat[유럽연합통계청]
데이터 : bit.ly/KIB_Superpowers

사라지는 품종?

사라지는 품종?

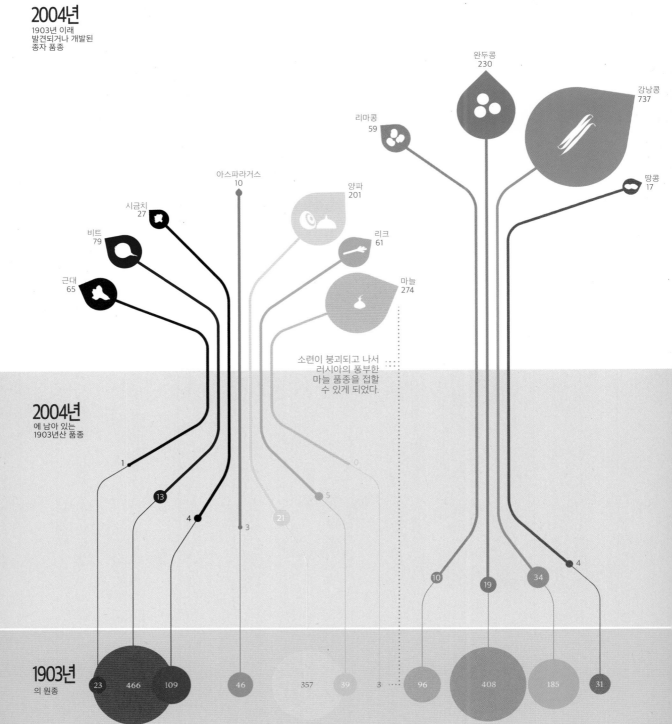

채소 종류

혼작
(예 : 비트와 아스파라거스를 한곳에서 재배)

콩과
(콩)

2004년
1903년 이래
발견되거나 개발된
종자 품종

완두콩
230

강낭콩
737

리마콩
59

땅콩
17

아스파라거스
10

시금치
27

양파
201

비트
79

리크
61

근대
65

마늘
274

소련이 붕괴되고 나서
러시아의 풍부한
마늘 품종을 접할
수 있게 되었다.

2004년
에 남아 있는
1903년산 품종

1

13

4

3

5

0

21

10

19

34

4

1903년
의 원종

23   466   109

46

357   39

3

96

408

185

31

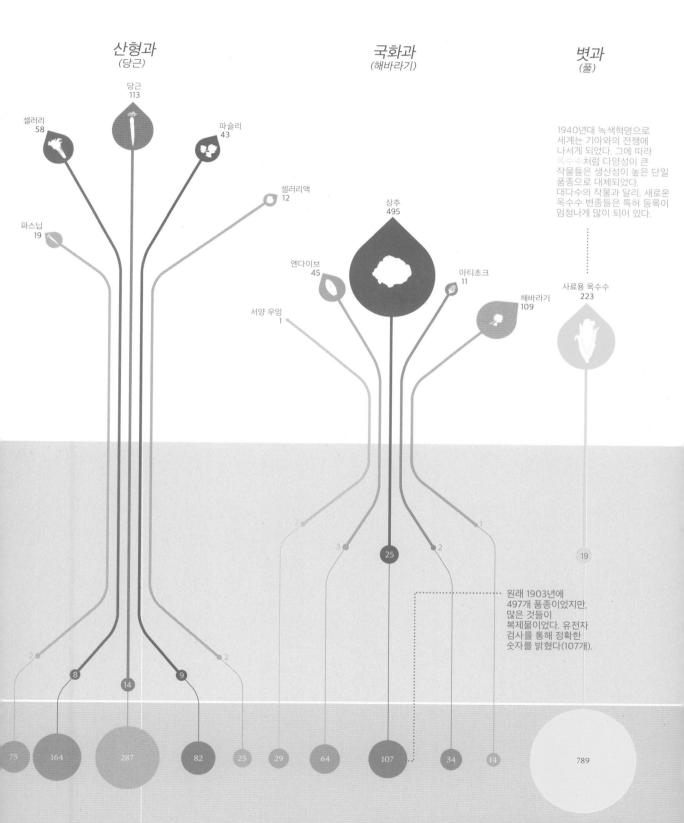

산형과
(당근)

국화과
(해바라기)

볏과
(풀)

당근
113

셀러리
58

파슬리
43

셀러리액
12

파스닙
19

상추
495

엔다이브
45

아티초크
11

서양 우엉
1

해바라기
109

사료용 옥수수
223

1940년대 녹색혁명으로
세계는 기아와의 전쟁에
나서게 되었다. 그에 따라
옥수수처럼 다양성이 큰
작물들은 생산성이 높은 단일
품종으로 대체되었다.
대다수의 작물과 달리, 새로운
옥수수 변종들은 특허 등록이
엄청나게 많이 되어 있다.

2

3

25

2

1

19

원래 1903년에
497개 품종이었지만,
많은 것들이
복제물이었다. 유전자
검사를 통해 정확한
숫자를 밝혔다(107개).

2

8

14

9

2

75

164

287

82

25

29

64

107

34

14

789

출처 : Heald and Chapman(2011), FAO[국제연합식량농업기구], Wouw 외(2010), Kerr Center
데이터 : bit.ly/KIB_NoMoreVeg

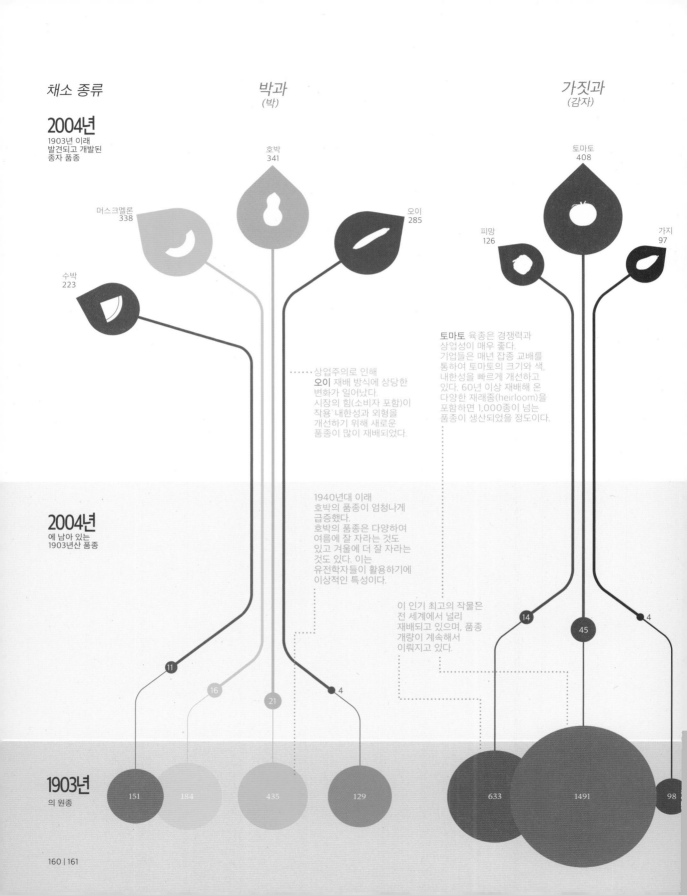

채소 종류

박과
(박)

가짓과
(감자)

160 | 161

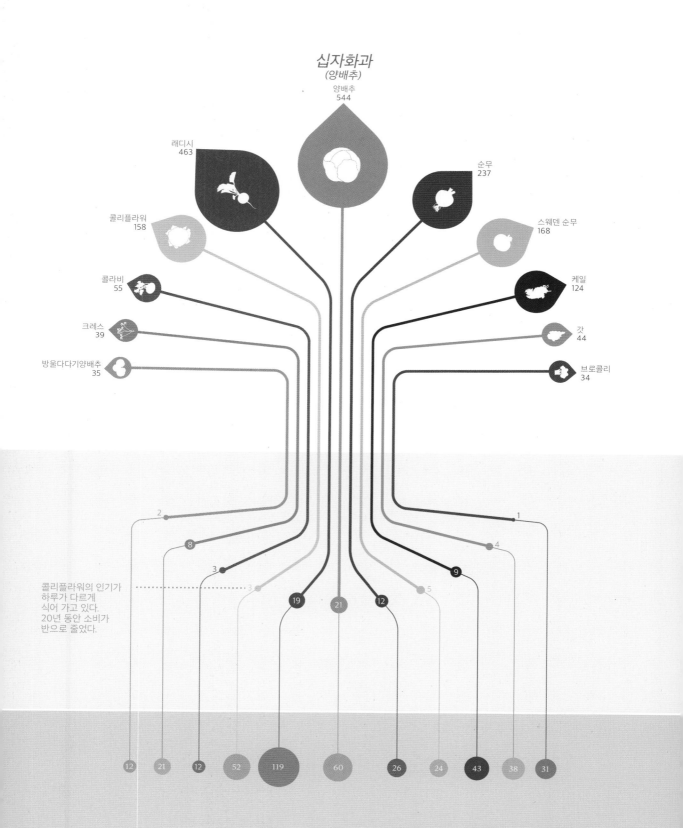

십자화과
(양배추)

양배추
544

래디시
463

순무
237

콜리플라워
158

스웨덴 순무
168

콜라비
55

케일
124

크레스
39

갓
44

방울다다기양배추
35

브로콜리
34

2

8

1

4

3

9

3

3

5

19

21

12

콜리플라워의 인기가
하루가 다르게
식어 가고 있다.
20년 동안 소비가
반으로 줄었다.

12   21   12   52   119   60   26   24   43   38   31

출처 : Heald and Chapman(2011), FAO[국제연합식량농업기구], Wouw외(2010), Kerr Center
데이터 : bit.ly/KIB_NoMoreVeg

총품종 수

2004년
1903년 이래
발견되거나 개발된
종자 품종

전체 품종 수
7,218

2004년
에 남아 있는
1903년산 품종

409

1903년
의 원종

6,507

왜
다양성이 떨어졌을까?

모방
20세기 초 작물의
품종 수는 순전히
과대평가되었다.

DNA 감식은 물론
전 세계적으로 데이터베이스가
부족하여 다양성에 대한
착각이 일어났을지 모른다.

100년 전만 해도 종자는
이웃들 또는 현지 농부들끼리
나눠 가지는 것이었다.

오늘날 농부들은
열 곳도 안 되는 회사로부터
종자를 구입한다.

돈벌이 작물
작물 제조업자들은
돈이 되는 작물에
더 많은 투자를 한다.

대부분
비주요 작물(귀리, 채소류 등)보다
주요 작물(옥수수, 콩, 밀 등)에
투자한다.

경제적 힘이 공공의
연구에 영향을 미친다.
예컨대, 큰 대학들이 돈벌이가
잘되는 작물 연구를 승인한다.

주요 작물의 품종 수는 시간이
갈수록 늘어나는 반면
비주요 작물의 품종 수는
점차 줄어드는 경향이 있다.

종잣돈

누가 종자 회사를 소유하고 있는가?

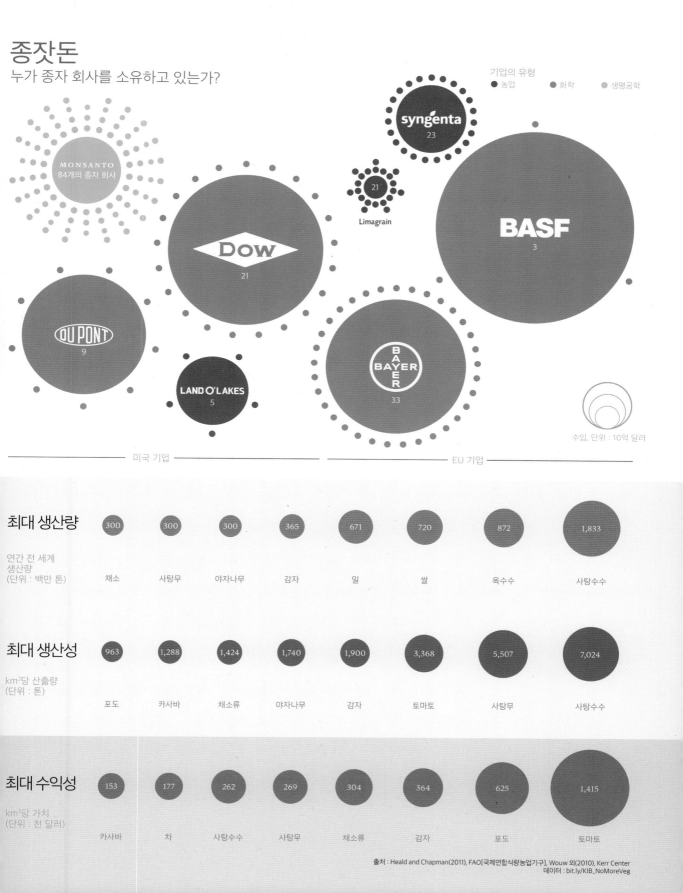

기업의 유형
- 농업
- 화학
- 생명공학

MONSANTO
84개의 종자 회사

syngenta
23

21
Limagrain

BASF
3

Dow
21

DU PONT
9

LAND O'LAKES
5

BAYER
33

수입. 단위 : 10억 달러

──── 미국 기업 ────   ──── EU 기업 ────

최대 생산량

연간 전 세계
생산량
(단위 : 백만 톤)

300	300	300	365	671	720	872	1,833
채소	사탕무	야자나무	감자	밀	쌀	옥수수	사탕수수

최대 생산성

km²당 산출량
(단위 : 톤)

963	1,288	1,424	1,740	1,900	3,368	5,507	7,024
포도	카사바	채소류	야자나무	감자	토마토	사탕무	사탕수수

최대 수익성

km²당 가치
(단위 : 천 달러)

153	177	262	269	304	364	625	1,415
카사바	차	사탕수수	사탕무	채소류	감자	포도	토마토

출처 : Heald and Chapman(2011), FAO[국제연합식량농업기구], Wouw 외(2010), Kerr Center
데이터 : bit.ly/KIB_NoMoreVeg

돈벌이 작물 : 최대 수익성

$47,660,000
km²당

대마초

출처 : FAOSTAT[국제식량농업기구]
데이터 : bit.ly/KIB_NoMoreVeg

인간의 가격
인플레이션 적용치

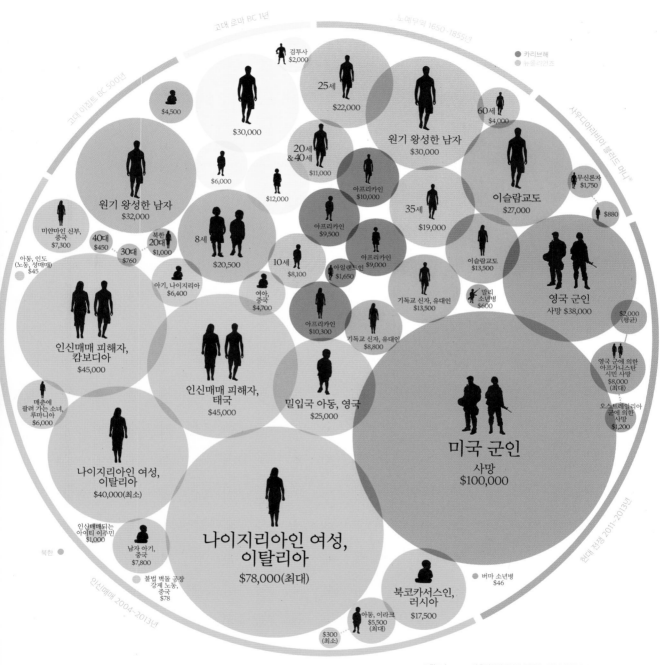

고대 로마 BC 1년

노예무역 1650 - 1855년

고대 이집트 BC 500년

사우디아라비아의 블러드 머니*

검투사
$2,000

25세
$22,000

60세
$4,000

$4,500

원기 왕성한 남자
$30,000

$30,000

20세
& 40세
$11,000

$6,000

무신론자
$1,750

아프리카인
$10,000

이슬람교도
$27,000

$12,000

원기 왕성한 남자
$32,000

35세
$19,000

$880

아프리카인
$9,500

미얀마인 신부,
중국
$7,300

40대
$450

30대
$760

북한
20대
$1,000

8세
$20,500

아프리카인
$9,000

이슬람교도
$13,500

아동, 인도
(노동, 성매매)
$45

아기, 나이지리아
$6,400

10세
$8,100

아일랜드인
$1,650

말리
소년병
$600

영국 군인
사망 $38,000

여아,
중국
$4,700

기독교 신자, 유대인
$13,500

$2,000
(평균)

아프리카인
$10,300

기독교 신자, 유대인
$8,800

인신매매 피해자,
캄보디아
$45,000

영국 군에 의한
아프가니스탄
시민 사망
$8,000
(최대)

매춘에
팔려 가는 소녀,
루마니아
$6,000

인신매매 피해자,
태국
$45,000

밀입국 아동, 영국
$25,000

오스트레일리아
군에 의한
사망
$1,200

나이지리아인 여성,
이탈리아
$40,000(최소)

미국 군인
사망
$100,000

인신매매되는
아이티 이주민
$1,000

남자 아기,
중국
$7,800

북한

불법 벽돌 공장
강제 노동,
중국
$78

나이지리아인 여성,
이탈리아
$78,000(최대)

버마 소년병
$46

인신매매 2004-2013년

북코카서스인,
러시아
$17,500

현대 전쟁 2011-2013년

아동, 이라크
$5,500
(최대)

$300
(최소)

● 카리브해
● 뉴올리언스

※ Blood money, 사우디아라비아에서 죽은 사람의 유족에게 가해자가 주는 보상금.
블러드 머니를 지급하면 사형수도 참형을 면할 수 있다.

출처 : Havoscope.com, Guardian, BBC, 'The Slave Systems of Greek & Roman Antiquity', William Linn Westermann
데이터 : bit.ly/KIB_HumanCost

마약 거래
전 세계 마약 합법화를 통한 잠재적 세수입

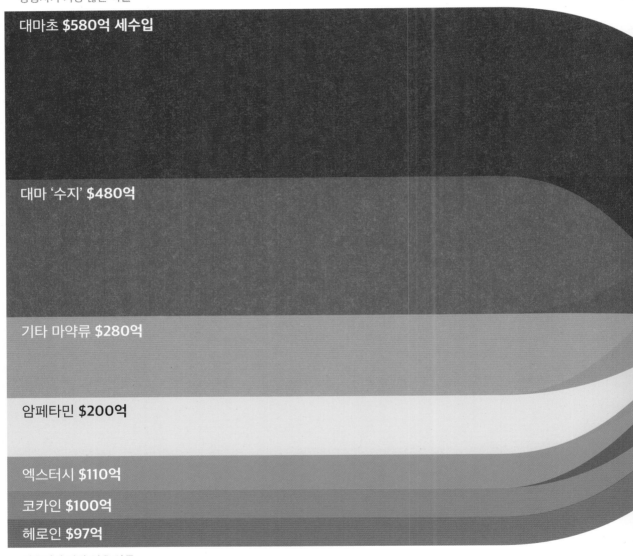

상용자가 가장 많은 약물

대마초 **$580억 세수입**

대마 '수지' **$480억**

기타 마약류 **$280억**

암페타민 **$200억**

엑스터시 **$110억**

코카인 **$100억**

헤로인 **$97억**

상용자가 가장 적은 약물

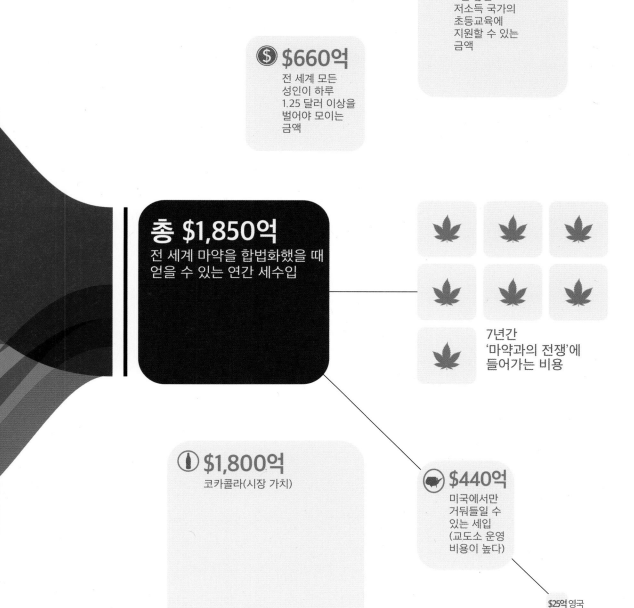

$1,060억

2년 동안
저소득 국가의
초등교육에
지원할 수 있는
금액

$660억

전 세계 모든
성인이 하루
1.25 달러 이상을
벌어야 모이는
금액

총 $1,850억

전 세계 마약을 합법화했을 때
얻을 수 있는 연간 세수입

7년간
'마약과의 전쟁'에
들어가는 비용

$1,800억

코카콜라(시장 가치)

$440억

미국에서만
거둬들일 수
있는 세입
(교도소 운영
비용이 높다)

$25억 영국

출처 : Independent Drug Monitoring Unit[독립의약품모니터링유닛], CIA Factbook, UNODC.org, NASA
데이터 : bit.ly/KIB_DrugsLegal

제국의 시대
모든 왕조가 100년을 존속한다면……

통치 유형
독재 정치
관료 정치
군주 정치
군벌 정치
신권 정치

고대 제국

이슬람 칼리프 제국
불가리아 제1제국
아바스 왕조
당 왕조
프랑크 왕국
메로빙거 왕조
굽타 제국
비잔틴 제국
사산왕조 페르시아 제국
스리위자야 제국
촐라 제국
쿠샨 왕국
고구려

로마 제국
한 왕조
파르티아 왕조
흉노
셀레우코스 왕국
마우리아 왕조
프톨레마이오스 왕조
마케도니아 왕조
악숨(에티오피아) 왕국
카르타고 제국
아케메네스 왕조
아시리아 왕조
히타이트 제국
마야 제국
아카드 제국

기원전 2334년

83%
쇠락하기 시작한
평균 시점

50%
부흥하기 시작한
평균 시점

25%

존속 기간 백분율

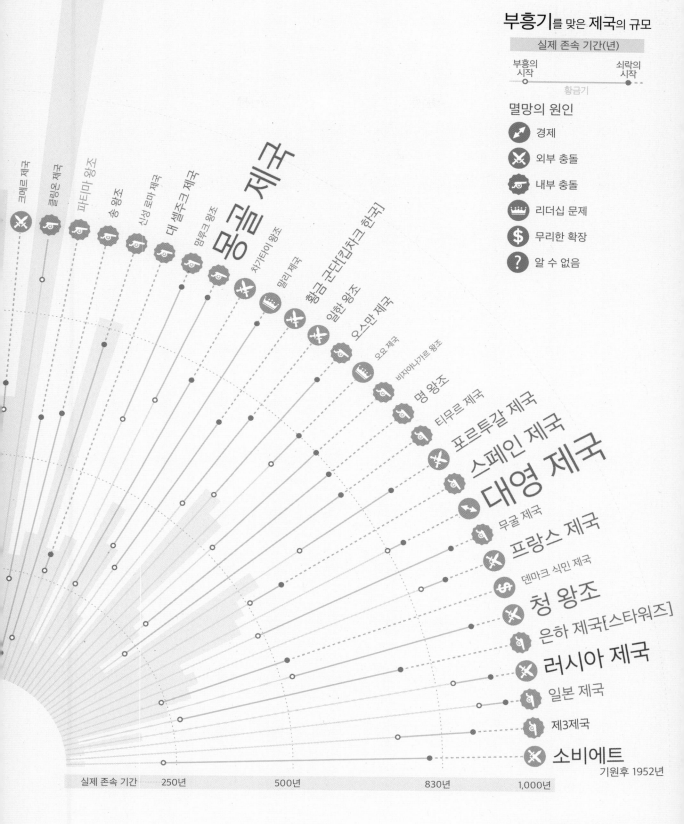

부흥기를 맞은 제국의 규모

실제 존속 기간(년)

부흥의 시작   쇠락의 시작

황금기

멸망의 원인

경제

외부 충돌

내부 충돌

리더십 문제

무리한 확장

? 알 수 없음

크메르 제국

클링온 제국

파티마 왕조

송 왕조

신성 로마 제국

대 셀주크 제국

맘루크 왕조

몽골 제국

차가타이 왕조

밀라 제국

황금 군단[킵차크 한국]

일한 왕조

오스만 제국

요요 제국

비자야나가르 왕조

명 왕조

티무르 제국

포르투갈 제국

스페인 제국

대영 제국

무굴 제국

프랑스 제국

덴마크 식민 제국

청 왕조

은하 제국[스타워즈]

러시아 제국

일본 제국

제3제국

소비에트

기원후 1952년

실제 존속 기간   250년   500년   830년   1,000년

출처 : Encyclopedia Britannica, Wikipedia
데이터 : bit.ly/KIB_empires

인도주의	41%	아동	16%
		재난 구호	12.5%
		국제 빈곤	7%
		국제 개발	3%
		인권	2%
		평화	0.5%
보건	21%	난치병	9.5%
		의료 연구	7%
		일반 질병	1%
		병원	1%
		정신 건강 & 중독 치료	0.5%
		구조 활동	2%
예술 & 문화	13%	예술	11.7%
		문화와 학문	1.5%
사회적 돌봄	10%	장애	5%
		사회 경제적 어려움	2.5%
		돌봄 & 지원	2.5%
동물	7%	복지	5.4%
		보호	1.4%
직업 지원 단체	3%	군대	3%
환경	3%	보존 & 공공장소 관리	3%
스포츠 & 오락	2%	스포츠	2%

복지	6.5%
보건	4%
빈곤	2.5%
학대	1.5%
일반적	1.5%
일반적	12%
의료	0.5%
보편적 빈곤	5.5%
물	1%
난민	0.5%
일반적	3%
여성의 권리	1.3%
일반적	0.7%
지뢰 제거	0.5%
암	5.5%
심혈관 질환	1.5%
신경 퇴행성 질환	1%
기타 질환	1.5%
암 연구	4.8%
기타 질병 연구	2.2%
당뇨병 & 관절염	1%
개인 병원	1%
정신 건강 & 중독 치료 전반	0.5%
구조 활동 전반	2%
예술 전반	6.2%
시각예술	2.4%
음악	1.8%
극예술	1.3%
학회	0.8%
유적지 & 박물관	0.7%
시각 장애	4%
기타 장애	1%
지역사회	1.5%
노숙자	1%
노인	1.25%
대체 요법	1.25%
모든 동물	3.9%
개 & 고양이	1.5%
새	1.4%
참전 군인	3%
거리 & 공원	1.8%
생태계	0.9%
삼림 & 나무	0.3%
축구	1%
크리켓	1%

고아
0.08%

실종 아동
0%

기초 의료보호
0.13%

공정 무역
0.03%

성소수자의 권리
0.01%

자폐증
0.11%

천식
0.10%

┐━━━ 7,000만 파운드

정신분열증 / 우울증 & 자살 / 식이 장애
0.01%

주요 지형지물 & 기념 건조물
0.03%

간병인에 대한 처우
0.05%

학대 피해자들
0.11%

대의를 계산하다 영국
어디에 가장 많이 기부하는가?   그리고 어디에 기부하지 않는가?

열대우림 / 해안 지대 & 수로
0.03%

출처 : Charity Commission[영국 정부 자선사업감독위원회], UK Giving 2012[영국기부보고서 2012년호], Guardian
데이터 : bit.ly/KIB_GiveNotGive, 반올림으로 인한 오류가 있음.

인도주의	40%	국제 빈곤	25.1%
		아동	9.3%
		재난 구호	4.9%
		국제 개발	0.7%
사회적 돌봄	26%	돌봄 & 지원	16.6%
		사회 경제적 어려움	7%
		장애인	2.4%
보건	17%	난치병	7%
		병원	5.8%
		의료 연구	2.5%
		일반 질병	1.7%
예술 & 문화	6%	문화 & 학습	4.1%
		예술	1.8%
스포츠 & 오락	3.6%	오락	2.9%
		스포츠	0.7%
환경	2.5%	보존	0.9%
		공공장소	1.6%
기타	2%	연계	0.9%
		기업 진흥	1%
동물	1.6%	복지	0.7%
		보호	0.9%
직업 지원 단체	1.5%	군대	1.5%

대의를 계산하다 미국

어디에 가장 많이 기부하는가? 그리고 어디에 기부하지 않는가?

항목	비율
기초 의료보호	5.8%
기아	2.8%
난민	2%
기타	14.5%
해외	2%
기아	1.5%
보건 : 난치병	1%
기타	4.8%
재난 구호	4.9%
농업	0.7%
빈곤층	12.4%
청년층	3.2%
가족 지원	1%
푸드 뱅크	4.3%
노숙자	1.8%
기타	0.9%
모든 장애인	2.4%
암	3.9%
심혈관 질환	1.3%
신경 퇴행성 질환	1%
기타	0.8%
아동 병원	3.4%
기타	2.4%
암	1%
기타	1.5%
당뇨병	0.9%
기타	0.8%
유적지 & 박물관	0.7%
공공 도서관	1%
공공 방송	1.2%
교육	1.2%
공연 예술	1%
시각예술	0.8%
청년클럽 & 기타 클럽	1.8%
보이스카우트	1.1%
운동 경기	0.7%
생태계 전반	0.9%
모든 공공장소	1.6%
이스라엘	0.9%
모든 기업 진흥 정책	1%
복지	0.7%
야생동물	0.9%
참전 군인	1.5%

평화
0.13%

보건 : 입천장갈림증[구개열]
0.43%

인권
0.12%

지역사회
0.39%

교육
0.36%

보건
0.19%

낭포성 섬유증
0.3%

선천적 기형
0.5%

파킨슨병
0.14%

자폐증
0.12%

걸스카우트
0.26%

기후 변화
0.39%

⌐— 4억 달러

출처 : Giving USA 2012[미국기부보고서 2012년호], Forbes.com
데이터 : bit.ly/KIB_GiveNotGive, 반올림으로 인한 오류가 있음.

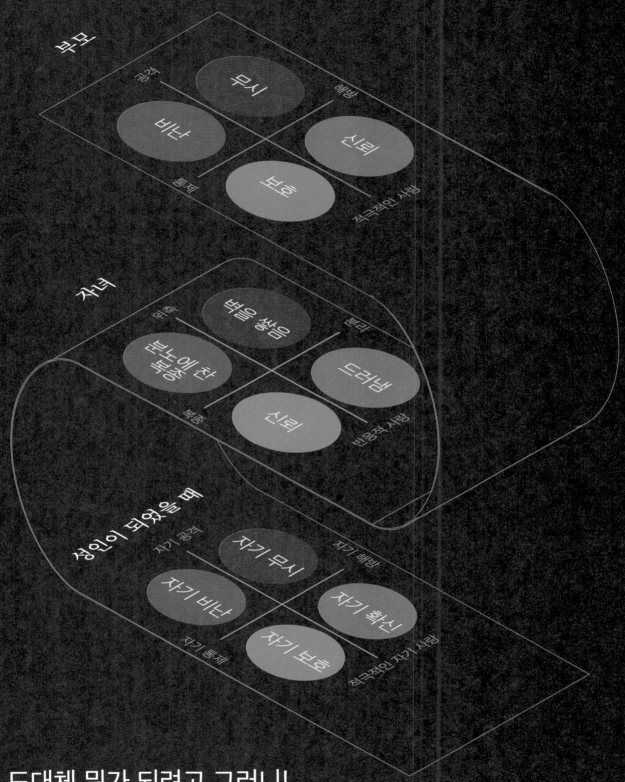

도대체 뭐가 되려고 그러니!
부모-아동 상호작용 코딩

출처 : 'Interpersonal Diagnosis & Treatment of Personality Disorders', Lorna Smith Benjamin

액션 영화의 거친 주인공들

누가 가장 많이 죽였을까?

죽인 사람의 수 합계

11,180

제라드 버틀러
휴스 브룬슨
숀 빈
안토니오 반데라스
크리스천 베일
양자경
브루스 윌리스
장 클로드 반담
대니 트레호
춘 트래볼타
우마 서먼

드웨인 존슨
앤젤리나 졸리
밀라 요보비치
크리스토퍼 램버트
돌프 룬드그렌
로저 무어
리암 니슨

원의 크기
죽인 사람의 수

연간 출연 작품 수

1   8+

길이
영화 한 편당 평균 죽인 사람의 수

출처 : AllOuttaBubbleGum.com, IMDB.com, BoxOfficeMojo.com
데이터 : bit.ly/KIB_MovieBadass

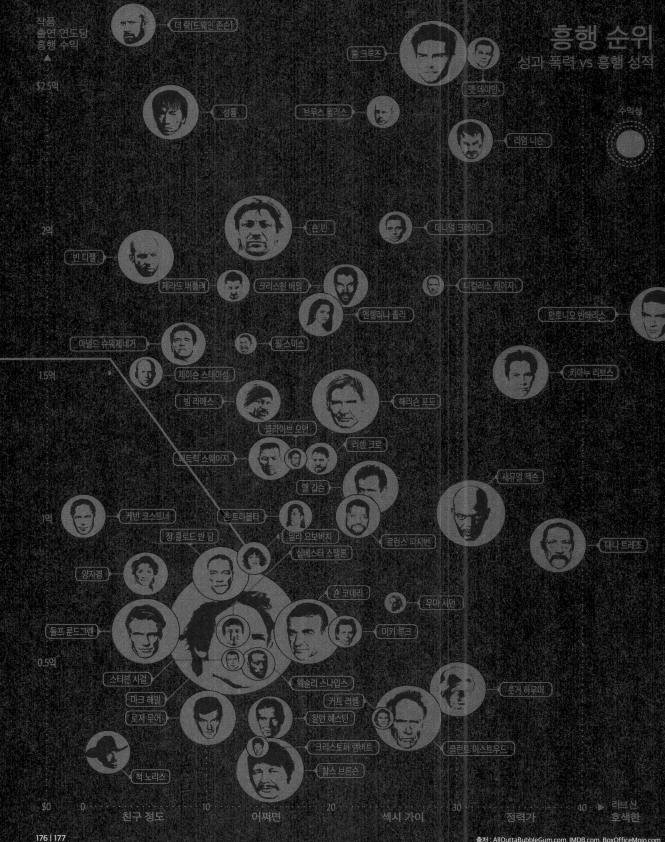

흥행 순위
성과 폭력 vs 흥행 성적

작품
출연 연도당
흥행 수익
▲

수익성

$2.5억

2억

1.5억

1억

0.5억

더 락(드웨인 존슨)
톰 크루즈
맷 데이먼
성룡
브루스 윌리스
리엄 니슨
손빈
대니얼 크레이그
빈 디젤
제라드 버틀러
크리스천 베일
니컬러스 케이지
앤젤리나 졸리
안토니오 반데라스
아널드 슈워제네거
윌 스미스
제이슨 스테이섬
키아누 리브스
빙 라메스
해리슨 포드
클라이브 오언
러셀 크로
대니 트레조
미키 루크
미키 루크
멜 깁슨
새뮤얼 잭슨
케빈 코스트너
존 트라볼타
밀라 요보비치
로런스 피시번
장 클로드 반 담
실베스터 스탤론
양자경
숀 코네리
우마 서먼
돌프 룬드그렌
미키 루크
룻거 하우어
스티븐 시걸
웨슬리 스나입스
커트 러셀
마크 해밀
찰턴 헤스턴
클린트 이스트우드
로저 무어
크리스토퍼 램버트
찰스 브론슨
척 노리스

$0   0   10   20   30   40 ▶ 러브신
        친구 정도   어쩌면   섹시 가이   정력가   호색한

출처 : AllOuttaBubbleGum.com, IMDB.com, BoxOfficeMojo.com
데이터 : bit.ly/KIB_MovieBadass

인플루엔자이어그램
누가 무엇에 감염될 수 있나?

옅은색 글자
= 인간 감염 가능성 낮음

글자 크기
= 인간 치사율

2013년 3월 중국 상하이에서 조류 독감 바이러스의 변형으로 의심되는 바이러스가 발견되었다. 이 바이러스에 감염될 경우, 인간의 치사율이 30%에 이른다.

종종 돼지가 독감 유행의 근원이 되기도 한다. 돼지는 조류, 인간, 돼지 독감 바이러스에 감염될 수 있기 때문이다.

심각한 경우, 돼지는 새로이 진화한 바이러스 유형을 새에서 인간으로 옮기는 가교 역할을 하기도 한다.

매체에서 자주 언급하는 '조류 독감'. 인간의 치사율이 60%에 이른다. 그래도 인간 대 인간 감염에 대해서는 보고된 바가 없다.

잘 알려지지 않은 '조류 독감'. 유라시아 대륙 내 가금류에서 발병. 인간에게서는 거의 나타나지 않는다.

'돼지 독감'의 가장 흔한 유형. 1918년 '스페인 독감'이라는 이름으로 유행하여 2천만 명이 사망했다. 2009~ 2010년에 유행하여 전 세계적으로 15,000명이 사망했다.

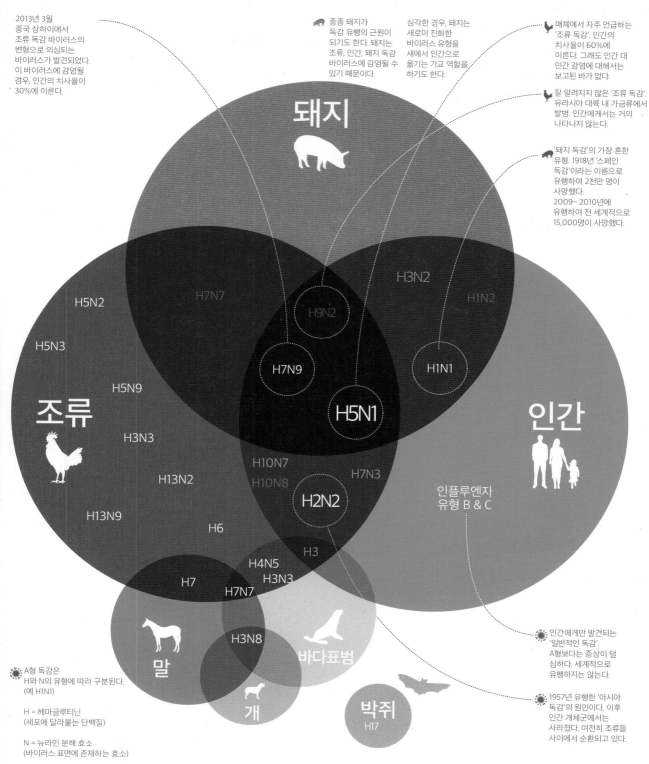

돼지

조류

인간

H5N2
H7N7
H3N2
H1N2

H5N3
H9N2

H5N9
H7N9
H1N1

H3N3
H5N1

H13N2
H10N7
H7N3

H10N8

H13N9
H2N2
인플루엔자 유형 B & C

H6

H3

H4N5
H3N3

H7
H7N7

H3N8

말

바다표범

개

박쥐
H17

A형 독감은 H와 N의 유형에 따라 구분된다.
(예 H1N1)

H = 헤마글루티닌
(세포에 달라붙는 단백질)

N = 뉴라민 분해 효소
(바이러스 표면에 존재하는 효소)

인간에게만 발견되는 '일반적인 독감'. A형보다는 증상이 덜 심하다. 세계적으로 유행하지는 않는다.

1957년 유행한 '아시아 독감'의 원인이다. 이후 인간 개체군에서는 사라졌다. 여전히 조류들 사이에서 순환되고 있다.

출처 : World Health Organisation[WHO, 세계보건기구], Centers for Disease Control and Prevention[미국질병통제센터]
데이터 : bit.ly/KIB_InfluVennZa

교도소의 쇠창살

재소자가 가장 많은 나라
총재소자의 수

나라	수
미국	2,267,000
중국	1,640,000
러시아	708,000
브라질	515,000
인도	372,000
이란	250,000
태국	245,000
멕시코	238,000
남아프리카 공화국	157,000
우크라이나	151,000
인도네시아	142,000
터키	125,000
콜롬비아	114,000

인구 100,000명당 재소자의 수

나라	수
미국	730
르완다	527
쿠바	510
러시아	495
조지아	492
벨라루스	438
엘살바도르	425
아제르바이잔	407
태국	349
우크라이나	334
이란	333
카자흐스탄	316
남아프리카 공화국	307

증가율 %

인구 100,000명당 재소자의 수, OECD 국가들에 한함

국가	수		10년간 증가율
		2001년 2006년 2011년	
미국	730		0%
칠레	279		24%
이스라엘	236		38%
폴란드	220		3%
체코	219		15%
멕시코	206		26%
슬로바키아	205		40%
뉴질랜드	194		31%
헝가리	173		2%
터키	165		121%
잉글랜드 & 웨일즈	153		13%
스페인	149		18%
오스트레일리아	130		16%

출처 : OECD, US Bureau of Justice Statistics[미국법무성통계국], UK Ministry Of Justice[영국법무성], US Department of Justice[미국법무성]
데이터 : bit.ly/KIB_PrisonBars

교도소의 쇠창살 : 미국의 재소자

	전체 범죄 대비 비율 %	인종	
		재소 인원 중 백인 %	흑인 %
폭력 범죄	**53**	**35**	**38**
살인	13	28	40
과실치사	1	39	35
강도	14	21	55
폭행	10	31	41
기타 폭력 행위	3	43	40
성범죄	**12**	**48**	**24**
강간	5	48	24
기타 성폭력	7	59	23
재산 범죄	**19**	**44**	**32**
주거침입 강도	10	42	36
절도	4	47	30
차량 절도	1	45	23
사기	2	49	27
기타 재산 범죄	2	48	24
약물 범죄	**18**	30	41
공공질서 훼손	**9**	39	36
음주 운전	데이터 없음	데이터 없음	
기타 / 불특정 범죄 행위	1	31	25
수감 인원		35	38
미국의 인구		64	12

히스패닉 %	기타 %	재범 3년 이내 재수감률 %	남성 VS. 여성 만약 성비가 동등하다면 (%) ← 남성 비율이 더 많음 | 여성 비율이 더 많음 →
21	6		18.5
23	3.9	⎫ 27	2.4
16	2.4	⎬	1.2
20	2.1	47	5.4
28	3.7	45	1.5
25	4.1	34	0.3
22		데이터 없음	데이터 없음
10	2.8	28	4.5
15	3.2	23	6.2
16	2.7		11.2
17	2.4	55	3.2
14	2.4	⎫ 56	5.6
28	4.6	⎬	0.2
9	2.7	데이터 없음	8.2
13	2.9	47	0.6
21	2.0	47	8.4
23	3.5	데이터 없음	1.7
데이터 없음		32	데이터 없음
10	3.6	46	0.5
21	3		
16	8		

출처 : US Bureau of Justice Statistics[미국법무성통계국], US Department of Justice[미국법무성]
데이터 : bit.ly/KIB_PrisonBars

초강대국들의 대결
전쟁과 평화

	중국	EU	인도	미국
군비 단위 : 10억 달러	129	298	44	689
군비 GDP 대비 %	2.0	1.9	2.4	4.2
현역 군인 단위 : 백만 명	2.2	1.6	1.3	1.4
현역 군인 인구 100,000명당	169	318	107	448
핵탄두	240	65	100	7,700
핵무기 프로그램 비용 전 세계 핵무기 비용 대비 %	7	데이터 없음	5	58
UN에 대한 기부 연간 총 UN 기부금 대비 %	3	43	1	24
구호 기부 GDP 대비 %	0.08	0.19	0.01	0.02
인도적 구호 기부 GDP 대비 %	0.01	0.03	0	0
IMF에 대한 기부 GDP 대비 %	0.14	0.41	0.29	0.24
점수	1	4	0	5

미국의 승리!

출처 : CIA World Factbook, World Bank, Eurostat[유럽연합통계청]
데이터 : bit.ly/KIB_Superpowers

벽으로 분리된 세계

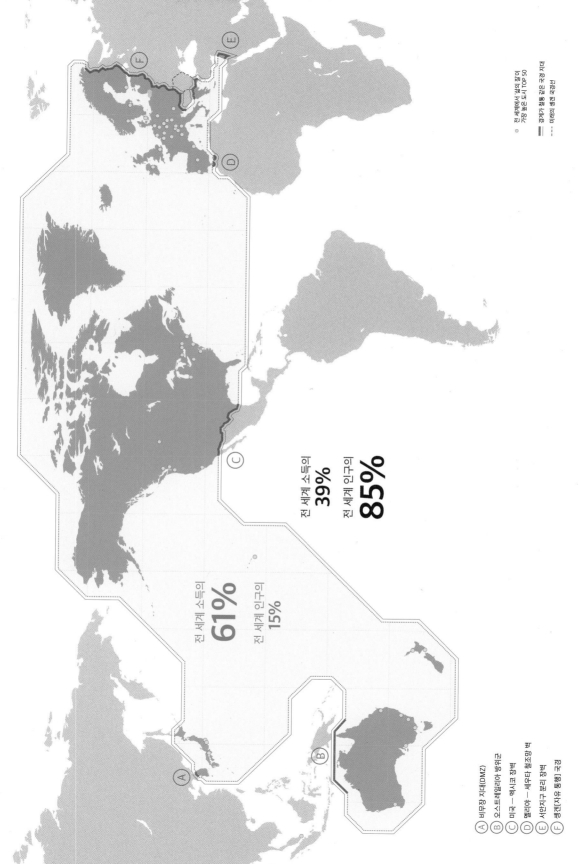

전 세계 소득의
61%

전 세계 인구의
15%

전 세계 소득의
39%

전 세계 인구의
85%

Ⓐ 비무장 지대(DMZ)
Ⓑ 오스트레일리아 방위군
Ⓒ 미국─멕시코 장벽
Ⓓ 멜리야─세우타 철조망 벽
Ⓔ 서안지구 분리 장벽
Ⓕ 솅겐(자유 통행) 국경

○ 전 세계에서 삶의 질이
   가장 높은 도시 TOP 50
▬ 경제가 통합된 국경 지대
--- 미래의 생편 국경선

출처 : Guardian, Wikipedia, BBC, EUobserver, Queens University Belfast, CNN
데이터 : bit.ly/KIB_WalledWorld

좋은 금실을 위한 팁

열린 마음을

행복한 결혼을 위한

작은 선물을 주어라 '방 안에' 머물러라 —

당신을 행복하게 만드는 일을

싸움을 걸기 전에 '싸울 만한 일일까?' 하고 생각하라 점수를 매기지

욕실 문을 닫아라! 낭만적이 되어라 논쟁에서 배워라

기억하자 : 당신의 배우자는 당신이 아니다 논쟁에서 '이기려는' 태도를

매일 칭찬하고 감사하라

집안일을 외부에 위탁하라 **늘 신나고 재미있고**

속성 섹스를 즐겨라

함께 지내는 것이 힘들어지면, 힘든 상황은 계속된다⋯⋯

배우자의 재능과 장점을 인식하라

많이 만져라 당신의 감정을 인정하라 함께하는

화난 채 잠자리에 든다면, 아침까지 언쟁을 벌이지 마라 훌륭한 섹스로 꾸준한

화난 채 잠자리에 들지 마라 함께 요리하라

비전을 가지고, 공통의 목표를 찾아라 당신의 관계를 다른 사람들과 비교하지

외부의 문제와 싸울 때에 항상 함께하라 웃는 것을 기억하라

타협의 기술을 통달하라 **잘 듣는 법을**

가장 물어보기 힘든 것을 물어보라

예의를 지키고 성심을 다하라

서로의 뜻에 반하는 순간들이 있다는 점을 받아들여라

미안하다고

발렌타인 데이에는

사랑 성숙 재미 실ㄹ

가지고 솔직하라

각본을 머릿속에서 지워라

갈등으로부터 도망가지 마라

하라 꾸준히 데이트하라 사소한 일에 관해 이야기하라

현재에 충실하라 배우자를 먼저 생각하라

마라 변화시키거나 고정시키려 하지 마라

공감하며 소통하라 당신이 바라는 것을 당신의 배우자에게 해주어라

버려라 배우자에게 뭐가 더 필요하냐고 물어보라

즐거운 삶을 살아라 싱글처럼 먹고 운동하라

혼전 계약을 하라

상담을 받으러 가라 돈에 관해 이야기하라

시간을 꾸준히 가져라 애써 섹스하려고 노력하지 마라

지루함도 괜찮다

다이어트를 즐겨라 배우자의 좋은 점을 기억하라

마라 비난하지 마라 영향력을 나눠라

아이가 아닌 부부 관계를 우선적으로 생각하라

물어라 ─ 추측하지 마라 부부 관계에 끊임없이 노력을 쏟아라

배워라 아침마다 '오늘 어떻게 하면 내 배우자를 행복하게 할 수 있을까?'라고 물어라

독립과 의존 간에 균형을 유지하라

사랑의 언어를 배워서 배우자가 존재 가치를 느끼게 하라

말하고, 화해하라

딴 데 가지 마라

리 존중 성적 매력 지혜

출처 : Harville Hendrix[부부치료전문가 하빌 핸드릭스 박사], Huff Post[허핑턴 포스트], Cosmo, ELLE, Psychcentral[온라인 심리학 잡지 사이샌트럴], Reader's Digest, Happy Wives Club[행복한 아내 클럽] 등
데이터 : bit.ly/KIB_Relationtips

핀 포인트
4자리 비밀번호의 패턴

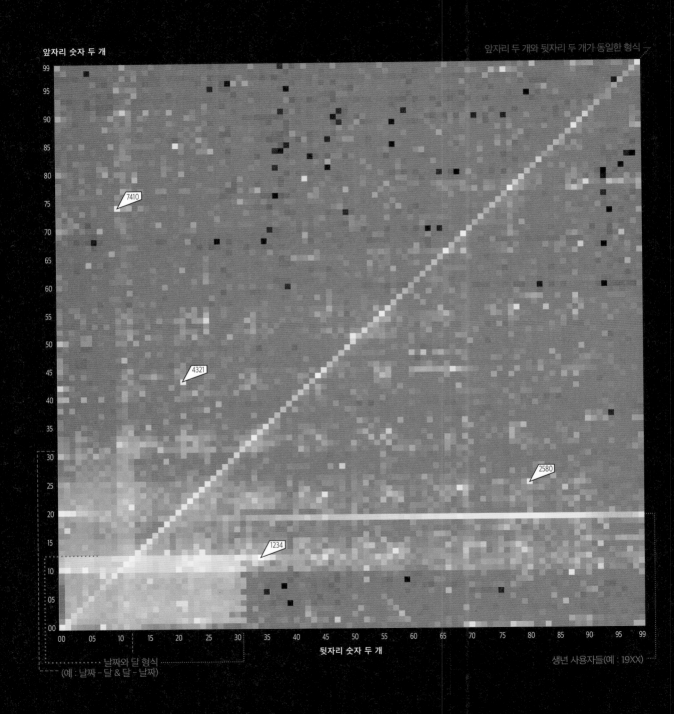

앞자리 숫자 두 개

앞자리 두 개와 뒷자리 두 개가 동일한 형식

7410

4321

2580

1234

뒷자리 숫자 두 개

날짜와 달 형식
(예 : 날짜 - 달 & 달 - 날짜)

생년 사용자들(예 : 19XX)

키패드 숫자

1234	0000	7777	2000	2222	9999	5555	1122	8888	2001
1111	1212	1004	4444	6969	3333	6666	1313	4321	1010

비밀번호 사용자들
27%

이미지 저작권 및 출처 : Nick Berry, DataGenetics.com
데이터 및 분석 : datagenetics.com/blog/september32012/

권력 도형

통치의 유형

권력 구조

국가
STATE

정치적 영토적 단위

주권 국가
SOVEREIGN STATE
다른 권력이나
국가에
의존하지 않음

민족
NATION
문화적
(또는 민족적)
독립체

민족 국가
NATION STATE
문화적 정치적
실체가
하나일 때
대부분의 국가들

단일 국가
UNITARY STATE

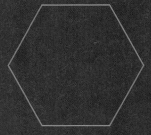

하위 단위들이 중앙의 최고 권력이 주는
권력만 행사하는 연합체

영국, 러시아 연방

연방 국가
FEDERATION / FEDERAL STATE

중앙(연방)의 권력을 배분 받는
자치 단위들의 연합체

미국, 인도

연방제
FEDERACY
몇몇 단위들은
다른 단위들보다 더 많은
독립권을 가진다
미국 & 푸에르토리코

데 팍토
DE-FACTO
중앙 권력이 하위 단위들의
권력을 무효화할 수 있지만,
그렇게 하지 않는다
중국

연맹
CONFEDERATION

정치적으로 분리된 단위들이
공동의 목적과 행동을 실현하기 위해
구성한 상설 연합체

EU, 스포츠 리그

제국
EMPIRE

중앙 권력의 강압에 의해
직접 통치되는
자치 단위들의 연합

대영 제국, 제3제국, 미국(이론의 여지 있음)

패권
HEGEMONY

중앙 권력의 강압과 문화적 지배에 의해
간접적으로 통치되는
자치 단위들의 연합

로마 제국

이데올로기 / 강도

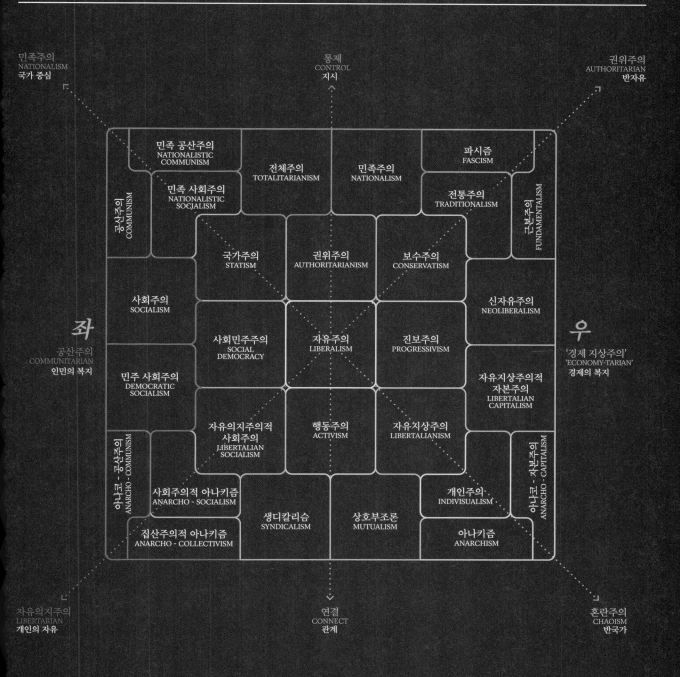

민족주의
NATIONALISM
국가 중심

통제
CONTROL
지시

권위주의
AUTHORITARIAN
반자유

좌
공산주의
COMMUNITARIAN
인민의 복지

우
'경제 지상주의'
'ECONOMY-TARIAN'
경제의 복지

자유의지주의
LIBERTARIAN
개인의 자유

연결
CONNECT
관계

혼란주의
CHAOISM
반국가

민족 공산주의
NATIONALISTIC COMMUNISM

전체주의
TOTALITARIANISM

민족주의
NATIONALISM

파시즘
FASCISM

민족 사회주의
NATIONALISTIC SOCIALISM

전통주의
TRADITIONALISM

공산주의
COMMUNISM

국가주의
STATISM

권위주의
AUTHORITARIANISM

보수주의
CONSERVATISM

근본주의
FUNDAMENTALISM

사회주의
SOCIALISM

신자유주의
NEOLIBERALISM

사회민주주의
SOCIAL DEMOCRACY

자유주의
LIBERALISM

진보주의
PROGRESSIVISM

민주 사회주의
DEMOCRATIC SOCIALISM

자유지상주의적 자본주의
LIBERTALIAN CAPITALISM

자유의지주의적 사회주의
LIBERTALIAN SOCIALISM

행동주의
ACTIVISM

자유지상주의
LIBERTALIANISM

아나코 - 공산주의
ANARCHO - COMMUNISM

사회주의적 아나키즘
ANARCHO - SOCIALISM

개인주의
INDIVISUALISM

아나코 - 자본주의
ANARCHO - CAPITALISM

집산주의적 아나키즘
ANARCHO - COLLECTIVISM

생디칼리슴
SYNDICALISM

상호부조론
MUTUALISM

아나키즘
ANARCHISM

출처 : Wikipedia, BBC History, CIA World Factbook
데이터 : bit.ly/KIB_RulingCasts

권력의 원천

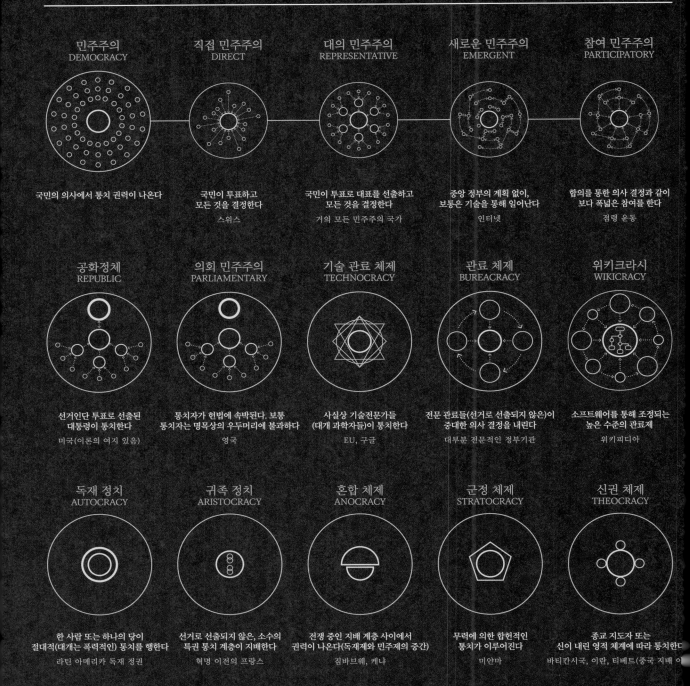

민주주의
DEMOCRACY

국민의 의사에서 통치 권력이 나온다

직접 민주주의
DIRECT

국민이 투표하고
모든 것을 결정한다

스위스

대의 민주주의
REPRESENTATIVE

국민이 투표로 대표를 선출하고
모든 것을 결정한다

거의 모든 민주주의 국가

새로운 민주주의
EMERGENT

중앙 정부의 계획 없이,
보통은 기술을 통해 일어난다

인터넷

참여 민주주의
PARTICIPATORY

합의를 통한 의사 결정과 같이
보다 폭넓은 참여를 한다

점령 운동

공화정체
REPUBLIC

선거인단 투표로 선출된
대통령이 통치한다

미국(이론의 여지 있음)

의회 민주주의
PARLIAMENTARY

통치자가 헌법에 속박된다. 보통
통치자는 명목상의 우두머리에 불과하다

영국

기술 관료 체제
TECHNOCRACY

사실상 기술전문가들
(대개 과학자들)이 통치한다

EU, 구글

관료 체제
BUREACRACY

전문 관료들(선거로 선출되지 않은)이
중대한 의사 결정을 내린다

대부분 전문적인 정부기관

위키크라시
WIKICRACY

소프트웨어를 통해 조정되는
높은 수준의 관료제

위키피디아

독재 정치
AUTOCRACY

한 사람 또는 하나의 당이
절대적(대개는 폭력적인) 통치를 행한다

라틴 아메리카 독재 정권

귀족 정치
ARISTOCRACY

선거로 선출되지 않은, 소수의
특권 통치 계층이 지배한다

혁명 이전의 프랑스

혼합 체제
ANOCRACY

전쟁 중인 지배 계층 사이에서
권력이 나온다(독재제와 민주제의 중간)

짐바브웨, 케냐

군정 체제
STRATOCRACY

무력에 의한 합헌적인
통치가 이루어진다

미얀마

신권 체제
THEOCRACY

종교 지도자 또는
신이 내린 영적 체계에 따라 통치한다

바티칸시국, 이란, 티베트(중국 지배 이

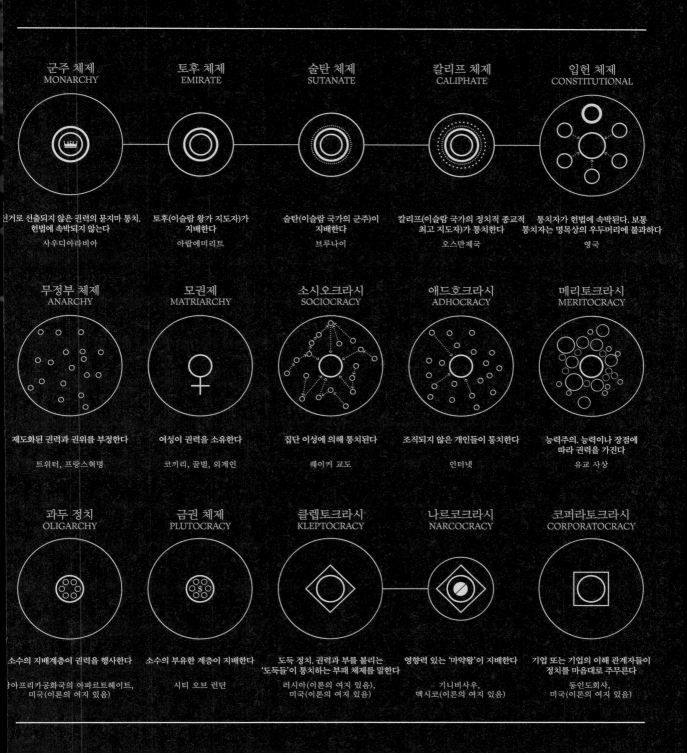

군주 체제
MONARCHY
선거로 선출되지 않은 권력의 묻지마 통치.
헌법에 속박되지 않는다

사우디아라비아

토후 체제
EMIRATE
토후(이슬람 왕가 지도자)가
지배한다

아랍에미리트

술탄 체제
SUTANATE
술탄(이슬람 국가의 군주)이
지배한다

브루나이

칼리프 체제
CALIPHATE
칼리프(이슬람 국가의 정치적 종교적
최고 지도자)가 통치한다

오스만제국

입헌 체제
CONSTITUTIONAL
통치자가 헌법에 속박된다. 보통
통치자는 명목상의 우두머리에 불과하다

영국

무정부 체제
ANARCHY
제도화된 권력과 권위를 부정한다

트위터, 프랑스혁명

모권제
MATRIARCHY
여성이 권력을 소유한다

코끼리, 꿀벌, 외계인

소시오크라시
SOCIOCRACY
집단 이성에 의해 통치된다

퀘이커 교도

애드호크라시
ADHOCRACY
조직되지 않은 개인들이 통치한다

인터넷

메리토크라시
MERITOCRACY
능력주의. 능력이나 장점에
따라 권력을 가진다

유교 사상

과두 정치
OLIGARCHY
소수의 지배계층이 권력을 행사한다

아프리카공화국의 아파르트헤이트,
미국(이론의 여지 있음)

금권 체제
PLUTOCRACY
소수의 부유한 계층이 지배한다

시티 오브 런던

클렙토크라시
KLEPTOCRACY
도둑 정치. 권력과 부를 불리는
'도둑들'이 통치하는 부패 체제를 말한다

러시아(이론의 여지 있음),
미국(이론의 여지 있음)

나르코크라시
NARCOCRACY
영향력 있는 '마약왕'이 지배한다

기니비사우,
멕시코(이론의 여지 있음)

코퍼라토크라시
CORPORATOCRACY
기업 또는 기업의 이해 관계자들이
정치를 마음대로 주무른다

동인도회사,
미국(이론의 여지 있음)

출처 : Wikipedia, BBC History
데이터 : bit.ly/KIB_RulingCasts

4옥타브

3옥타브

제니퍼 허드슨

휘트니 휴스턴
(어릴 적용 전)

재닛 잭슨

다이애나 로스

바브라 스트라이샌드

라나 델 레이

머라이어 캐리

엘리샤 사이러스

비욘세

마돈나

메리 제이 블라이즈

제니퍼 로페즈

셰어

브리트니

에리카 바두

리애나

술란지

크리스티나 아길레라

나를 세르장이

일라사 키스

아리사 프랭클린

자넬 모네

신디 로퍼

도나 서머

셀린 디옹

핑크

케이트 부시

알리야
(편히 잠들다)

리오나 루이스

엘라니스 모리세트

에이미 와인하우스

제시

브랜디

네티사 배딩필드

켈리 클락슨

5옥타브

사람들 입에 오르내리는 '디바다움'

↑ 높음

음폭

중간

낮음

목소리 음역

2옥타브

비평가들의 호평
(활동 연도별
그래미상 수상 기록)

테일러
스위프트

목소리 성역 수브레토[요염한 말괄량이]

드라마틱 소프라노

가벼운 리릭 소프라노

리릭[서정적] 소프라노

소프라노

스핀토[극적인] 메조 소프라노

메조 소프라노

리릭 콘트랄토

콜로라투라[특색있는 기교] 콘트랄토

콘트랄토[여성의 가장 낮은 음역]

아델

셀린 디온

에밀리 샌데이

힐러리 더프

비욘세

제시 제이

시에라

시애라
케이티 페리

조스 스톤

알렉산드라 버크

로빈 힐

에브릴 라빈

샤키라

케일리 미노그

넬리 퍼타도

비외르크

언론의 클리셰

틈만 나면 나오는 말

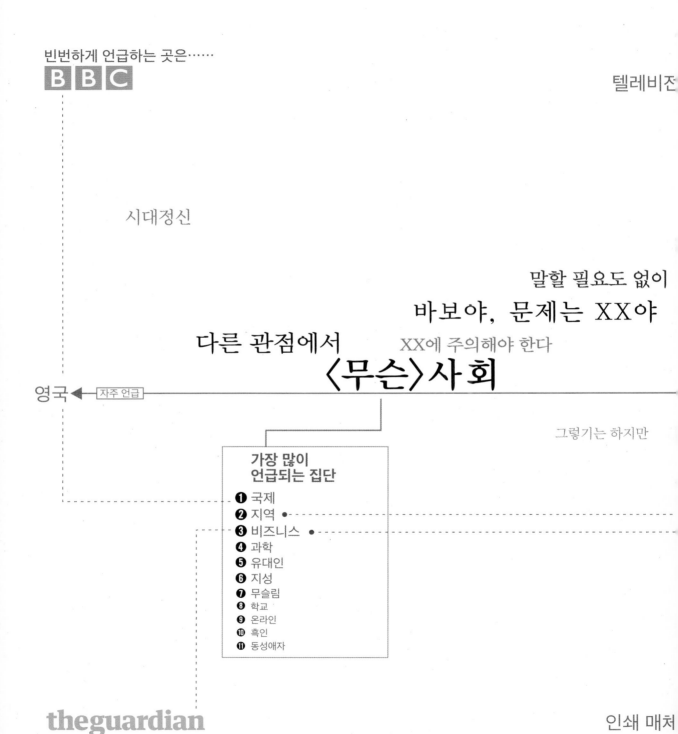

빈번하게 언급하는 곳은……

B B C

텔레비전

시대정신

말할 필요도 없이

바보야, 문제는 XX야

다른 관점에서   XX에 주의해야 한다

〈무슨〉사회

영국 ◄ 자주 언급

그렇기는 하지만

**가장 많이
언급되는 집단**

❶ 국제
❷ 지역
❸ 비즈니스
❹ 과학
❺ 유대인
❻ 지성
❼ 무슬림
❽ 학교
❾ 온라인
❿ 흑인
⓫ 동성애자

theguardian

인쇄 매체

CNN

논란을 야기하다
왕도가 없다
급히 소집되다　킹메이커　상황은 유동적이다
지나친 억측　급습　치열한 각축전　신랄한 비난
민심 수습　기로에 서 있는 워싱턴의 엘리트층 사이에서　거의 알려지지 않은
질문을 끌어내다　국가 차원에서　줄거리　정치극
본질적인 부분　다른 관점에서　반백의 참진 용사　패러다임 변화　자주 인용되는
문가들이 말하기를　산파　비평가들이 말하기를　관찰자들　반발
이 말했듯이　장차　상징이 되는　돌아온　미국 시민
점점 더　아니라고 할 수 없는
그대로　XXX는 혼자가 아니다　〈무엇〉2.0
다른 XX　그것을 XX라고 한다　뜨거운 쟁점
자주 언급 ➔ 미국
〈누구〉가 〈누구〉다웠을 뿐
처로운 XXX에게 연민을 느낀다　지켜봐야 한다　XX씨 워싱턴에 가다
수치스러운 끝　틀림없다　게슈탈트　스포트라이트를 비추다　강조했다
XX가 민병통치악은 아니다　얼핏 보기에　그게 바로 현실이다
뚜렷한 양도감
잘 손질된 잔디　속담에도 있는 XX
논쟁이 벌어지다　다르지 않다　판돈을 두 배로
개천에서 용 난다　어지럽도록 많은 이의를 제기했다　민주당과 공화당의 열혈 지지자들
통렬한 비판　로르샤흐 테스트
확실해지고 있는 증거　판단대로라면
그렇다 XXX는 존재한다
유대가 긴밀한 공동체　드문 기회
변화하는 역학

한 사회로서

The New York Times

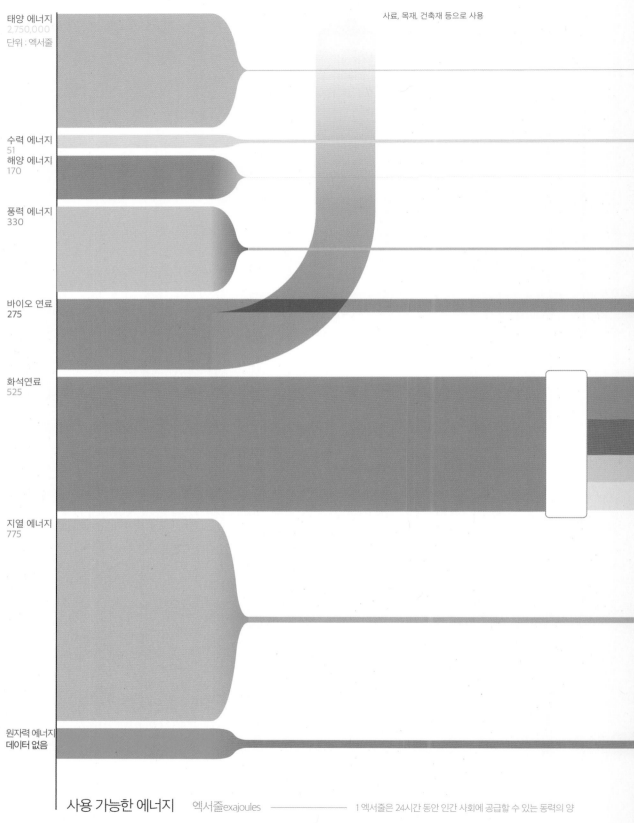

태양 에너지
2,750,000
단위 : 엑서줄

사료, 목재, 건축재 등으로 사용

수력 에너지
51

해양 에너지
170

풍력 에너지
330

바이오 연료
275

화석연료
525

지열 에너지
775

원자력 에너지
데이터 없음

사용 가능한 에너지   엑서줄exajoules ──────── 1 엑서줄은 24시간 동안 인간 사회에 공급할 수 있는 동력의 양

인류를 흐르는 에너지

0.1

12

0.002

1

52

32전통적

8 현대적

3.1바이오 연료

8.7폐기물

석유
167

석탄 & 토탄
138

천연가스
106

잔여
114

2.2

29

509
엑서줄

인간이
수확한
총에너지

350
엑서줄

인간이
최종 사용한
총에너지

실제 수확

변환 과정에서 사라짐

실제 사용

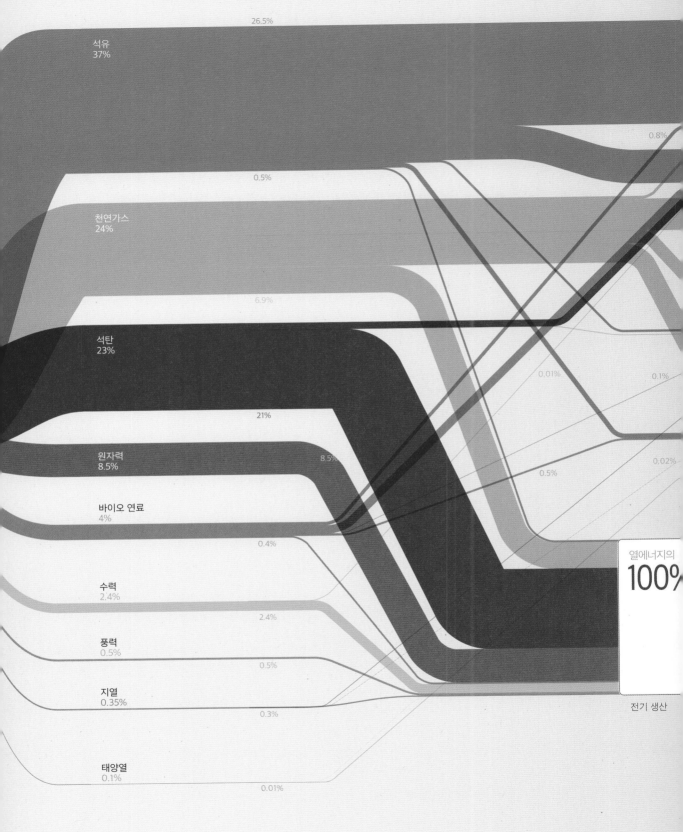

석유
37%

26.5%

0.8%

0.5%

천연가스
24%

6.9%

석탄
23%

0.01%

0.1%

21%

원자력
8.5%

8.5%

0.02%

0.5%

바이오 연료
4%

0.4%

수력
2.4%

2.4%

풍력
0.5%

0.5%

지열
0.35%

0.3%

전기 생산

열에너지의
100%

태양열
0.1%

0.01%

운송
39%

공업
33%

상업
12%

주거
16%

0.7%

8.6%

1.8%

0.6%

0.01%

1.2%

0.08%

잔여
열에너지의
31%

전기 공급

%
요리 5
온수 6
난방 14

조명
& 가전 75

77%   65%   66%   54% 68%
변환 과정에서 사라짐

출처 : International Energy Agency[국제에너지기구], US Department of Energy[미국에너지부], REN21 Renewables Report 2012[세계 재생에너지 정책네트워크 REN21에서 발간하는 재생에너지 동향 보고서 2012년 호],
BP Statistical Review World Energy[BP의 세계 에너지 통계]
데이터 : bit.ly/KIB_EnergyFlow

주의 : 영국의 데이터 표본을 전기 생산 수치에 사용했음.

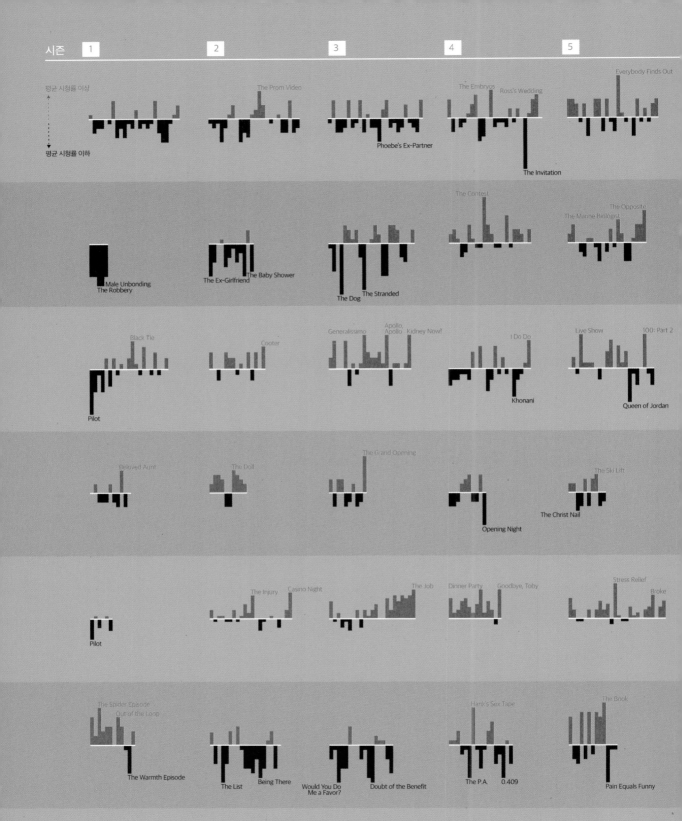

평균 시청률 이상

평균 시청률 이하

The Prom Video

Phoebe's Ex-Partner

The Embryos
Ross's Wedding

Everybody Finds Out

The Invitation

The Contest

The Marine Biologist
The Opposite

Male Unbonding
The Robbery

The Ex-Girlfriend
The Baby Shower

The Dog　The Stranded

Black Tie

Cooter

Generalissimo
Apollo, Apollo　Kidney Now!

I Do Do

Khonani

Live Show
100: Part 2

Queen of Jordan

Pilot

Beloved Aunt

The Doll

The Grand Opening

Opening Night

The Ski Lift

The Christ Nail

Pilot

The Injury　Casino Night

The Job

Dinner Party　Goodbye, Toby

Stress Relief
Broke

The Spider Episode
Out of the Loop

The Warmth Episode

The List　Being There

Would You Do
Me a Favor?　Doubt of the Benefit

Hank's Sex Tape

The P.A.　0.409

The Book

Pain Equals Funny

뚜껑은 열어 봐야 역대 최고의 TV 에피소드는?

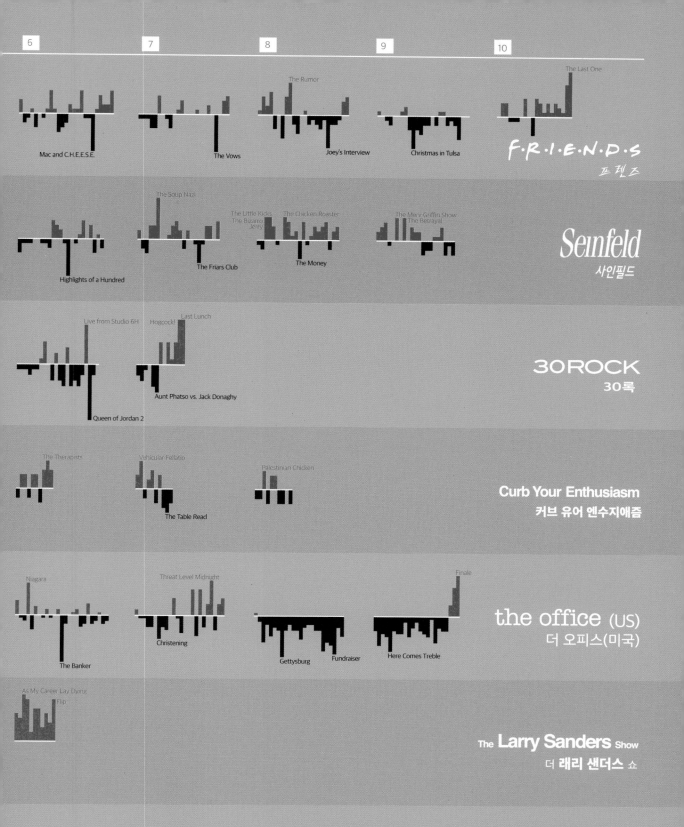

6   7   8   9   10

F·R·I·E·N·D·S
프렌즈

Mac and C.H.E.E.S.E.
The Vows
The Rumor
Joey's Interview
Christmas in Tulsa
The Last One

Seinfeld
사인필드

Highlights of a Hundred
The Soup Nazi
The Friars Club
The Little Kicks
The Bizarro Jerry
The Chicken Roaster
The Money
The Merv Griffin Show
The Betrayal

30ROCK
30록

Live from Studio 6H
Hogcock!
Last Lunch
Aunt Phatso vs. Jack Donaghy
Queen of Jordan 2

Curb Your Enthusiasm
커브 유어 엔수지애즘

The Therapists
Vehicular Fellatio
The Table Read
Palestinian Chicken

the office (US)
더 오피스(미국)

Niagara
The Banker
Threat Level Midnight
Christening
Gettysburg
Fundraiser
Here Comes Treble
Finale

The Larry Sanders Show
더 래리 샌더스 쇼

As My Career Lay Dying
Flip

출처 : Internet Movie Database(IMDb.com)
데이터 : bit.ly/KIB_BestEpisodes

THE Simpsons 심슨네가족들

1

Simpson & Delilah
One Fish, Two Fish, Blowfish, Blue Fish
Three Men & a Comic Book

2

Bart the Murderer
Homer Defined

3

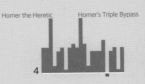

Homer the Heretic
Homer's Triple Bypass

4

Rosebud
Boy Scoutz 'n the Hood
Burns' Heir
Sweet Seymour Skinner's Baadasssss Song

5

Homer Badman

Another Simpsons Clip Show

6

Two Bad Neighbors
King Size Homer
Homer the Smithers
Bart on the Road

7

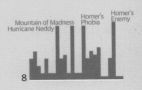

Mountain of Madness
Hurricane Neddy
Homer's Phobia
Homer's Enemy

8

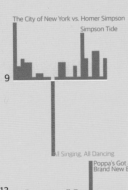

The City of New York vs. Homer Simpson
Simpson Tide

9

All Singing, All Dancing

Treehouse of Horror IX

10

Alone Again, Natura-Diddly

Saddlesore Galactica   Kill the Alligator and Run

11

Skinner's Sense of Snow
Trilogy of Error

Bye Bye Nerdie

12

Poppa's Got a Brand New Badge

Gump Roast

13

Moe Baby Blues

Helter Shelter   Barting Over The Bart of War

14

Bart-Mangled Banner

15

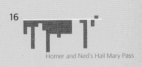

Homer and Ned's Hail Mary Pass

16

Bonfire of the Manatees   My Fair Laddy

17

24 Minutes

Rome-old and Juli-eh

18

Eternal Moonshine of the Simpson Mind

Papa Don't Leech

19

Lisa the Drama Queen

20

The Great Wife Hope

The Greatest Story Ever D'ohed

21

Moms I'd Like to Forget

22

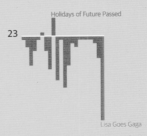

Holidays of Future Passed

Lisa Goes Gaga

23

Gorgeous Grampa

24

출처 : Internet Movie Database(IMDb.com)
데이터 : bit.ly/KIB_BestEpisodes

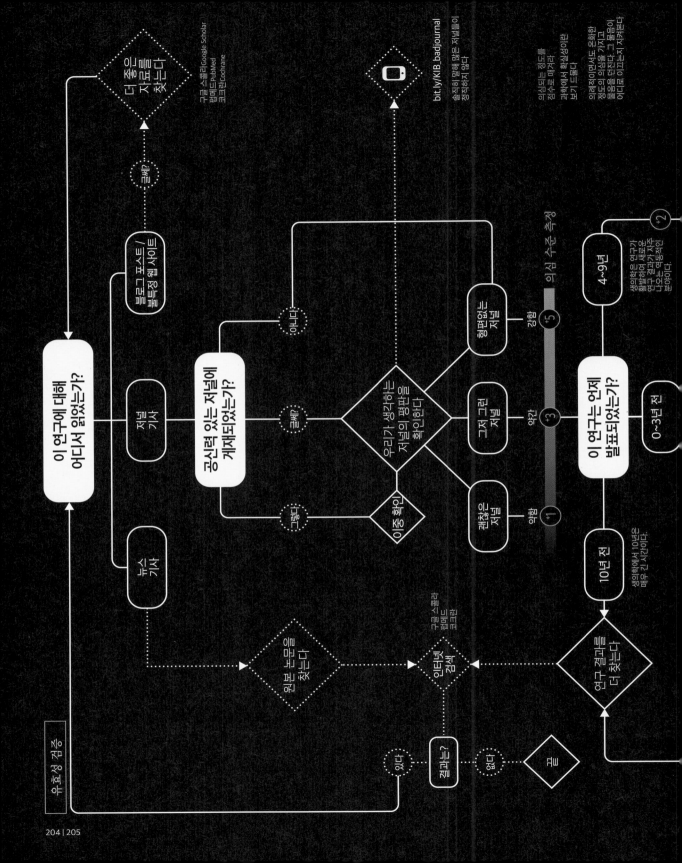

유효성 검증

이 연구에 대해 어디서 읽었는가?

블로그 포스트 / 블특정 웹 사이트

저널 기사

뉴스 기사

더 좋은 자료를 찾는다

글쎄?

구글 스콜라Google Scholar
펍메드PubMed
코크란Cochrane

공신력 있는 저널에 게재되었는가?

아니다

글쎄?

그렇다

우리가 생각하는 저널의 평판을 확인한다

이중 확인

형편없는 저널 · 강함 · +5

그저 그런 저널 · 약간 · +3

괜찮은 저널 · 약함 · +1

의심 수준 측정

bit.ly/KJB_badjournal
솔직히 말해 영 저널들이 정직하지 않다

이상되는 정도로 점수를 매겨라
과학에서 확실성이란 보기 드물다

이 연구는 언제 발표되었는가?

4~9년 · +2

0~3년 전

10년 전

생의학에서 10년은 매우 긴 시간이다.

생의학은 연구가 활발하여 새로운 연구결과가 자주 나오는 분야이다.

연구 결과를 더 찾는다

원본 논문을 찾는다

인터넷 검색

구글 스콜라
펍메드
코크란

결과는?

있다

없다

끝

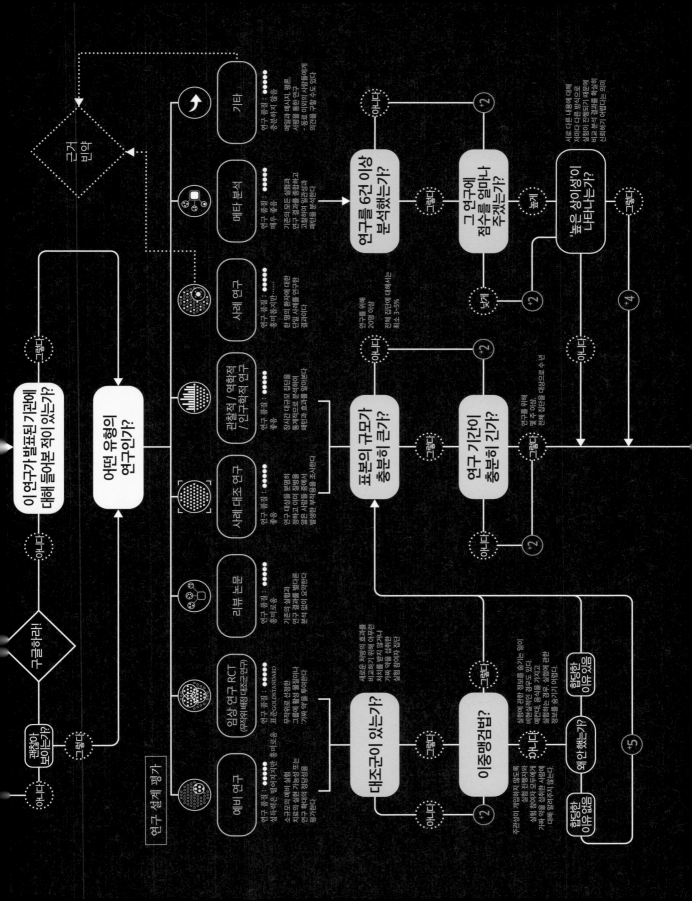

구름하라!

괜찮아 보이는가?

이 연구가 발표된 기관에
대해 들어본 적이 있는가?

어떤 유형의
연구인가?

근거
빈약

연구 설계 평가

예비 연구

연구 품질 : ●●○○○
설득력은 떨어지지만 흥미로움

소규모의 예비 실험
자료로 실험 기능성 또는
연구 타당의 정당성을
평가한다

임상 연구 RCT
(무작위 배정 대조 연구)

연구 품질 : ●●●●●
표준(GOLD STANDARD)

무작위로 선정된
그룹에 활성 물질이나
가짜 약을 투여한다

리뷰 논문

연구 품질 : ●●○○○
흥미로움

기존의 실험들과
연구 결과를 별다른
분석 없이 요약한다

사례 대조 연구

연구 품질 : ●●●○○
좋음

연구 대상을 분명히
정하고 이미 질병을
앓는 사람들 중에서
발생한 부작용을 조사한다

관찰적 / 역학적
인구학적 연구

연구 품질 : ●●●○○
좋음

장시간 대규모 집단을
통계적으로 분석하여
패턴과 효과를 알아본다

사례 연구

연구 품질 : ●●○○○
흥미롭지만...

한 명의 환자에 대한
단일 사례를 연구한
결과이다

메타 분석

연구 품질 : ●●●●●
매우 좋음

기존의 모든 실험과
연구 결과를 종합하고
교차하여 일관성과
패턴을 분석한다

기타

연구 품질 :
중요하지 않음

메일과 메시지, 광고,
소문을 통한 연구
- 동료 이외의 사람들에게
의견을 구할 수도 있다

대조군이 있는가?

새로운 치료의 효과를
비교하기 위해 아무런
처치를 받지 않거나
가짜 약을 섭취하는
실험 참여자 집단

이중맹검법?

실험에 관한 정보를 숨기는 일이
비현실적인 경우도 있다.
예를 들면 음식을 가지고
실험하는 경우, 실험에 관한
정보를 알리지 않기 어렵다.

해당한
이유가 있음

왜 안 했는가?

해당한
이유가 없음

주관성이 개입하지 않도록
실험 진행자와 실험 참여자에게
실험 참여자나 모두에게
가짜 약을 섭취한 사실에
대해 알려주지 않는다.

+5

+2

그렇다

아니다

그렇다

아니다

표본의 규모가
크기 충분히 큰가?

연구를 위해
20명 이상

연구 기간이
충분히 긴가?

연구를 위해
몇 주 이상,
전체 집단을 대상으로 수 년

+2

그렇다

아니다

+2

그렇다

아니다

연구를 6건 이상
분석했는가?

그 연구에
점수를 얼마나
주겠는가?

'높은 상이성'이
나타나는가?

전체 집단이 대해서는
최소 3~5%

높게

낮게

+2

+2

서로 다른 내용에 대해
저마다 다른 방식으로
실험이 진행되기 때문에
비교 분석 결과를 확인히
신뢰하기 어렵다는 의미

그렇다

아니다

+4

아니다

그렇다

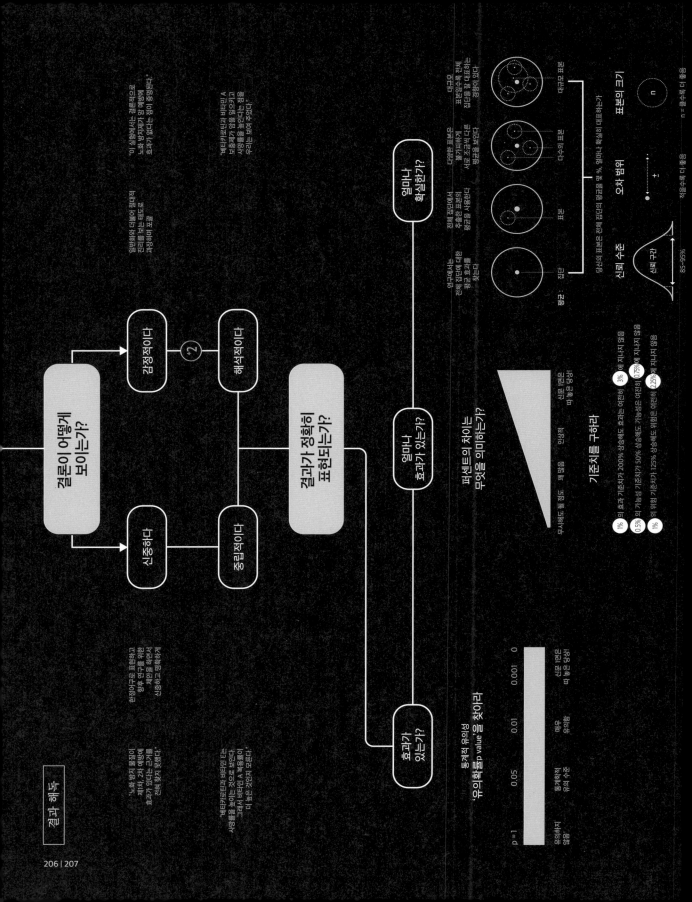

결과 해독

결론이 어떻게 보이는가?

감정적이다 · 신중하다 · 해석적이다 · 중립적이다 · +2

"이 실험에서는 결론적으로 노화 방지제가 큼 예방에 효과가 없다는 점이 흥미롭다"

"일반화와 더불어 정량적 연구결과를 태도로 과장해 표현한다"

"베타카로틴과 비타민 A 보충제가 암을 일으키고 사망률을 높이는 점을 우리는 보여주었다"

"노화 방지 물질이 제자, 2차 예방에 효과가 있다는 근거를 전혀 찾지 못했다"

"한정어구로 표현하고 향후 연구를 위한 제안을 하면서 신중하고 명확하게"

"베타카로틴과 비타민 A의 사망률을 높이는 것으로 보인다. 그래서 비타민 A 섭취율이 더 높은 것인지 모른다."

결과가 정확히 표현되는가?

효과가 있는가?

통계적 유의성 '유의확률 p value'을 찾아라

p = 1   0.05   0.01   0.001   0

유의하지 않음 · 통계적 유의 수준 · 매우 유의함

신뢰 연관은 따로을 당신!

얼마나 효과가 있는가?

퍼센트의 차이는 무엇을 의미하는가?

기준치를 구하라

무시해도 될 정도 · 꽤 많음 · 인상적

신뢰 연관은 따로을 당신!

1% 이 효과 기준치가 200% 상승해도 효과는 어련히 3% 에 지나지 않음

0.5% 이 가능성 기준치가 50% 상승해도 가능성은 어련히 0.75%에 지나지 않음

1% 이 위험 기준치가 125% 상승해도 위험은 어련히 2.25%에 지나지 않음

얼마나 확실한가?

평균 : 집단 · 표본 · 다수의 표본 · 대규모 표본

연구에서는 전체 집단에 대한 평균 효과를 찾는다

전체 집단에서 추출한 표본의 평균을 사용한다

다양한 표본을 뽑아내면서 서로 조금씩 다른 평균을 얻는다

표본크기를 전체 집단을 잘 대표하는 경향이 있다

당신의 표본은 전체 집단의 평균을 몇 %, 얼마나 확실히 확실히 대표하는가

표본의 크기 · 오차 범위 · 신뢰 수준

신뢰 구간   85-95%

n

작을수록 더 좋음   n = 클수록 더 좋음

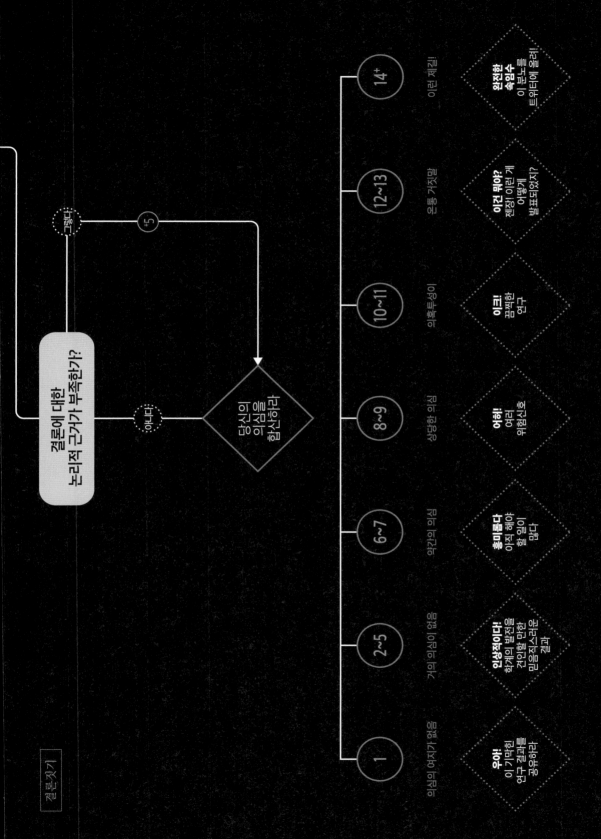

결론 짓기

결론에 대한
논리적 근거가 부족한가?

아니다   그렇다

+5

당신의
이성을
향신하라

| 1 | 2~5 | 6~7 | 8~9 | 10~11 | 12~13 | 14+ |

이성이 여지가 없음 | 거의 이성이 없음 | 약간의 의심 | 상당한 의심 | 의혹투성이 | 온통 거짓말 | 이건 제길!

우아!
이 기막힌
연구 결과를
공유하라

인상적이다!
학계의 발전을
견인할 만한
믿음직스러운
결과

흥미롭다
아직 해야
할 일이
많다

어휘!
여러
위험신호

이크!
끔찍한
연구

이건 뭐야?
젠장! 이런 게
어떻게
발표되었지?

**완전한
속임수**
이 논문을
트위터에 올려!

출처 : NY Times, EigenFactor.org, Scholarlyoa.com, BioMed Central
데이터 : bit.ly/KIB_StudyAid

간단 상식 IV

알기 쉬운 미터법
미터법을 공식적으로 사용하지 않는 국가들

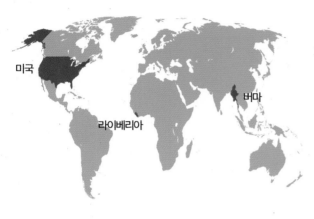

출처 : CIA World Factbook

눈에서 멀어지면 마음도 멀어진다
정신적인 문제를 겪는 사람들이 있는 곳

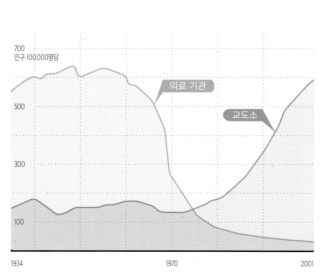

출처 : 'An Institutionalization Effect', B.E. Harcourt(2007), US data

부의 피라미드
0.7%의 사람들

성인 인구 대비 비율   전 세계 부대비 비율

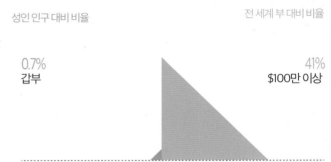

| 0.7% | 41% |
| 갑부 | $100만 이상 |

| 7.7% | 42% |
| 부유층 | $10만 ~ $100만 |

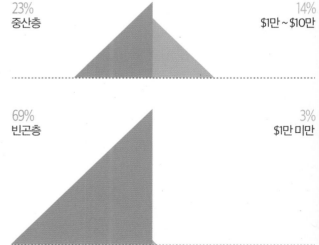

| 23% | 14% |
| 중산층 | $1만 ~ $10만 |

| 69% | 3% |
| 빈곤층 | $1만 미만 |

주의 : 부 = 자산 -
출처 : Credit Suisse Global Wealth Databook 2013, Step Jo

갑부 대통령
국고에서 강탈한 돈

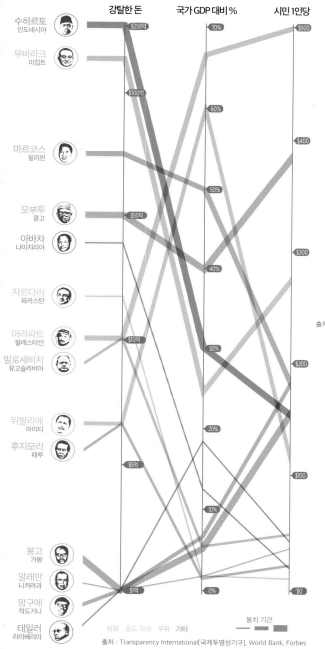

	강탈한 돈	국가 GDP 대비 %	시민 1인당

수하르토
인도네시아

무바라크
이집트

마르코스
필리핀

모부투
콩고

아바차
나이지리아

자르다리
파키스탄

아라파트
팔레스타인

밀로세비치
유고슬라비아

뒤발리에
아이티

후지모리
페루

봉고
가봉

알레만
니카라과

망구에
적도기니

테일러
라이베리아

$250억 / 70% / $500
$100억 / 60% / $400
$50억 / 50% / $300
$10억 / 40% / $200
$5억 / 30% / $100
$1억 / 20% / 10% / 0% / $0

좌파 중도 좌파 우파 기타

통치 기간

출처 : Transparency International[국제투명성기구], World Bank, Forbes

사촌과 사귀기
사촌 간 결혼에 관한 규범

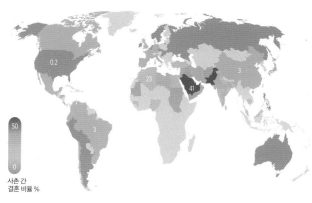

0.2
23
41
3
3

50
0

사촌 간
결혼 비율 %

사촌과 결혼한 유명인

알베르트 아인슈타인 에이브러햄 매슬로 사담 후세인 에드거 앨런 포 그레타 스카치 허버트 조지 웰스 찰스 다윈

출처 : Centre for Comparative Genomics(Murdoch University)[비교 유전체학 연구 센터(머독 대학교)], Wikipedia

선천적 장애 가능성
위험한 관계

부모	위험률	해당 부부의 XX분의 1
혈연관계 아님	2.4%	41
아버지 40세 이상	2.6%	36
아버지 50세 이상	2.8%	38
어머니 34세 이상	3.7%	27
먼 혈족	5.3%	19
사촌 관계	6.1%	16
누적 위험률		
나이 많은 사촌 (아버지 51세, 어머니 38세)	11.4%	9

출처 : The Lancet, Sheridan 외(2013), Yang 외(2007)

데이터 : bit.ly/KIB_Simple3

장수하고……
정말로 당신의 수명을 연장시키는 것은?

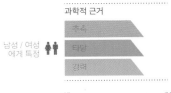

과학적 근거
추측
타당
강력

남성 / 여성
에게 특정 ♂♀

수명 축 (눈금): -10 / -5 / 수명 / +5 / +10 / +15 / +20

잠이 너무 많다	7시간이 이상적이다 하지만 하룻밤에 8시간 이상 자면 아무 소용이 없다 8시간보다 적게 자는 것이 좋다
낙관적으로 생각하라 ♀	냉소적 적개심을 많이 가진 여성들이 16% 더 일찍 죽을 가능성이 있다
승진하라 ♂	관리자 등 전문가적 책임을 많이 맡은 사람들은 '틀에 박힌' 일을 하는 사람들보다 더 오래 산다
도시에 산다	
시골에 살아라	
적게 먹어라	생쥐와 원숭이의 수명이 10~20% 상승했다는 사실이 확인되었다 하지만 인간에게서는 아직 확인되지 않았다
장수한 외할아버지를 가져라 ♂	
여성들과 시간을 보내라. 매우 많이! ♂	성장기에 여성들과 시간을 많이 보내는 남성들
술을 조금 마셔라 ♂	술을 하루에 조금씩(2잔 이하) 마시는 사람이 술을 아예 안 마시는 사람보다 낫다
성심을 다하라	신뢰를 쌓고 단정하고 예의바른 태도를 가져라. 충동적인 태도를 버려라
오르가즘을 많이 느껴라 ♂	1년에 350번을 목표로 하라!
그리고 붉은 포도주를 적당히 마셔라 ♂	
절친한 친구들과 함께하라	고독은 하루에 담배 15개피를 피는 것과 같다
아내를 여럿 두어라, 혹시 가능하다면 ♂	한 명 이상의 아내를 둔 남성들이 12% 더 오래 산다
규칙적으로 교회를 다녀라	
앉아 있는다	운동을 많이 하더라도 너무 오래 앉아서 지내면 사망 위험이 높아진다
애완동물을 많이 길러라	고양이를 기르는 사람, 특히 노인들은 심장마비 위험이 30%나 낮다
붉은 살코기 섭취	
암을 예방하라	
심장마비를 예방하라	
알코올 중독자	
건강검진을 받아라	30세~49세에
결혼하라!	
부자가 되어라	가난한 사람들은 그들보다 특권을 많이 가진 동년배들에 비해 5~10년 일찍 죽는다
여성이 되어라 ♀	
극심한 정신 질환	기대 수명이 25년 짧아진다
비만	
지속적 흡연 끊어라	25살에 담배를 끊으면 10년을 더 살고, 45~59세에 담배를 끊으면 5년을 더 산다
건강식을 먹어라	지중해식 & 일본식 다이어트 음식
건강하게 살아라	알다시피, 식이요법과 운동을 병행해야 한다
장수하는 형제자매를 가져라	당신의 형제자매가 장수한다면 어쩌면 당신도 장수할 것이다
운동을 더 많이 해라	일주일에 150분 이상 빠른 걸음으로 걸어라
고도가 높은 곳에 살아라	

장수하는 비결 결혼하기, 마음 편히 먹기, 야외 활동 하기, 섹스에 미치기, 히피처럼 살기, 인생을 즐기기, 높은 지위에 오르기, 고양이 기르기

출처 : British Medical Journal[영국의학저널], PLOS Medicine, New Scientist
데이터 : bit.ly/KIB_LiveLong

······부자되기

평균 연간 수익률

채권 주식 부동산 기타

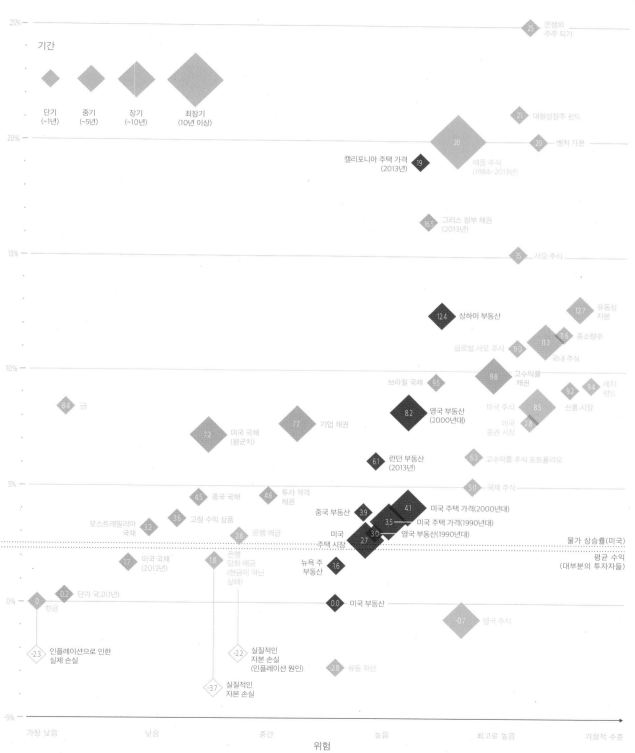

출처 : Forbes, TradingEconomics.com, The Economist, Yahoo! Finance, USA Today
데이터 : bit.ly/KIB_Gambling

초강대국들의 대결

에너지 소비

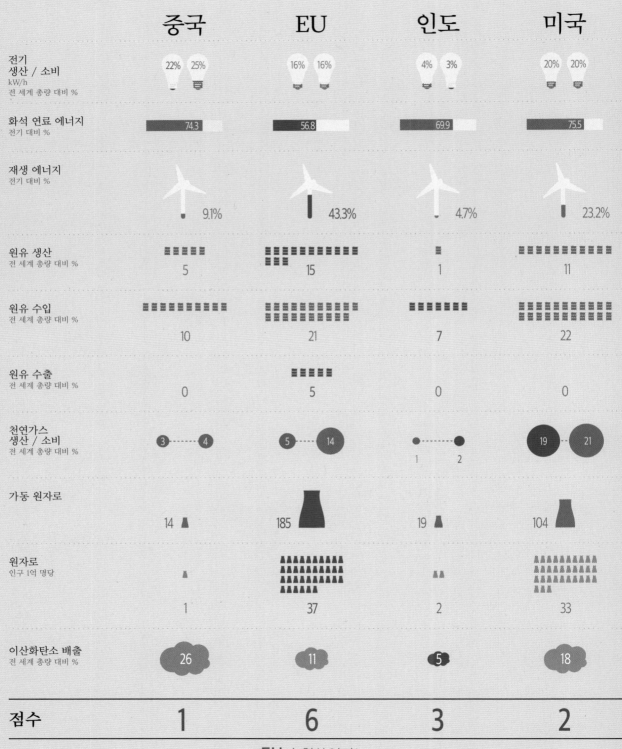

	중국	EU	인도	미국
전기 생산 / 소비 kW/h 전 세계 총량 대비 %	22% 25%	16% 16%	4% 3%	20% 20%
화석 연료 에너지 전기 대비 %	74.3	56.8	69.9	75.5
재생 에너지 전기 대비 %	9.1%	43.3%	4.7%	23.2%
원유 생산 전 세계 총량 대비 %	5	15	1	11
원유 수입 전 세계 총량 대비 %	10	21	7	22
원유 수출 전 세계 총량 대비 %	0	5	0	0
천연가스 생산 / 소비 전 세계 총량 대비 %	3 4	5 14	1 2	19 21
가동 원자로	14	185	19	104
원자로 인구 1억 명당	1	37	2	33
이산화탄소 배출 전 세계 총량 대비 %	26	11	5	18
점수	1	6	3	2

EU가 휩쓸었다!

초강대국들의 대결

개인 소비

	중국	EU	인도	미국
자동차 1,000명당	44	475	12	627
의류 & 신발 가계 지출 대비 %	10.5	5.7	6.5	3.5
주택, 물, 전기, 가스, 기타 연료 가계 지출 대비 %	10	27.7	14.8	19.5
가구, 가전제품 소비 및 보수 가계 지출 대비 %	6.4	5.5	4.1	4.3
의료 가계 지출 대비 %	7	3.4	4.1	20.2
교통 가계 지출 대비 %	13.7	11.9	15	9.1
기술 / 통신 가계 지출 대비 %	데이터 없음	3.3	2	2.4
오락 / 문화 가계 지출 대비 %	12	8.4	1.4	9.3
음식점 / 호텔 가계 지출 대비 %	데이터 없음	5.3	2.5	6.2
음식 하루 1인당 소비 단위 : kcal	2,990	3,456	2,360	3,750
맥주 / 포도주 연간 1인당 소비량 단위 : ℓ	1.5 / 0.2	3.8 / 4.3	0.06 / 0.02	4.5 / 1.4
알코올 총소비량 연간 1인당 순수 알코올 소비량 단위 : ℓ	5.9	10.3	2.6	9.4
점수	3	2	4	4

미국과 **인도**가 비겼다!

출처 : CIA World Factbook, World Bank, Eurostat[유럽연합통계청]
데이터 : bit.ly/KIB_Superpowers

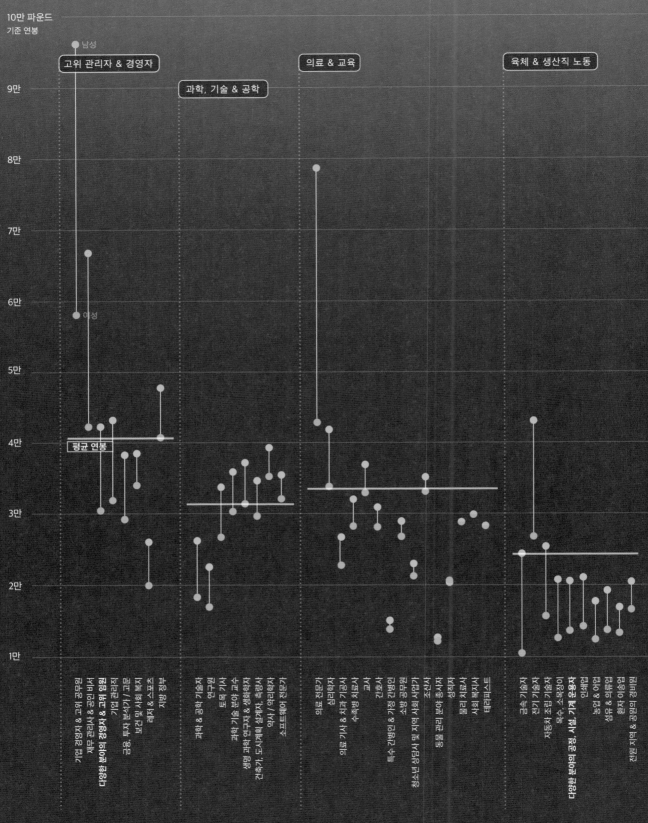

10만 파운드
기준 연봉

● 남성

고위 관리자 & 경영자

의료 & 교육

육체 & 생산직 노동

9만

과학, 기술 & 공학

8만

7만

6만

● 여성

5만

평균 연봉

4만

3만

2만

1만

기업 경영자 & 고위 공무원
재무 관리사 & 공인 비서
다양한 분야의 경영자 & 고위 임원
기업 관리직
금융, 투자 분석가 / 고문
보건 및 사회 복지
레저 & 스포츠
지방 정부

과학 & 공학 기술자
연구원
토목 기사
과학 기술 분야 교수
생명 과학 연구자 & 생화학자
건축가, 도시계획 설계자, 측량사
약사 / 의료학자
소프트웨어 전문가

의료 전문가
심리학자
의료 기사 & 치과 기공사
교사
간호사
특수 간병인 & 가정 간병인
소방 공무원
청소년 상담사 및 지역 사회 사업가
조산사
성직자
물리 치료사
사회 복지사
테라피스트
동물 관리 분야 종사자

금속 기술자
전기 기술자
자동차 조립 기술자
목수, 소목장이
다양한 분야의 공장, 시설, 기계 운용자
인쇄인
도장 & 미장
섬유 & 의류업
환자 이송업
전원 지역 & 공원의 경비원

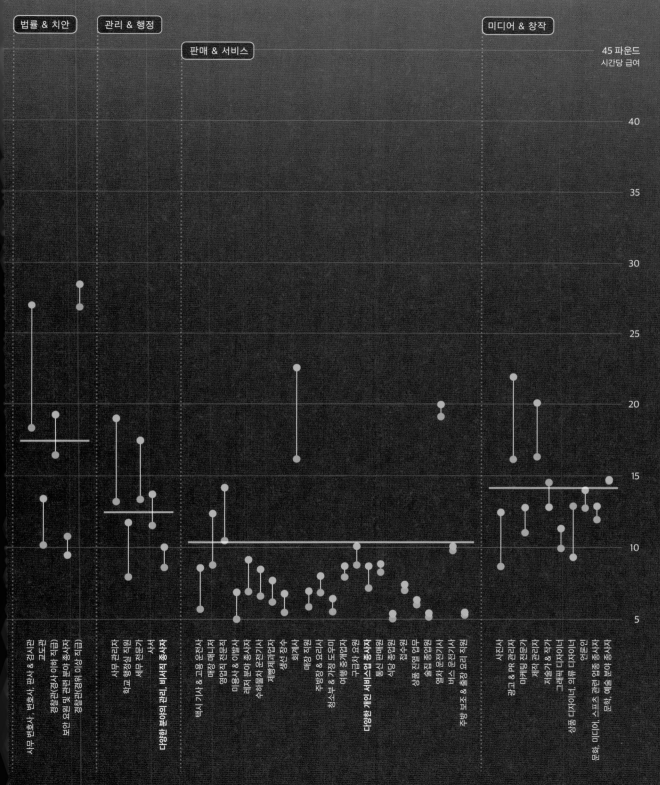

성별 임금 격차 **영국**

출처 : The Guardian Datablog, UK Office of National Statistics
데이터 : bit.ly/KIB_GenderGap

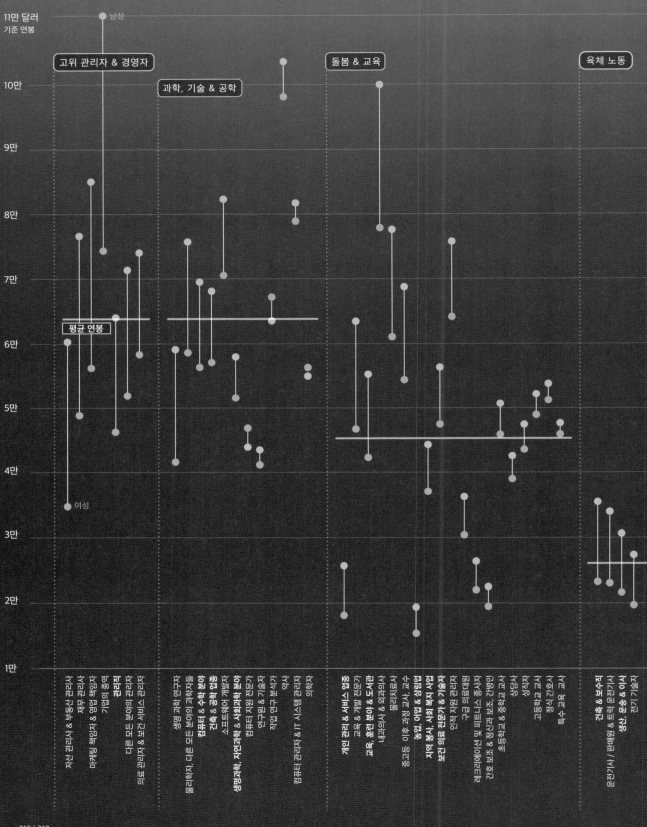

11만 달러
기준 연봉

남성

고위 관리자 & 경영자

돌봄 & 교육

육체 노동

10만

과학, 기술 & 공학

9만

8만

7만

평균 연봉

6만

5만

여성

4만

평균 연봉

3만

2만

1만

고위 관리자 & 경영자

자산 관리자 & 부동산 관리자
재무 관리자
마케팅 책임자 & 영업 책임자
기업의 중역
관리직
다른 모든 분야의 관리자
의료 관리자 & 보건 서비스 관리자

과학, 기술 & 공학

물리학자, 다른 모든 분야의 과학자들
생명 과학 연구자
컴퓨터 & 수학 분야
건축 & 공학 업종
소프트웨어 개발자
생명과학, 자연과학 & 사회과학 분야
컴퓨터 지원 전문가
연구원 & 기술자
작업 연구 분석가
약사
컴퓨터 관리자 & IT 시스템 관리자
의학자

돌봄 & 교육

개인 관리 & 서비스 업종
교육 & 개발 전문가
교육, 훈련 분야 & 도서관
내과의사 & 외과의사
물리치료사
중고등 이후 과정 교사, 교수
봉사, 이민 & 성직업
지역 의료 전문가 & 기술자
보건 의료 전문가 & 기술자
인적 자원 관리자
구급 의료대원
레크리에이션 및 피트니스 종사자
간호 보조 & 정신과 보조, 간병인
초등학교 & 중학교 교사
상담사
성직자
고등학교 교사
정신 간호사
특수 교육 교사

육체 노동

건축 & 보수직
운전기사 / 판매원 & 트럭 운전기사
생산, 운송 & 이사
전기 기술자

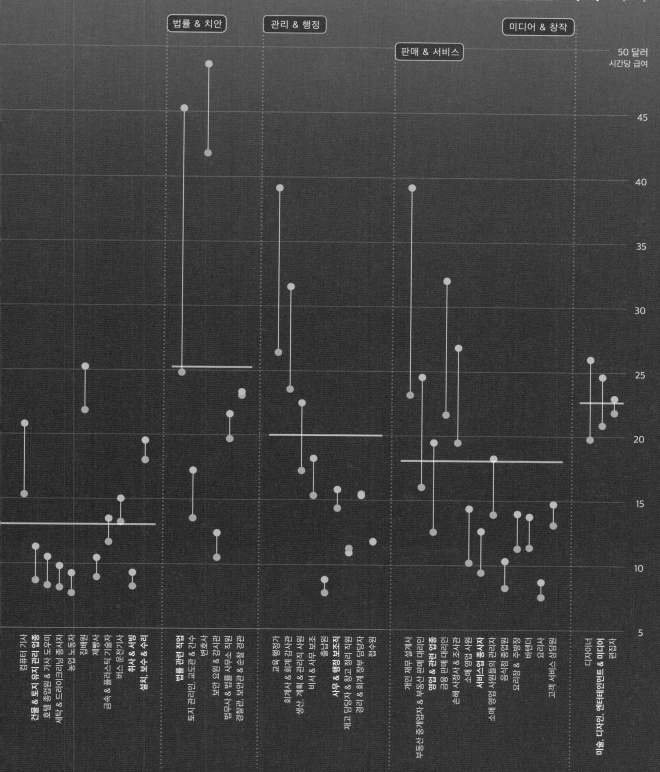

성별 임금 격차 미국

법률 & 치안
관리 & 행정
판매 & 서비스
미디어 & 창작

50 달러
시간당 급여

45

40

35

30

25

20

15

10

5

컴퓨터 기사
건물 & 토지 유지 관리 업종
호텔 종업원 & 가사 도우미
세탁 & 드라이크리닝 종사자
농업 노동자
짐배원
제빵사
금속 & 플라스틱 기술자
버스 운전기사
취사 & 세탁
설치, 보수 & 수리

법률 관련 직업
토지 관리인, 교도관 & 간수
변호사
보안 요원 & 감시원
법무사 & 법률 사무소 직원
경찰관, 보안관 & 순찰 경관

교육 행정가
회계사 & 회계 감사관
생산, 계획 & 관리직 사원
비서 & 사무 보조
졸업원
사무 & 행정 보조직
재고 담당자 & 창고 정리 직원
경리 & 회계 장부 담당자
접수원

개인 재무 설계사
부동산 중개업자 & 부동산 판매 대리인
영업 & 관리 업종
금융 판매 대리인
손해 사정사 & 조사관
소매 영업 사원
서비스업 종사자
소매 영업 사원들의 관리자
음식점 종업원
요리장 & 주방장
바텐더
요리사
고객 서비스 상담원

디자이너
미술, 디자인, 엔터테인먼트 & 미디어
편집자

출처 : US Bureau of Labor Statistics[미국노동통계국]
데이터 : bit.ly/KIB_GenderGap

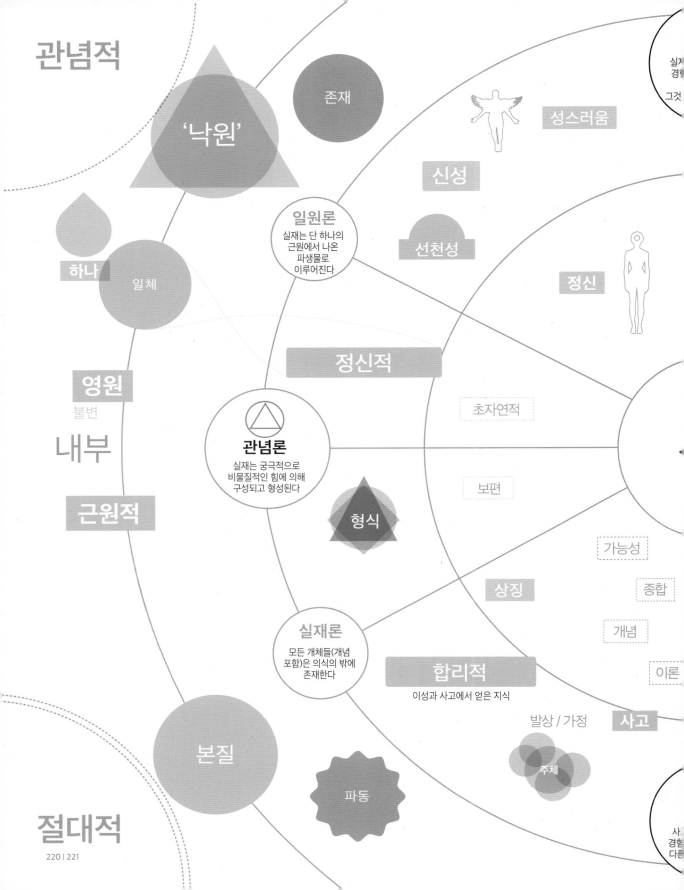

관념적

'낙원'

존재

성스러움

신성

일원론
실재는 단 하나의
근원에서 나온
파생물로
이루어진다

선천성

정신

하나

일체

정신적

초자연적

영원
불변

내부

관념론
실재는 궁극적으로
비물질적인 힘에 의해
구성되고 형성된다

보편

근원적

형식

가능성

종합

상징

개념

실재론
모든 개체들(개념
포함)은 의식의 밖에
존재한다

이론

합리적
이성과 사고에서 얻은 지식

본질

발상 / 가정

사고

주체

파동

절대적

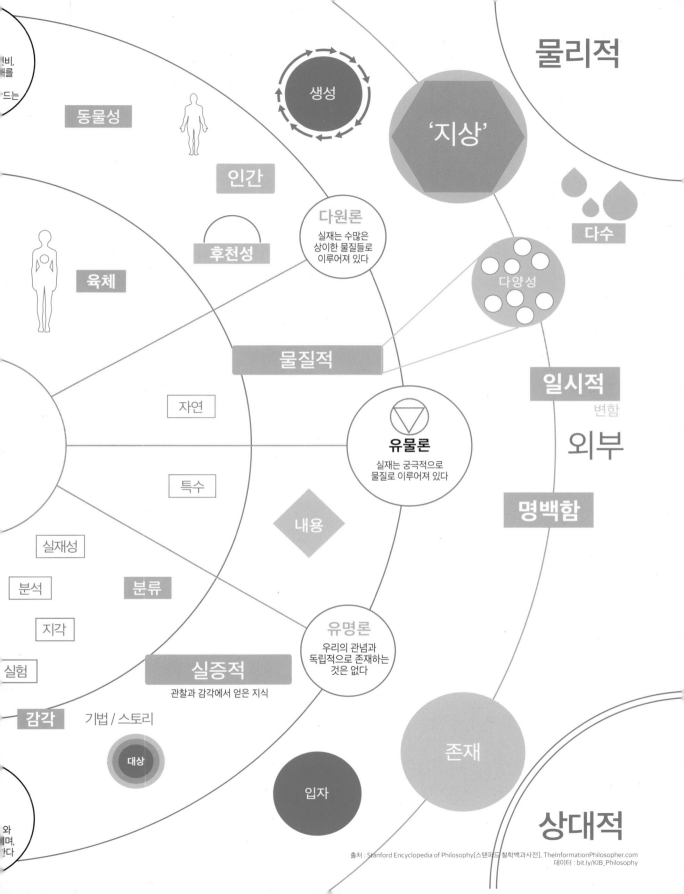

물리적

동물성

인간

후천성

육체

생성

'지상'

다수

다원론
실재는 수많은
상이한 물질들로
이루어져 있다

다양성

물질적

자연

일시적
변함

외부

유물론
실재는 궁극적으로
물질로 이루어져 있다

특수

명백함

내용

실재성

분석

분류

지각

실험

유명론
우리의 관념과
독립적으로 존재하는
것은 없다

실증적
관찰과 감각에서 얻은 지식

감각

기법 / 스토리

대상

존재

입자

상대적

출처 : Stanford Encyclopedia of Philosophy[스탠퍼드 철학백과사전], TheInformationPhilosopher.com
데이터 : bit.ly/KIB_Philosophy

세계 현황 계기판

1인당 평균 재산

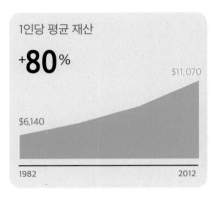

+**80**%

$11,070

$6,140

1982 　　　　　 2012

하루 수입 1.25 달러 미만 빈곤 인구

47% 　　 **21**%

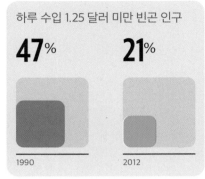

1990 　　　　 2012

전 세계 적자

1조
달러

71.8조 　　　 72.8조

전 세계 소득 　　 전 세계 부채

작물 재배에 사용된 땅

지표면 대비 %

지구적 안전 한계차 15%

11.7% 현재 수치

한도의 **78**%

바다에 유입된 인[P]

단위 : 100만 톤

11

9

82%

대기 중 이산화탄소

단위 : ppm

350

393

112%

담수 사용

단위 : km³

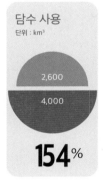

2,600

4,000

154%

제거해야 할 대기 중 질소

단위 : 100만 톤

35

120

346%

저임금 불안정한 일자리

전체 고용 대비 %

0% 　　 목표

67% 　　 1991

58% 　　 2011

전 세계 기아

영양실조에 시달리는 사람들

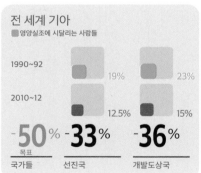

1990~92 　　　 19% 　　　　 23%

2010~12 　　　 12.5% 　　　 15%

-**50**% 　 -**33**% 　 -**36**%

목표 　　　 선진국 　　 개발도상국
국가들

초등교육

아동 입학 비율

100% 82% 90%

목표 1991 2001

세계 비만도

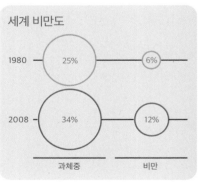

1980 　 25% 　　　 6%

2008 　 34% 　　　 12%

과체중 　　　　 비만

위생 시설에 대한 접근

전 세계 인구 대비 비율

1990 　 36%

목표 　 68%

2010 　 56%

식수에 대한 접근

전 세계 인구 대비 비율

1990 　 76%

목표 　 88%

2010 　 89%

아동 사망

목표 : 66%까지 감소

-**35**%

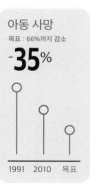

1991 　 2010 　 목표

읽고 쓸 줄 아는 젊은 여성들

읽고 쓸 줄 아는 젊은 남성 100명 대비 %

90 　　　　　 **95**

1990 　　　　　 2010

학교에 다니는 소녀들

소년들 대비 %

100% 　　 97%

목표 　　 2010

세계의 부 소유

2000	2013	2000	2013
85%	86%	40%	46%

상위 10% 부유층 | 상위 1% 부유층

페이스북 사용자

전 세계 인구 대비 %

+300%

4%　16%

2009　2013

전 세계 평균 기대 수명

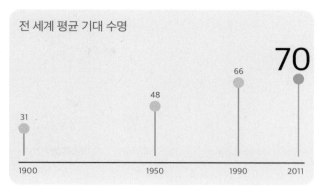

70

66

48

31

1900　1950　1990　2011

삼림 손실

연간 손실량
단위 : 백만 헥타르

8.3　5.2　0

1991　2001　목표

열대우림 손실

단위 : km²

5,000

18,000km²　28,000

2000　2004　2012

해양 산성화

단위 : ppm

+30%

298ppm　388ppm

1990　2010

지구의 대기 온도

+0.8°C

1850　2012

해수면

+6cm

+38cm

1993-2012　2050

산모 사망률

목표 : 75%까지 감소

-45%

정상 출생아 100,000명당 440명 사망

240

110

1990　2010　목표

HIV 감염 환자

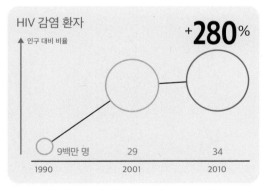

인구 대비 비율

+280%

9백만 명　29　34

1990　2001　2010

새로운 HIV 감염 환자

-23%　-0%

개발도상국　선진국

말라리아

-17%

전 세계

멸종 위험 종

멸종 위기에 직면한 종의 비율

13%　25%　41%

조류　포유류　양서류

에너지 소비

1인당 하루 소비 전력량
단위 : kWh

+116%

58　60　61　73

2005　2009　2013　2040

출처 : Forbes, World Bank, UN, CIA World Factbook, Credit Suisse, OECD, World Health Organisation[WHO, 세계보건기구], Stevens(2012), EIA.org, Scientific American
데이터 : bit.ly/KIB_Arrggg

아이디어 분류표
구조 + 기능성 + 예측불가능성?

훌륭한
개념

종

inspiring
고무적

조화

IMPOSSIBLE
불가능

abstract
추상적

over-cooked
지나친

over-worked
진부한

clever
기발한

funny
재밌는

elaborate
정성 들인

견

역기능적 ⸺⸺⸺ 불량 ⸺⸺ 수준 이하 ⸺⸺ 터무니 없는 ⸺⸺ 모자란 ⸺⸺ 아이
없

early
이른

CRAZY
미친

half-baked
섣부른

산

dumb
바보 같은

stupid
어리석은

bad
형편없는

terrible
끔찍한

설득력

crap
헛소리

the worst
최악

엉망

빈약
개념

genius
천재

incredible
믿을 수 없는

brilliant
탁월한

beautiful
빼어난

great
대단한

sweet
달콤한

SMART 영리한

elegant
우아한

WONDERFUL 놀라운

fantastic
환상적인

cool
멋진

nice 좋은

good
타당한

엄청난!
awesome!

novel
참신한

NEAT 정돈된

teresting
흥미로운

COMPELLING 주목할 만한

boring 지루한

CRAZY
미친

| 쓸만한 | 준수한 | 최고의 | 초월 | 기능적 |

silly 우스꽝스러운

STRANGE
이상한

ODD
특이한

UNUSUAL
흔치 않은

INSANE
정신 나간

weird
기이한

woolly
분명하지 않은

뻔함

예상 가능

납득

예상 밖

예상 불가능

딴 세상

출처 : 저자의 호기심, IIB「정보는 아름답다」의 소스 제공자들

생명의 탄생과 진화

사건		우주
		행성
		대멸종
		진화
		대륙

생물학적 혁신		포유류
		파충류
		양서류
		어류
		무척추동물
		식물 & 균류
		미생물

시간		100만 년 전
		지질시대
		대
		누대

출처 : 너무 많아서 일일이 언급하기 어렵다.
참고 : bit.ly/KIB_Lifescape

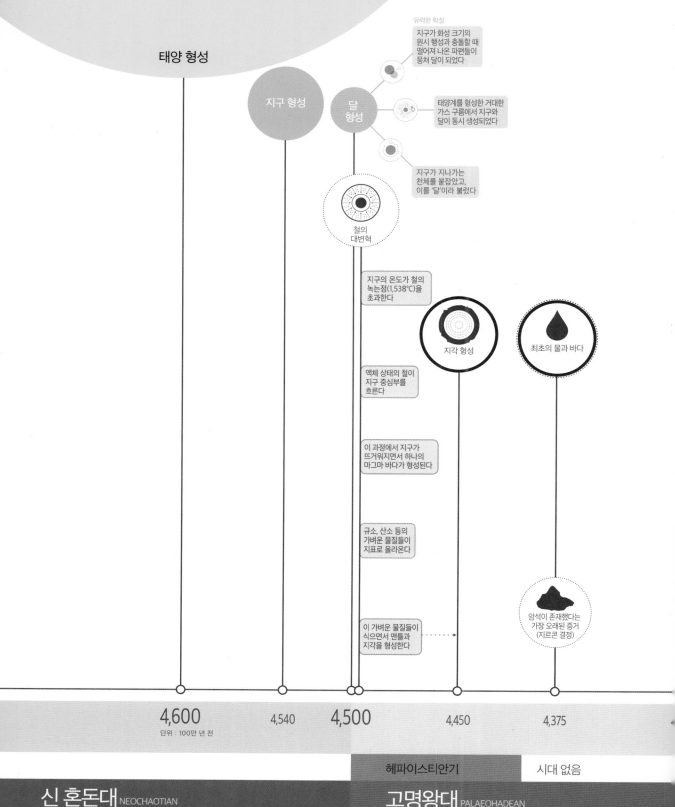

태양 형성

지구 형성

달 형성

유력한 학설

지구가 화성 크기의
원시 행성과 충돌할 때
떨어져 나온 파편들이
뭉쳐 달이 되었다

태양계를 형성한 거대한
가스 구름에서 지구와
달이 동시 생성되었다

지구가 지나가는
천체를 붙잡았고,
이를 '달'이라 불렀다

철의
대변혁

지구의 온도가 철의
녹는점(1,538°C)을
초과한다

지각 형성

최초의 물과 바다

액체 상태의 철이
지구 중심부를
흐른다

이 과정에서 지구가
뜨거워지면서 하나의
마그마 바다가 형성된다

규소, 산소 등의
가벼운 물질들이
지표로 올라온다

암석이 존재했다는
가장 오래된 증거
(지르콘 결정)

이 가벼운 물질들이
식으면서 맨틀과
지각을 형성한다

4,600

단위 : 100만 년 전

4,540

4,500

4,450

4,375

헤파이스티안기

시대 없음

신 혼돈대 NEOCHAOTIAN

고명왕대 PALAEOHADEAN

혼돈누대 CHAOS EON

명왕누대 HADEAN

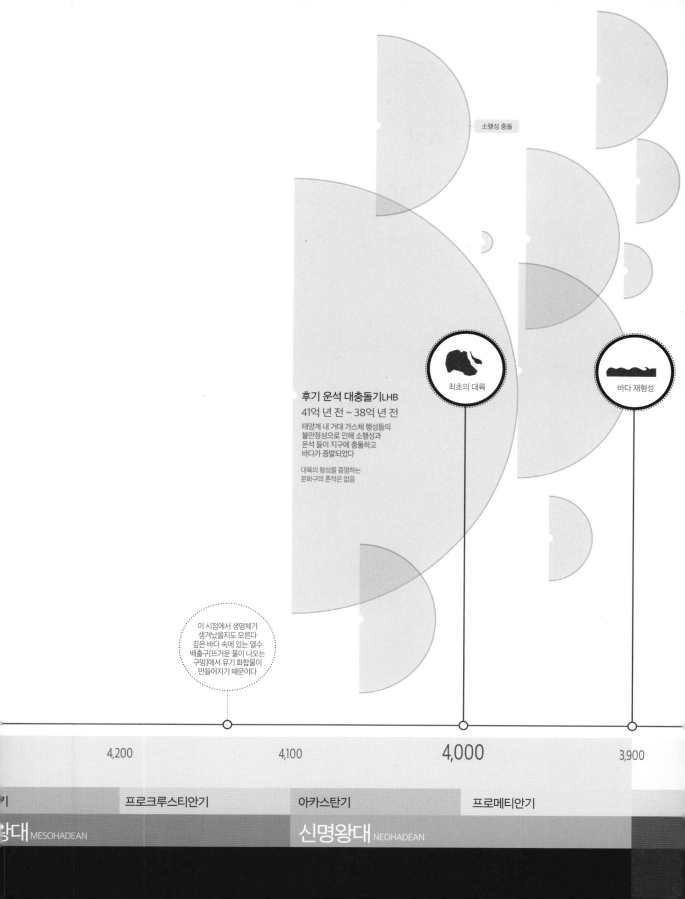

소행성 충돌

최초의 대륙

바다 재형성

후기 운석 대충돌기LHB
41억 년 전 ~ 38억 년 전
태양계 내 거대 가스체 행성들의
불안정성으로 인해 소행성과
운석 들이 지구에 충돌하고
바다가 증발되었다

대륙의 형성을 증명하는
분화구의 흔적은 없음

이 시점에서 생명체가
생겨났을지도 모른다
깊은 바다 속에 있는 열수
배출구[뜨거운 물이 나오는
구멍]에서 유기 화합물이
만들어지기 때문이다

4,200   4,100   **4,000**   3,900

프로크루스티안기   아카스탄기   프로메티안기

왕대 MESOHADEAN   신명왕대 NEOHADEAN

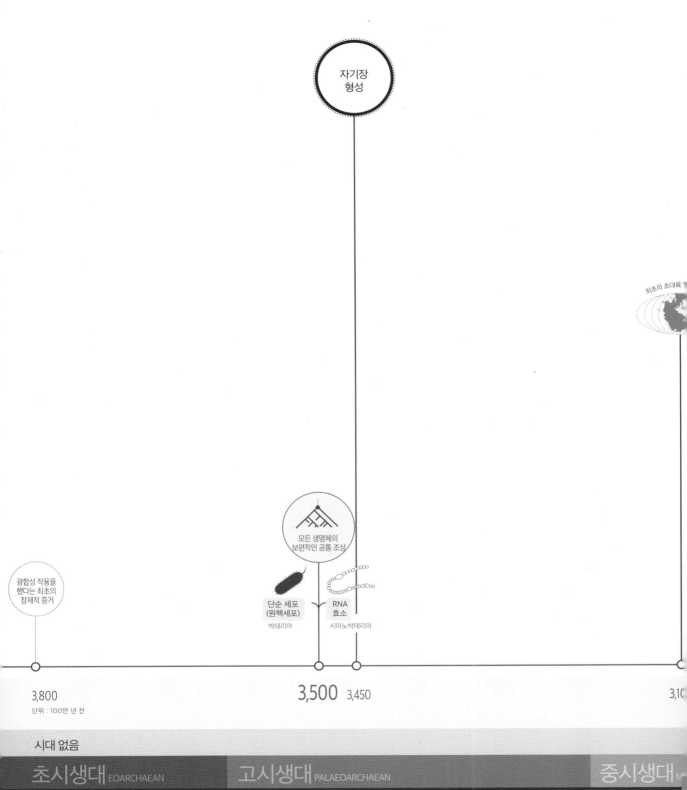

자기장
형성

최초의 초대륙

모든 생명체의
보편적인 공통 조상

광합성 작용을
했다는 최초의
잠재적 증거

단순 세포
(원핵세포)

박테리아

RNA
효소

시아노박테리아

3,800

단위 : 100만 년 전

3,500 3,450

3,10

시대 없음

초시생대 EOARCHAEAN   고시생대 PALAEOARCHAEAN   중시생대 M

시생누대 ARCHAEAN

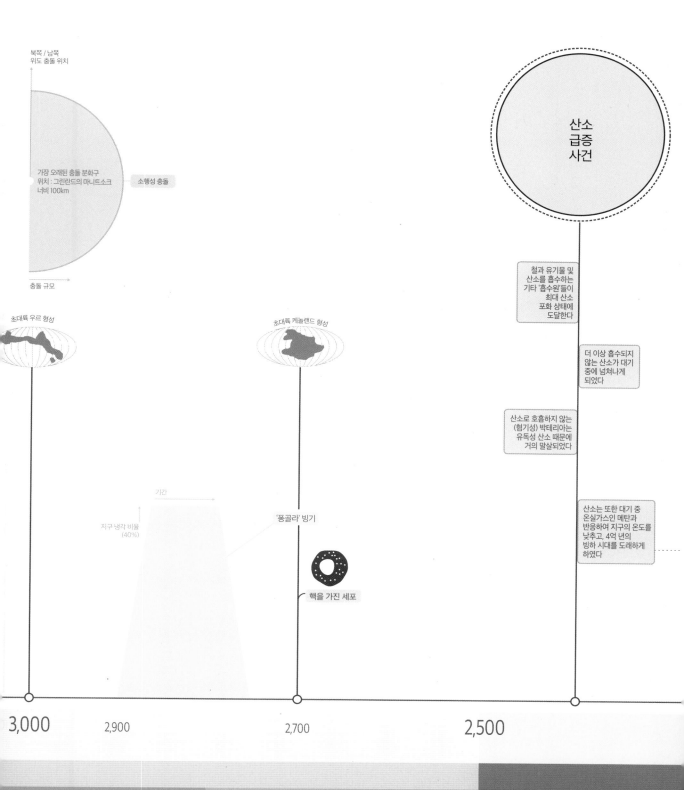

북쪽 / 남쪽
위도 충돌 위치

가장 오래된 충돌 분화구
위치 : 그린란드의 마니트소크
너비 100km

소행성 충돌

충돌 규모

산소
급증
사건

철과 유기물 및
산소를 흡수하는
기타 '흡수원'들이
최대 산소
포화 상태에
도달한다

더 이상 흡수되지
않는 산소가 대기
중에 넘쳐나게
되었다

산소로 호흡하지 않는
(혐기성) 박테리아는
유독성 산소 때문에
거의 말살되었다

산소는 또한 대기 중
온실가스인 메탄과
반응하여 지구의 온도를
낮추고, 4억 년의
빙하 시대를 도래하게
하였다

초대륙 우르 형성

초대륙 케놀랜드 형성

기간

지구 냉각 비율
(40%)

'퐁골라' 빙기

핵을 가진 세포

3,000

2,900

2,700

2,500

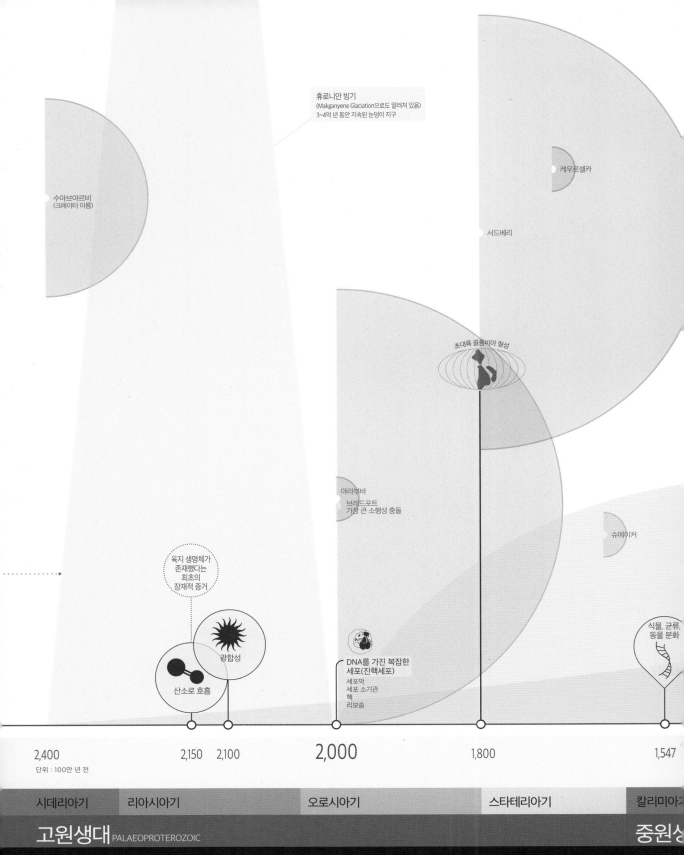

휴로니안 빙기
(Makganyene Glaciation으로도 알려져 있음)
3~4억 년 동안 지속된 눈덩이 지구

케우르쿨카

서드베리

수아브야르비
(크레이터 이름)

초대륙 콜롬비아 형성

야라부바
브레드포트
가장 큰 소행성 충돌

슈메이커

육지 생명체가
존재했다는
최초의
잠재적 증거

광합성

산소로 호흡

DNA를 가진 복잡한
세포(진핵세포)
세포막
세포 소기관
핵
리보솜

식물, 균류,
동물 분화

2,400

단위 : 100만 년 전

2,150 2,100

2,000

1,800

1,547

시데리아기   리아시아기   오로시아기   스타테리아기   칼리미아

고원생대 PALAEOPROTEROZOIC   중원생

원생누대 PROTEROZOIC

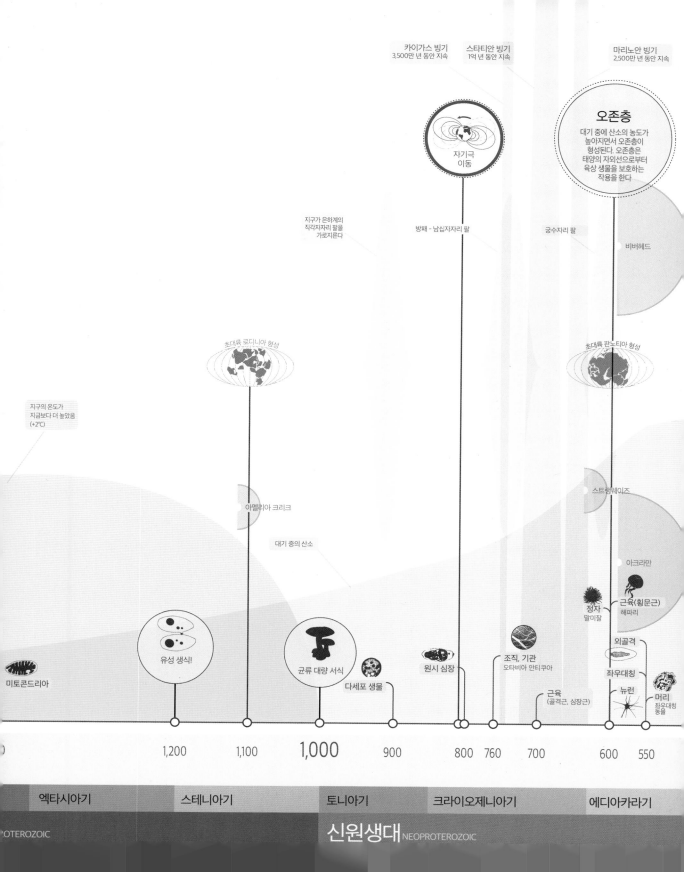

카이가스 빙기
3,500만 년 동안 지속

스타티안 빙기
1억 년 동안 지속

마리노안 빙기
2,500만 년 동안 지속

자기극
이동

오존층
대기 중에 산소의 농도가
높아지면서 오존층이
형성된다. 오존층은
태양의 자외선으로부터
육상 생물을 보호하는
작용을 한다

지구가 은하계의
직각자리 팔을
가로지른다

방패 - 남십자자리 팔

궁수자리 팔

비버헤드

초대륙 로디니아 형성

초대륙 판노티아 형성

지구의 온도가
지금보다 더 높았음
(+2°C)

아멜리아 크리크

스트렝웨이즈

대기 중의 산소

아크라만

정자
말미잘

근육(횡문근)
해파리

유성 생식!

균류 대량 서식

외골격

미토콘드리아

다세포 생물

원시 심장

조직, 기관
오타비아 안티쿠아

근육
(골격근, 심장근)

좌우대칭

뉴런

머리
좌우대칭
동물

| 1,200 | 1,100 | **1,000** | 900 | 800 760 | 700 | 600 | 550 |

엑타시아기 · 스테니아기 · 토니아기 · 크라이오제니아기 · 에디아카라기

OTEROZOIC · 신원생대 NEOPROTEROZOIC

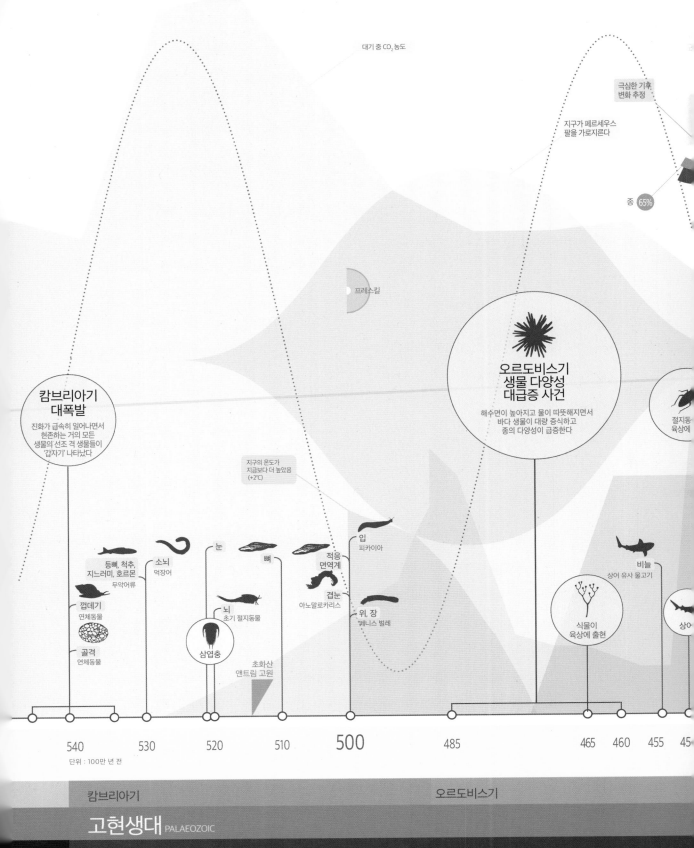

대기 중 CO₂ 농도

극심한 기후
변화 추정

지구가 페르세우스
팔을 가로지른다

종 65%

프레스킬

**캄브리아기
대폭발**
진화가 급속히 일어나면서
현존하는 거의 모든
생물의 선조 격 생물들이
'갑자기' 나타났다

**오르도비스기
생물 다양성
대급증 사건**
해수면이 높아지고 물이 따뜻해지면서
바다 생물이 대량 증식하고
종의 다양성이 급증한다

절지동물
육상에

지구의 온도가
지금보다 더 높았음
(+2℃)

입
피카이아

등뼈, 척추,
지느러미, 호르몬
무악어류

소뇌
먹장어

눈

뼈

적응,
면역계

비늘
상어 유사 물고기

껍데기
연체동물

뇌
초기 절지동물

겹눈
아노말로카리스

위, 장
페니스 벌레

골격
연체동물

삼엽충

식물이
육상에 출현

상어

초화산
앤트림 고원

540   530   520   510   500   485   465   460   455   45

단위 : 100만 년 전

캄브리아기   오르도비스기

고현생대 PALAEOZOIC

현생누대 PHANEROZOIC

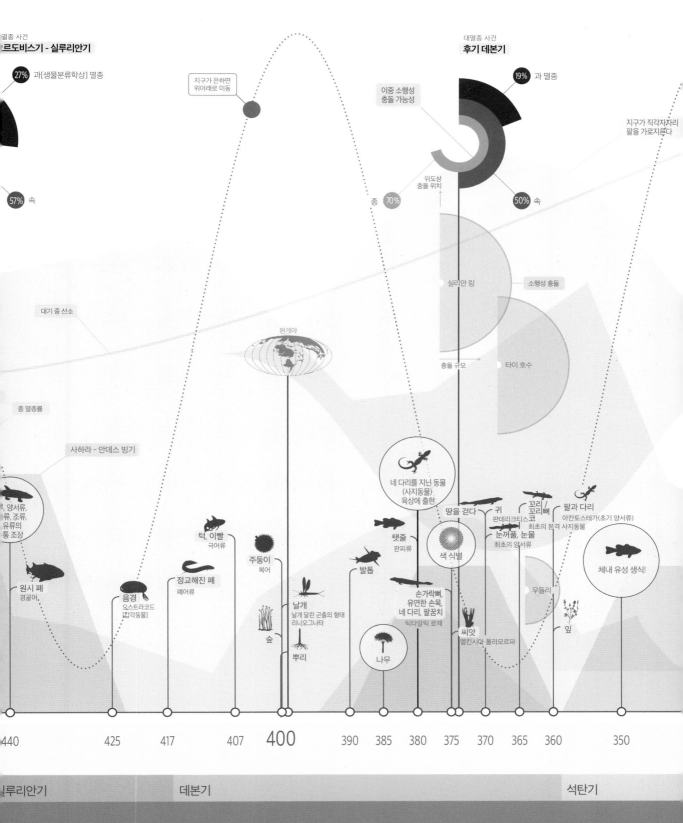

27% 과[생물분류학상] 멸종

지구가 은하면
위아래로 이동

대멸종 사건
후기 데본기

이중 소행성
충돌 가능성

19% 과 멸종

지구가 직각자자리
팔을 가로지른다

57% 속

위도상
충돌 위치

종 **70%**

50% 속

실리안 링

소행성 충돌

대기 중 산소

판게아

충돌 규모

타이 호수

종 멸종률

사하라 - 안데스 빙기

네 다리를 지닌 동물
(사지동물)
육상에 출현

땅을 걷다

귀
판데리크티스

꼬리/
꼬리뼈

팔과 다리
아칸토스테가(초기 양서류)

턱, 이빨
극어류

색 식별

눈꺼풀, 눈물
최초의 양서류

최초의 본격 사지동물

류, 양서류,
류, 조류,
유류의
통 조상

주둥이
복어

탯줄
판피류

발톱

손가락뼈,
유연한 손목,
네 다리, 팔꿈치
틱타알릭 로제

체내 유성 생식!

원시 폐
경골어

음경
오스트라코드
[팝각동물]

정교해진 폐
페어류

날개
날개 달린 곤충의 형태
리니오그나타

숲

씨앗
엘킨시아· 폴리모르파

우들리

잎

나무

뿌리

| 440 | 425 | 417 | 407 | **400** | 390 | 385 | 380 | 375 | 370 | 365 | 360 | 350 |

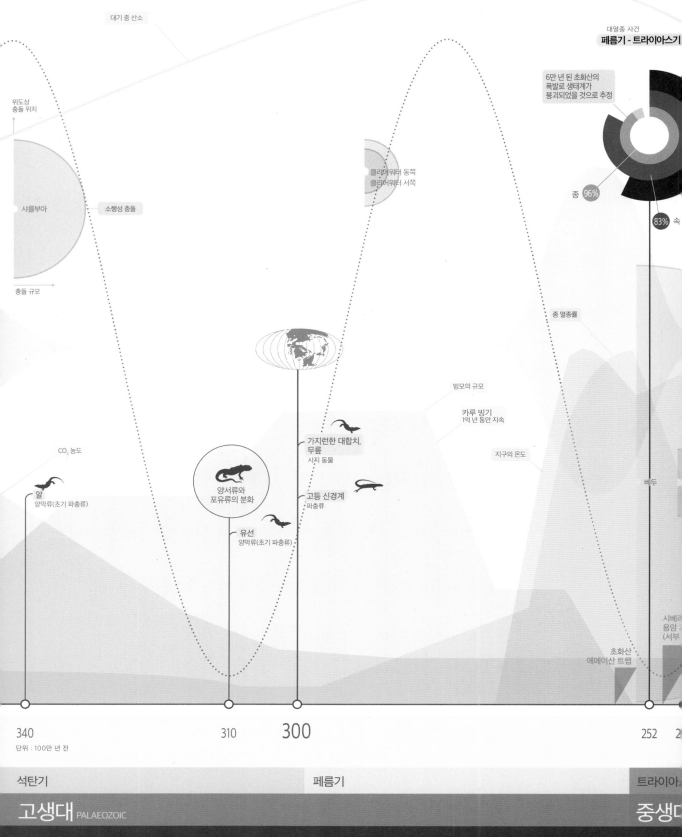

대기 중 산소

위도상
충돌 위치

샤를부아

소행성 충돌

충돌 규모

클리어워터 동쪽
클리어워터 서쪽

6만 년 된 초화산의
폭발로 생태계가
붕괴되었을 것으로 추정

종 96%

83% 속

종 멸종률

빙모의 규모

카루 빙기
1억 년 동안 지속

지구의 온도

CO_2 농도

알
양막류(초기 파충류)

양서류와
포유류의 분화

유선
양막류(초기 파충류)

가지런한 대합치,
무릎
사지 동물

고등 신경계
파충류

베두

시베리
용암
(서부

초화산
에메이산 트랩

340

310

300

252

단위 : 100만 년 전

석탄기

페름기

트라이아

고생대 PALAEOZOIC

중생대

현생누대 PHANEROZOIC

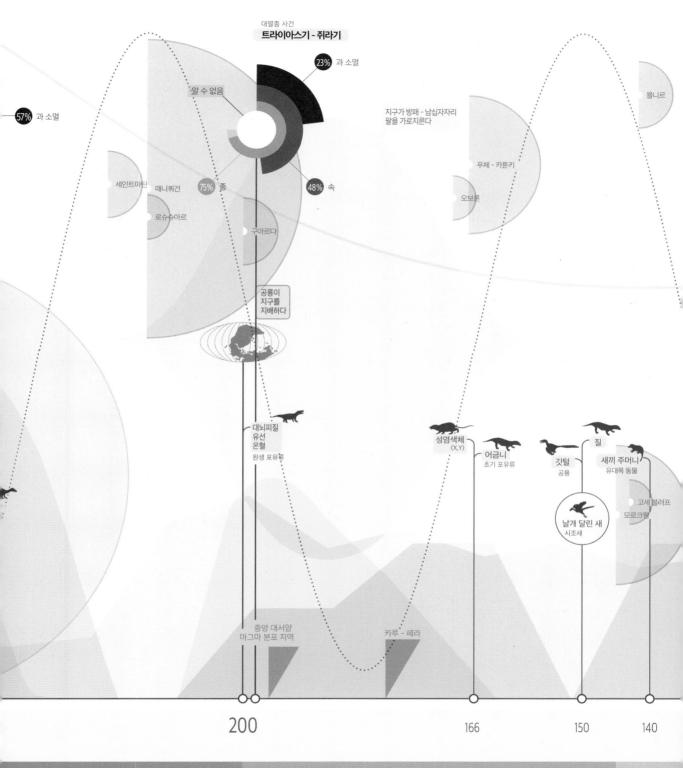

대멸종 사건
트라이아스기 - 쥐라기

23% 과 소멸

알 수 없음

57% 과 소멸

지구가 방패 - 남십자자리
팔을 가로지른다

푸체 - 카툰키

욜니르

세인트마틴

매니쿼건

75% 종

48% 속

로슈슈아르

오브론

구아르다

공룡이
지구를
지배하다

대뇌피질
유선
온혈
원생 포유류

성염색체
(X,Y)

어금니
초기 포유류

깃털
공룡

질

새끼 주머니
유대목 동물

고세 블러프
모로크웰

날개 달린 새
시조새

중앙 대서양
마그마 분포 지역

카루 - 페라

200

166

150

140

쥐라기

백악기

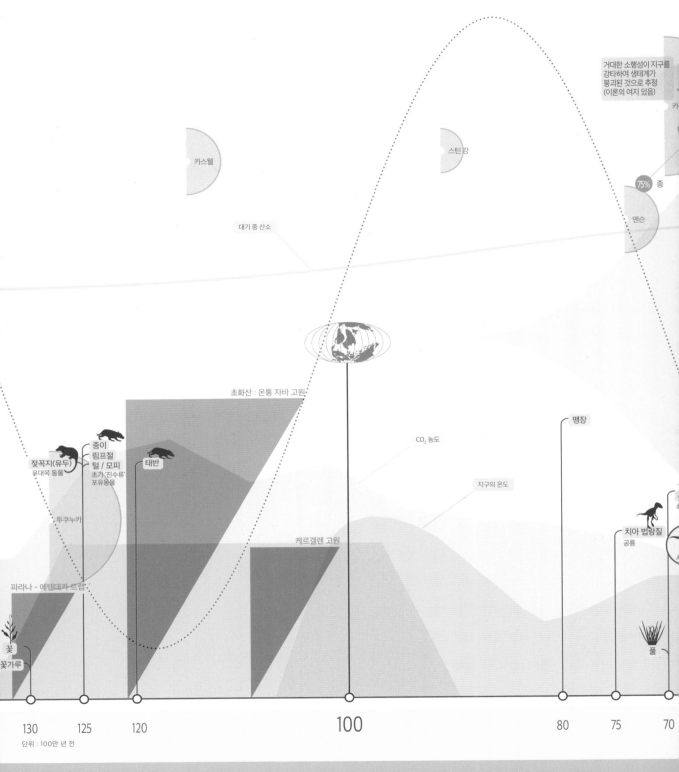

거대한 소행성이 지구를
강타하여 생태계가
붕괴된 것으로 추정
(이론의 여지 있음)

카

스틴 캉

카스웰

75% 종

대기 중 산소

맨슨

초화산 : 온통 자바 고원

중이
림프절
털 / 모피   맹장
초가 '진수류'   CO₂ 농도
젖꼭지(유두)   포유동물
유대목 동물   태반
지구의 온도
투쿠누카
치아 법랑질
케르겔렌 고원   공룡

파라나 - 에텐데카 트랩

꽃
꽃가루   풀

130   125   120   100   80   75   70

단위 : 100만 년 전

백악기

중생대 MESOZOIC

현생누대 PHANEROZOIC

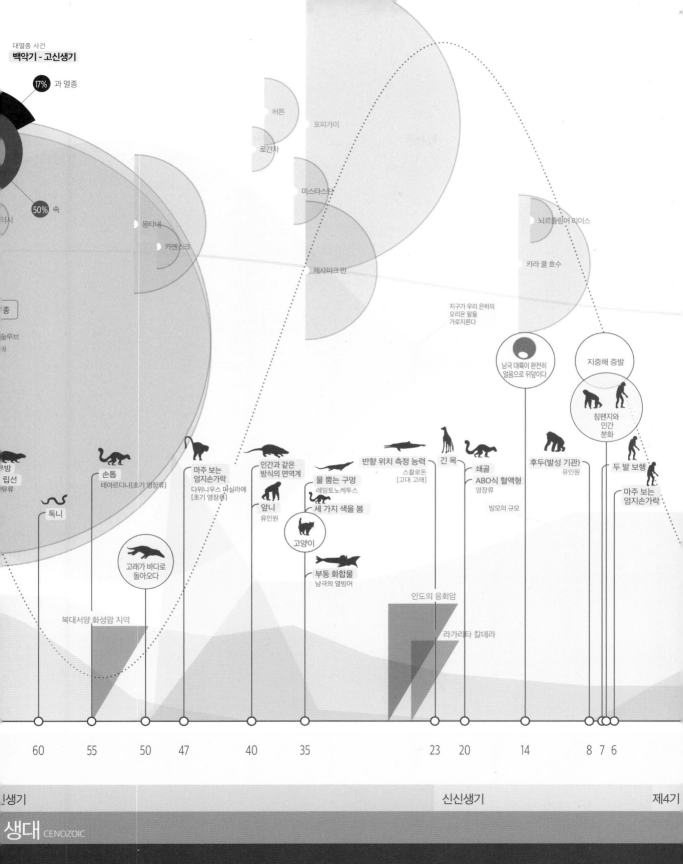

몽타네

카멘스크

허튼

포피가이

로간차

미스타스탄

체사피크 만

뇌르틀링어 리이스

카라 쿨 호수

지구가 우리 은하의
오리온 팔을
가로지른다

남극 대륙이 완전히
얼음으로 뒤덮이다

지중해 증발

침팬지와
인간
분화

손톱
테야르디나[초기 영장류]

마주 보는
엄지손가락
다위니우스 마실라에
[초기 영장류]

앞니
유인원

인간과 같은
방식의 면역계

물 뿜는 구멍
레밍토노케투스

세 가지 색을 봄

반향 위치 측정 능력
스칼로돈
[고대 고래]

긴 목

쇄골
ABO식 혈액형
영장류

빙모의 규모

후두(발성 기관)
유인원

두 발 보행

마주 보는
엄지손가락

독니

고양이

부동 화합물
남극의 열빙어

고래가 바다로
돌아오다

북대서양 화성암 지역

인도의 응회암

라가리타 칼데라

60   55   50   47   40   35   23   20   14   8 7 6

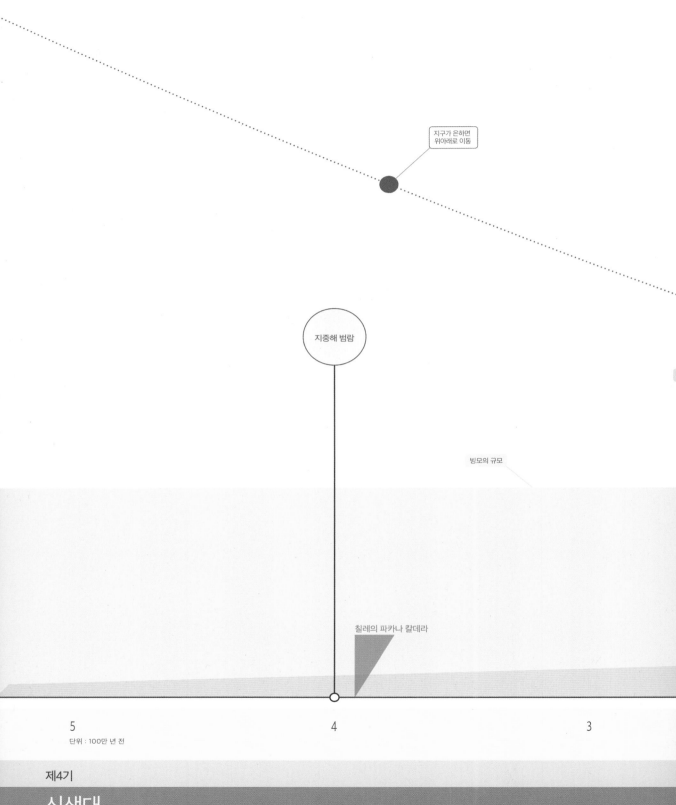

지구가 은하면
위아래로 이동

지중해 범람

빙모의 규모

칠레의 파카나 칼데라

5

단위 : 100만 년 전

4

3

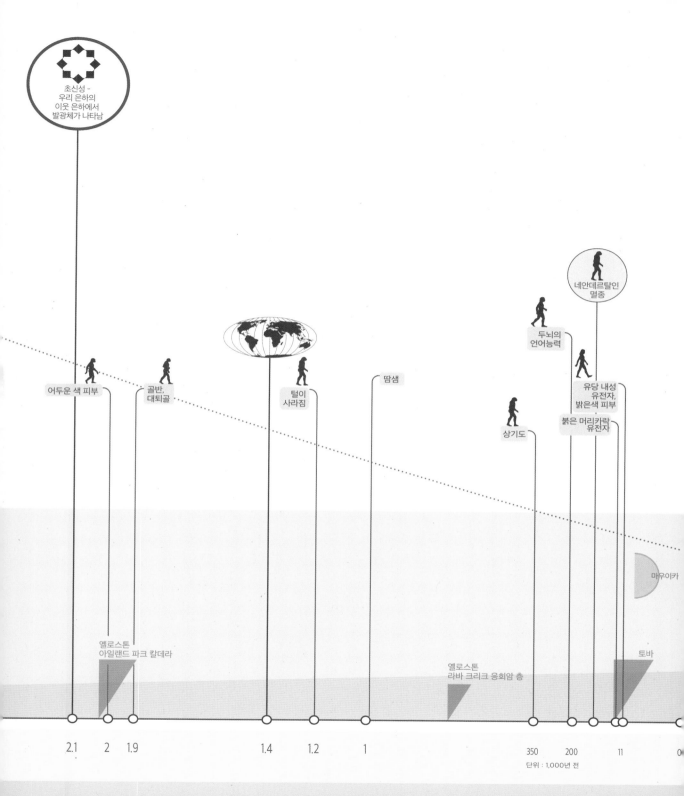

초신성 -
우리 은하의
이웃 은하에서
발광체가 나타남

네안데르탈인
멸종

두뇌의
언어능력

유당 내성
유전자,
밝은색 피부

붉은 머리카락
유전자

어두운 색 피부

골반,
대퇴골

털이
사라짐

땀샘

상기도

마우이카

옐로스톤
아일랜드 파크 칼데라

옐로스톤
라바 크리크 응회암 층

토바

2.1   2   1.9   1.4   1.2   1   350   200   11   0

단위 : 1,000년 전

출처 : 너무 많아서 일일이 언급하기 어렵다.
참고 : bit.ly/KIB_LifeScape

무엇이 좋은 시각화를 만드는가?

스토리
(개념 / 메시지)

정보
(연구 조사)

- 연구 서류
- 원고
- 기사
- 개요

- 도식
- 뼈대

- 비구조적 데이터
- 플롯 구성

지루함

순

명시적
(함축적)

기능
(목표 / 의도)

시각적 형식
(메타포)

견본

• 대충 그리기 / 스토리보드
• 세부 스케치

초기 스케치 •
그림 •

쓸모없음

각화

시각화
디자인의 기술
시각적 요소의 구조화

유형	데이터	구조화된 데이터	정보
기술	시각화		설계

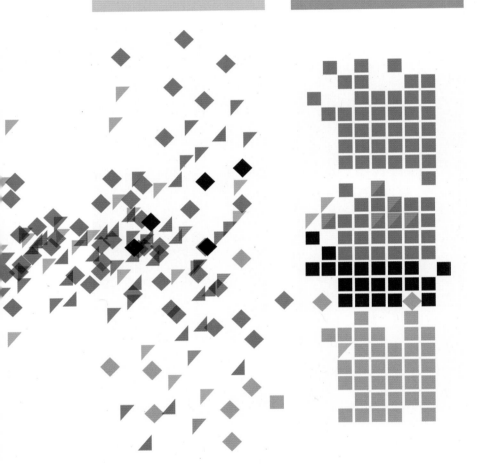

프로세스	발굴하기, 방향 설정, 줄기 잡기 포착하기, 모으기, 수집하기 측정하기, 수치화하기, 따져 보기	인식하기, 구별하기, 분류하기 시험하기, 분석하기, 분리하기 평가하기, 표로 만들기, 구조화하기 구분하기, 라벨 표시하기, 색인 만들기	상기하기, 식별하기, 연상하기 배열하기, 배치하기, 짜 맞추기 걸러내기, 비교하기, 대조하기 평가하기, 해석하기, 보관하기
형식	포인트, 세트, 흐름, 숫자	표, 데이터베이스, 데이터 모음, 낱말	텍스트, 문장, 단락
메타포	원자	분자	DNA

연계된
정보

지식
매핑

상호 연결된
지식

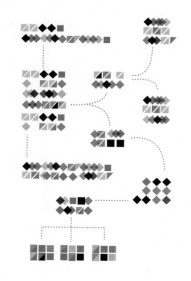

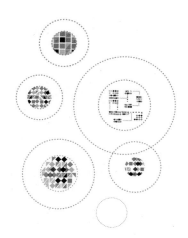

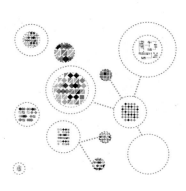

결합시키기, 혼합하기, 강조하기
연결하기, 짜 맞추기, 상호 연결하기
배열하기, 우선순위 정하기
간략화하기, 최적화하기, 요약하기

웹, 하이퍼텍스트, 챕터, 책

염색체

연관 짓기, 상호 연관시키기, 맥락화하기
해석하기, 순위 매기기, 한정하기
평가하기, 해체하기, 재결합시키기
설명하기, 도식화하기, 지도화하기

신체, 학교, 백과사전

세포

체계화하기, 엮어서 만들기, 통합하기
추정하기, 예상하기, 모형 만들기
고도 구조화하기, 생성하기

분야, 영역

유기체

감사 지도

디자인

Jack Hagley

Andrew Park

Philippa Thomas

Fabio Bergamaschi

Piero Zagami

Omid Kashan

Paulo Estriga

Theo Deutinger

Paul Butt

Lily Tidhar

Tatjana Dubovina

Phil South

아트 디렉션

Duncan Swain

Kathryn Ariel

리서치

Kesta Desmond

Marley Whiteside

Andrew Key

Miriam Quick

Pearl-Doughty White

James Kennedy Monash

Christian Miles

Ella Hollowood

Dan Hampson

Alex Lemon

Laurin Janes

IIB Crowd Sourcers

소프트웨어

VIS
VizSweet

Ai
Adobe Illustrator

Id
Adobe InDesign

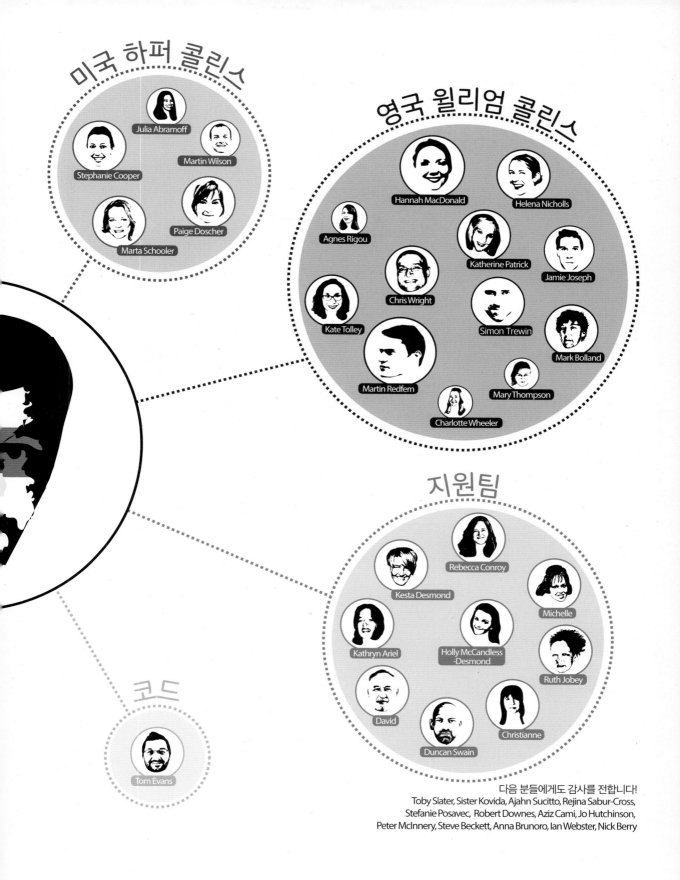

미국 하퍼 콜린스

Julia Abramoff
Martin Wilson
Stephanie Cooper
Marta Schooler
Paige Doscher

영국 윌리엄 콜린스

Hannah MacDonald
Helena Nicholls
Agnes Rigou
Katherine Patrick
Jamie Joseph
Chris Wright
Kate Tolley
Simon Trewin
Mark Bolland
Martin Redfern
Mary Thompson
Charlotte Wheeler

지원팀

Rebecca Conroy
Kesta Desmond
Michelle
Kathryn Ariel
Holly McCandless -Desmond
Ruth Jobey
David
Christianne
Duncan Swain

코드

Tom Evans

다음 분들에게도 감사를 전합니다!
Toby Slater, Sister Kovida, Ajahn Sucitto, Rejina Sabur-Cross,
Stefanie Posavec, Robert Downes, Aziz Cami, Jo Hutchinson,
Peter McInnery, Steve Beckett, Anna Brunoro, Ian Webster, Nick Berry

아이콘 아트
'thenounproject.com'에 감사드리며

 Elves Sousa
 The NounProject
 Razlan Hanafiah
 Diego Naive
 Christopher T. Howlett
 Matt Steele
 Megan Shrewsbury
 James Keuning
 James Keuning
Ben Fausone

 Unknown Designer
 Reuben
 Anuar Zhumaev
 James Thoburn
 Gubi Mann
 Luis Prado
 Ana Felix
 Pavel Nikandrov
 Luis Prado
 Paulo Volkova

 Alfredo Astort
 Luis Prado
 Marcelo de Costa
 Travis Yunis
 Travis Yunis
 Mark McCormick
 Arjun Adamson
 Jardson Araújo
 J.Biesek, G. Brenner, M. Faye, H. Merrifield, K. Keating, W. Olmstead, T. Pierce, J. Cowgill, J. Bolek

 P.J. Onori
 Anna Weiss
 12
 The Noun Project
 Kate Vogel
Marco Oglio
Shane Herzog
The Noun Project
Edward Boatman
Fusionary

 Vectorpile
 The Noun Project
 Dmitry Baranovskiy
 Diego Naive
 Nithin Viswanathan
 The Noun Project
 Marcela Abbade
 Megan Strickland
 Megan Sheehan
Arjun Adamson

Aleks R.
 Emma Frances Cormick
 Robert Crum
 Christopher T. Howlett
 Unknown Designer
 Paul Verhulst
 Debbie Burkhoff
 Anton Outkine

Matthew Davis
Kenneth Von Alt

 Louis Prado
 The Noun Project
 The Noun Project
 Anand A Nair
 John Caserta
 John Caserta
 Nicolò Bertoncin
 Jason Grube
 Pedro Lalli

Pedro Ramalho

 Travis Yunis
 Madebyelvis
 Joe Mortell
 Arthur Schmitt
 Mote
 Benjamin Orlovski
 Edward Boatman
 Ben Johnson
 Will Gausmann
 Paulo Volkova

 Benoit Champy
 Diego Chavez
 Jardson Araújo
 OCHA AVMU
 Darrin Higgins
 Francesco Paleari
 Benjamin Orlovski
 Gabriele Malaspina
 The Noun Project
 Benjamin Orlovski

 Saman Bemel-Benrud
 Ben Rizzo
 Christopher McDonnell
 Jakob Vogel
 Juan Pablo Bravo
 Mauro Fontanari
 Chris Matthews
 Laurent Patain
 OCHA AVMU
 Bruno Gätjens González

지식은 계속된다

InformationisBeautiful.net

- 아름다운 시각적 세계를 탐험하세요
- 이 책의 수많은 데이터와 연구 자료를 활용하세요
- 거침없는 의견을 남겨주시고 크라우드 소싱을 활용해 보세요
- 마음에 드는 이미지 그림과 인쇄물을 구매하세요
- 최신 인포그래픽과 업데이트 자료를 확인하세요

- @infobeautiful
- facebook.com/informationisbeautiful
- pinterest.com/infobeauty
- bit.ly/IIB_GooglePlus

VIZsweet.com

- 우리 데이터비즈 앱의 생생한 활용 사례를 만나보세요
- 이 책의 이미지들을 상호 작용 버전으로 체험해 보세요

iibstudio.com

- 우리의 협업과 제작 활동을 들여다보세요
- 우리의 활동에 동참해 보세요!

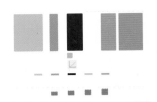

세계는 얼마나 많은 이산화탄소를
배출하고 있는가? 014

최고의 개
016

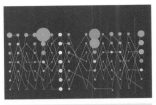

열차 파헤치기
018

재활용
020

무비 렌즈
021

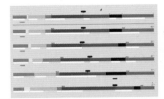

'세이브 더 캣'의 실제 사례
022

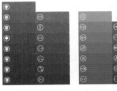

수사논리학적 오류
024

오일의 원재료
028

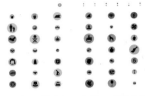

우리가 잘못 알고 있는 상식 I
030

전쟁의 무정함
032

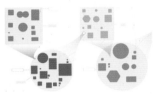

빅 데이터
034

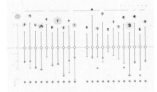

독불장군 & 이단아
038

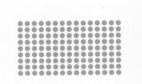

초강대국들의 대결 : 인구 통계
043

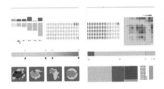

간단 상식 I
044

별들의 요람
046

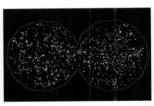

별자리
048

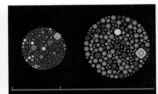

은하수
050

기독교 최대 교파
052

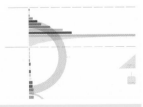

코드베이스
054

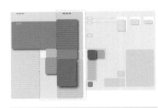

뒤뜰의 농장
056

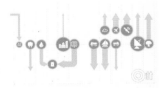

지구 온난화를 막는 기막힌 해법
058

가장 많이 쓰는 패스워드 500
060

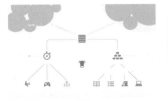

패스워드는 어떻게 해킹되는가?
062

종교의 음식 율법
064

죽이는 이야기
065

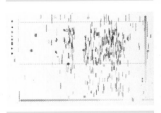

착한 기업?
066

명상
069

명상의 종류
072

명상의 효과 : 증거
076

물의 세계
077

지도로 보는 세계 현황
078

초강대국들의 대결 : 법과 질서
079

로또 맞을 확률
080

진정한 천재
082

간단 상식 II
086

비소설 분야 필독서
088

작물 궁합
090

은하계에는 우리만 살고 있을까?
092

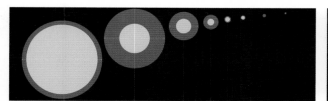

우주 킬러
095

미수에 그친 우주 킬러 098

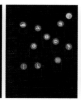

우주 킬러 잡는 우주 킬러 099

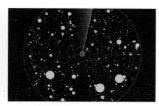

예비 우주 킬러
100

(안) 놀라운 연구
102

당신은 누구의 나이인가?
104

비행기의 진실
106

사고 원인
108

설탕표
110

혈당 지수 112

설탕 티스푼 113

초강대국들의 대결 : 사회적 경제
114

초강대국들의 대결 : 경제
115

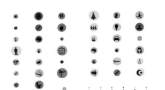

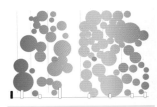

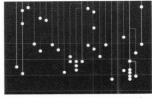

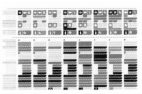

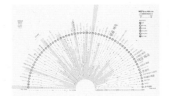
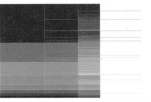
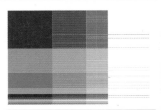

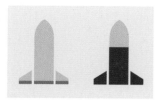

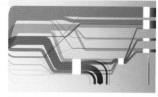
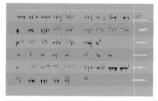
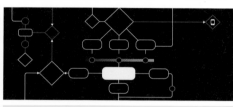
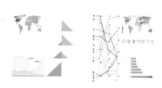

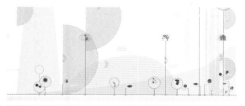

지식은 아름답다

초판 인쇄 | 2015년 11월 10일
초판 발행 | 2015년 11월 20일

지은이 | 데이비드 맥캔들리스
옮긴이 | 방영호

펴낸이 | 황호동
아트 디렉팅 | 민트플라츠 송지연
편집 | 김민경
펴낸곳 | (주)생각과느낌
주소 | 서울 마포구 성지길 36, 3층
전화 | 02-335-7345~6
팩스 | 02-335-7348
전자우편 | tfbooks@naver.com
등록 | 1998.11.06 제22-1447호

ISBN 978-89-92263-34-4 (03000)